新闻传播系列

传播学概论

（第 2 版修订本）

许 静 编著

清华大学出版社
北京交通大学出版社
·北京·

内 容 简 介

本书从有效沟通的角度，简明而系统地介绍了传播学各基本分支领域，如内向传播、人际传播、小群体传播、组织传播、语言和非语言传播、大众传播以及国际传播和全球传播中的基本概念和理论，并着重探讨了大众传播的技术发展、组织生产、规范管理及效果研究，对传播学研究方法也有初步的介绍。作者广泛参阅国内外各种传播学教材，并加以融会贯通，理论知识丰富，行文通俗易懂。

本书可作为高等学校传播学、新闻学、广告学以及公共关系、市场营销等专业的基础课教科书，同时也可满足其他专业和一般读者了解传播学基础知识的兴趣。

本书封面贴有清华大学出版社防伪标签，无标签者不得销售。
版权所有，侵权必究。侵权举报电话：010-62782989　13501256678　13801310933

图书在版编目（CIP）数据

传播学概论／许静编著．—2版．—北京：北京交通大学出版社：清华大学出版社，2013.7（2024.7重印）
（新闻传播系列）
ISBN 978-7-5121-1518-7

Ⅰ．①传…　Ⅱ．①许…　Ⅲ．①传播学-概论　Ⅳ．G206

中国版本图书馆 CIP 数据核字（2013）第 146390 号

责任编辑：赵彩云　　特邀编辑：张奉格
出版发行：清 华 大 学 出 版 社　　邮编：100084　　电话：010-62776969
　　　　　北京交通大学出版社　　邮编：100044　　电话：010-51686414
印　刷　者：三河市华骏印务包装有限公司
经　　　销：全国新华书店
开　　　本：185×260　　印张：14.25　　字数：359千字
版　　　次：2008年3月第1版　　2019年1月第2版第1次修订　　2024年7月第16次印刷
书　　　号：ISBN 978-7-5121-1518-7/G·196
定　　　价：39.00元

本书如有质量问题，请向北京交通大学出版社质监组反映。对您的意见和批评，我们表示欢迎和感谢。
投诉电话：010-51686043，51686008；传真：010-62225406；E-mail：press@bjtu.edu.cn。

目　　录

第1章　导论：传播与传播学 ·· (1)
    1.1　理解人类传播 ··· (1)
    1.2　传播学的由来 ··· (3)
    1.3　传播学的研究对象和知识结构 ······························· (5)
    1.4　学习传播学的作用 ··· (6)
    小结 ·· (7)
    推荐阅读 ·· (8)
    观察与思考 ·· (8)

第2章　传播模式论 ·· (9)
    2.1　亚里士多德的演讲模式 ····································· (9)
    2.2　拉斯韦尔的5W宣传模式 ··································· (10)
    2.3　香农-韦弗数学模式 ·· (11)
    2.4　奥斯古德-施拉姆的循环模式 ······························· (13)
    2.5　巴克模式及传播过程要素分析 ······························ (14)
    2.6　施拉姆的大众传播过程模式 ································ (16)
    2.7　赖利夫妇的系统模式 ······································ (16)
    小结 ··· (17)
    推荐阅读 ··· (17)
    观察与思考 ··· (18)

第3章　内向传播 ··· (19)
    3.1　人的内向传播过程 ·· (19)
    3.2　自我概念 ··· (23)
    3.3　印象管理 ··· (27)
    3.4　自我防卫机制 ··· (28)
    3.5　需求层次论 ··· (30)
    3.6　态度转变与说服 ·· (32)
    小结 ··· (34)
    推荐阅读 ··· (34)
    观察与思考 ··· (34)

第4章　人际传播 ··· (35)
    4.1　人际传播过程 ··· (36)

4.2 人际传播的特点 ··· (37)
  4.3 言语行为论 ··· (38)
  4.4 关系传播论 ··· (41)
  4.5 人际关系的发展 ··· (44)
  4.6 人际冲突的管理 ··· (47)
  小结 ··· (49)
  推荐阅读 ··· (49)
  观察与思考 ··· (49)

第 5 章 群体传播 ··· (50)
  5.1 群体的概念 ··· (50)
  5.2 群体的种类 ··· (51)
  5.3 群体传播网络 ··· (52)
  5.4 群体的互动发展与结构要素 ······························· (54)
  5.5 领导行为 ··· (57)
  5.6 群体中的问题讨论 ······································· (60)
  5.7 群体传播的其他影响因素 ································· (63)
  小结 ··· (66)
  推荐阅读 ··· (67)
  观察与思考 ··· (67)

第 6 章 组织传播 ··· (68)
  6.1 组织的类型与特点 ······································· (68)
  6.2 组织传播研究的几大学派 ································· (70)
  6.3 组织中的基本传播过程 ··································· (72)
  6.4 组织中的新兴传播过程 ··································· (74)
  6.5 组织的外部传播过程 ····································· (75)
  6.6 其他影响组织传播的因素 ································· (77)
  小结 ··· (79)
  推荐阅读 ··· (79)
  观察与思考 ··· (79)

第 7 章 语言与传播 ··· (80)
  7.1 符号化与人类传播 ······································· (80)
  7.2 语言传播的功能 ··· (85)
  7.3 语言传播的特性 ··· (86)
  7.4 萨丕尔—沃尔夫假说 ····································· (89)
  7.5 新闻报道方式与客观性 ··································· (90)
  7.6 提高语言传播能力 ······································· (91)

小结 ·· (92)
　　推荐阅读 ·· (92)
　　观察与思考 ·· (92)

第8章　非语言传播 ·· (93)
　8.1　非语言传播的定义和特点 ·· (94)
　8.2　非语言传播的功能 ·· (95)
　8.3　非语言交流中的三种暗示 ·· (96)
　8.4　与身体相关的非语言传播 ·· (97)
　8.5　副语言 ··· (100)
　8.6　距离、环境与空间学 ··· (101)
　8.7　时间观 ··· (102)
　8.8　提高非语言传播能力 ··· (103)
　　小结 ··· (104)
　　推荐阅读 ··· (104)
　　观察与思考 ··· (104)

第9章　大众传播的媒介化发展 ·· (105)
　9.1　口语及文字传播时代 ··· (106)
　9.2　印刷传播时代 ··· (107)
　9.3　电子传播时代 ··· (109)
　9.4　新媒体数字传播时代 ··· (110)
　9.5　媒介系统 ··· (112)
　9.6　媒介即讯息——麦克卢汉的媒介决定论 ··· (113)
　9.7　消失的地域——梅洛维茨的理论 ··· (115)
　9.8　媒介素养运动 ··· (116)
　　小结 ··· (118)
　　推荐阅读 ··· (119)
　　思考与练习 ··· (119)

第10章　大众传播的组织化生产 ·· (120)
　10.1　大众传播过程 ·· (120)
　10.2　传媒组织的基本结构 ·· (123)
　10.3　传媒组织的基本特点 ·· (125)
　10.4　传媒生产中的"把关" ··· (127)
　10.5　新闻 ·· (128)
　10.6　公共关系 ·· (130)
　10.7　广告 ·· (134)
　　小结 ··· (136)

Ⅲ

推荐阅读 ·· (136)
观察与思考 ·· (136)

第 11 章　大众传播的管理和规范 ································ (137)
11.1　大众媒介的几种管理模式 ·· (137)
11.2　早期威权主义规范论 ·· (139)
11.3　自由主义规范论 ·· (140)
11.4　社会责任论 ·· (141)
11.5　新闻专业主义与媒介自律 ·· (143)
11.6　公共服务广播 ··· (144)
11.7　民主参与理论与公民新闻 ·· (145)
小结 ··· (146)
推荐阅读 ·· (147)
观察与思考 ·· (147)

第 12 章　国际传播与全球传播 ·· (148)
12.1　国际传播的开端 ·· (148)
12.2　战争、广播与宣传 ··· (150)
12.3　现代化与发展传播 ··· (152)
12.4　从依附理论到文化帝国主义 ····································· (154)
12.5　世界信息传播新秩序 ·· (155)
12.6　全球商业传媒系统的形成 ·· (157)
12.7　全球公民社会 ··· (160)
小结 ··· (161)
推荐阅读 ·· (162)
观察与思考 ·· (162)

第 13 章　大众传播的研究（一） ····································· (163)
13.1　传播研究的传统 ·· (163)
13.2　宣传研究 ··· (165)
13.3　态度转变与说服 ·· (168)
13.4　卡特赖特的劝服模式 ·· (173)
13.5　勒平格的劝服设计 ··· (174)
13.6　两级传播论 ·· (175)
13.7　创新的扩散 ·· (177)
小结 ··· (181)
推荐阅读 ·· (181)
观察与思考 ·· (181)

第 14 章 大众传播的研究（二） ……………………………………………（183）
14.1 使用与满足 …………………………………………………………（183）
14.2 议程的设置 …………………………………………………………（187）
14.3 沉默的螺旋 …………………………………………………………（192）
14.4 培养分析 ……………………………………………………………（195）
14.5 知识沟 ………………………………………………………………（198）
小结 ………………………………………………………………………（202）
推荐阅读 …………………………………………………………………（203）
观察与思考 ………………………………………………………………（203）

第 15 章 传播研究方法 ……………………………………………………（204）
15.1 社会科学的逻辑和方法要求 ………………………………………（205）
15.2 文献研究法 …………………………………………………………（207）
15.3 控制实验 ……………………………………………………………（209）
15.4 问卷调查 ……………………………………………………………（210）
15.5 焦点小组访谈及深度访谈 …………………………………………（212）
15.6 观察性研究 …………………………………………………………（213）
15.7 个案研究 ……………………………………………………………（215）
小结 ………………………………………………………………………（216）
推荐阅读 …………………………………………………………………（216）
观察与思考 ………………………………………………………………（216）

参考文献 ……………………………………………………………………（217）
后记 …………………………………………………………………………（220）

第 1 章

导论：传播与传播学

传播学是20世纪40年代在美国开始逐渐形成，我国大陆从20世纪70年代末开始逐步引进的一门新兴的社会科学。与传播相对应的英语单词是"communication"，但实际上，communication一词还可以翻译成交流、沟通等。由于最初对传播学的引介主要是与广播电视有关的大众传播（mass communication）的内容，而从广播电视等大众传播媒介的活动来看，讯息的传递有一个从中心点向远处传递和扩散的过程，所以翻译成传播是恰当的。但是总体上传播学所包括的研究范围极其广泛，除大众传播外，本书中所介绍的内向传播、人际传播、小群体传播、组织传播等，都属于传播研究的领域，因此对传播概念的理解应当更宽泛一些。传播学研究具有跨学科的性质，包括了不同的研究立场、角度和方法，本书主要从有效沟通的角度，向初学者介绍一些相关的传播学基础概念和理论方法。

对于初学传播学的人来说，首先想知道的是：传播学是研究什么的？包括哪些基本内容？为什么要学习传播学？应该怎样学习传播学？在本书的开篇，我们就围绕这些基本问题展开讨论。

1.1 理解人类传播

传播学以人类传播为研究对象，那么什么是人类传播呢？

先说一个中国禅宗上的著名故事。在一次灵山会上，有位信徒向释迦牟尼献了一束花。释迦拈起一朵花，但并未说话，各大弟子皆不懂这是什么意思，这时有一个弟子大迦叶（mahakasyapa），乃向佛微微一笑，释迦乃说，"达迦依（Kashima）懂了！"乃以密偈和佛法（所谓"正法眼藏"）传给了大迦叶。这个有名的"拈花微笑"的故事，据说便是禅宗的开始。①

佛祖"拈花微笑"，体现出人神之间的非物质的心灵对接，是最高境界的传播，即有效

---

① 潘平、明立志编：《胡适说禅》，北京：东方出版社，1993年，第1页。

沟通。但是在现实中，我们要利用各种媒介、借助于各种符号，和许许多多的人相联系，以求得有效的信息发布、意见交流以及其他各个层面的传播效果的实现。因此，学习传播学，就是为了更好地理解人类的传播活动，实现有效沟通。

什么是世界上最好的工作？2009年1月，澳大利亚昆士兰地区旅游局为推动当地旅游业的发展，以"世界上最好的工作"为题，面向全球招聘"护岛人"。该活动获得了全球媒体最广泛的报道，全球共有来自200多个国家的34 684人申请该工作。人们先通过网络视频报名进行体验式参与，然后在互联网上进行投票海选，最终胜出的16强亲赴澳大利亚参加专家面试。面试进行现场直播，并现场确定最终获胜者——一位来自英国的社会志愿者。昆士兰州为该活动计划花费170万澳元，但直接经济收入即达1.5亿澳元，并且自从举办了这项活动后，昆士兰东北海岸度假村的入住人数增加了15%至20%。"世界上最好的工作"成为活动营销的经典案例，其中也充分体现了现代传播所强调的媒介使用、广泛告知、互动参与、意义分享等诸多含义。

英语"communication"的含义非常丰富。美国学者彼得斯（J. D. Peters）认为，和拉丁语的"communicare"一样，"communication"的第一个意义是"给予、分享和参与"。比如"Communicant"是参与者（领圣餐），"communication"在此就是指通过某种行为来表达社会群体身份。人们在领圣餐的活动中吃面包、喝葡萄酒，就是要表明和古今圣者属于同一教会。"Communication"还有连接或联系的意思。在"联系"这一意义上，"communication"还可以指性交。奇怪的是，"communication"曾经含有"intercourse"（性交）的意思，而"intercourse"则曾经用来指我们如今所说的"交流"（人与人之间的各种关系）。①

"communication"另一个主要的意义是迁移或传输（transfer or transmission），因此后来就转指交通与通信。交通银行的英语翻译就是"Bank of Communications"。那么交通和传播有什么当然的联系吗？当然有。人类最初的信息传递，总是与人员的流动和物品的传输相伴相随，而现代交通工具的发展则极大地拓展了人类的传播活动。瓦特蒸汽机的发明带来了工业革命，催生了各种现代化的交通工具。今天，奔驰汽车、磁悬浮列车、波音飞机以及其他各种高性能的现代化交通工具，能迅速地把人从一方带到另一方。人和人之间的距离缩小了，个人活动的空间扩大了，人与人之间的社会交往也迅速增多。然而交通技术仅仅缩短了人们的地理距离，只有有效的传播才能缩小人与人之间的心理距离。

除交通外，"communication"的第三个含义就是通信和媒介传播。从电报和电话的发明，到广播和电视等大众传媒的普及，直到今天互联网的全球覆盖，媒介技术的发展促进了人类信息的交流，影响了人类的生活方式和生产方式，也改变了人类文化的表现形态。因此，"传播与媒介研究（communication and media studies）"成为重要的学术领域。传播学研究总是离不开对传播技术的关注，特别是对传播技术对人以及人类社会影响的关注。

最后，"communication"还可以当成一个一揽子的词，用来涵盖各种象征性的互动。它不是传统含义上的单向传输，而是包含交换和共享的意思。它可以是两个终端的成功连接，也可以指一种特别的、亲密无间、开诚布公、袒露心扉的交谈。传播是心灵的相会，甚至是意识的融合。正如社会学家库利（C. Cooley）所说，传播是"人与人关系赖以成立和发展的机制——包括一切精神象征及其在空间中得到传递、在时间上得到保存的手段。它包括表

---

① （美）彼得斯著．何道宽译．交流的无奈：传播思想史．北京：华夏出版社．2003．6．

情、态度和动作、声调、语言、文章、印刷品、铁路、电报、电话以及人类征服空间和时间的其他任何最新成果"。①

1.2 传播学的由来

传播是人的基本行为和人类社会的基本现象。对人类传播现象的关注，在中西方都有悠久的历史。古希腊的亚里士多德，曾写过一本《修辞学》（On Rhetoric），系统考察公共演讲如何达到效果。中国历史上传说的《鬼谷子》以及其他先秦诸子中种种关于论辩的著述，也构成了传播学的中国传统。但是作为一门学科，如果按照学科创立的几大制度性标志，如专门的学术期刊和教材的出版，专门的学术团体的成立和学位授予等来衡量，那么传播学是在20世纪的四五十年代在美国创立的。

回顾传播学的学科发展史，从19世纪90年代到20世纪初，在美国芝加哥大学的社会学家米德（George Herbert Mead，1863—1931）、库利（Charles. Horton. Cooley，1864—1929）、哲学家杜威（John Dewey，1859—1952）以及帕克（Robert E. Park，1864—1944）等人发现，人类传播与大众媒体的功能极其重要，于是"第一次广泛研讨现代传播"，由此而形成的芝加哥学派对于传播学的发展起了极其重要的影响。他们构建了一个以人类传播为中心的人格社会化的理论体系，提出了符号互动论（Symbolic Interaction Theory）的基本思想，构筑了后来的以媒体效果为重点的大众传播研究的模型。②

由于美国从事传播研究的许多学者都曾在欧洲学习过，因此深受欧洲思想家如塔尔德（Gabriel Tarde，1843—1904）和齐美尔（Georg Simmel，1858—1918）等人的影响。塔尔德是法国社会学家、社会心理学家和犯罪学家。作为一位大法官，他的很多社会学理论是通过观察法庭行为而形成的。

塔尔德的社会学理论以个体之间的心理互动为基础，其根本力量在于模仿（imitation）和创新（innovation）。1890年他出版《模仿律》（The Laws of Imitation）一书，认为模仿是最基本的社会关系，社会就是由互相模拟的个人组成的群体。社会事实是由模仿而传播、交流的个人情感与观念。由于存在着许多可模仿的模式，因此作出不同选择的个人就不可避免地发生对立和冲突。冲突的结果是双方调节以适应对方，从而实现社会均衡。这样，塔尔德便把社会规律还原为支配模仿的规律，把社会互动还原为个人间的心理联系。他认为社会学即是研究这种心理联系的"精神间的心理学"。他也强调了社会中创造性榜样的重要性，认为"天才就是有能力产生自己的后代"。他还观察到一个新思想的采纳率在时间中遵循一种S型曲线。这部著作影响了两个当代的研究传统，即社会学习理论和创新—扩散理论。他还出版了《舆论与群集》一书，对舆论的结构及其形成、运动过程作了详细的分析，认为报刊是公众的"精神纽带"，在"理性的舆论"形成过程中发挥着重要的作用。

齐美尔是第一代德国哲学家的代表人物之一。他反对社会是脱离个体心灵的精神产物的

---

① C. H. Cooley, *Social Organization: A Study of the Larger Mind*. Charles Scribner's Sons, New York, 1929. P. 45.
② 参见（美）E·M·罗杰斯：《传播学史——一种传记式的方法》（殷晓蓉译），上海：上海译文出版社，2002年，第142页。

看法，认为社会不是个人的总和，而是由互动结合在一起的若干个人的总称。他提出"理解"概念，认为研究者难免带上主观的价值取向，其知识也具有主观的和相对的性质。他在考察社会群体与社会结构问题时，创立了小群体的形式研究。他认为二人群体没有超个人的结构，而三人群体会发生较复杂的情况：三者中的任何一人可以充作中间人并利用他人的不和从中渔利；中间人还可以对其余二人采取分而治之的策略。他对三人群体的研究促进了社会学对群体和社会结构的网络分析。他于1922年出版的《群体关系网络》(The Web of Group Affiliation) 一书，将有关"个人之间以模式化的信息流动相互联系"的传播网络理论引入美国。齐美尔还从社会交往的复杂性出发，提出冲突的存在和作用，对冲突理论起了很大的促进作用。通过芝加哥学派社会学家的介绍，齐美尔的社会学理论也对美国社会学产生了很大影响。

20世纪二三十年代，工业化和城市化带来人口快速增长和教育的普及，传播技术的发展推动了商业广告和战争宣传，弗洛伊德理论和行为心理学广受欢迎，所有这些因素都促使传播研究从人文哲学领域转向社会科学领域。政治学家拉斯韦尔（Harold D. Lasswell，1902—1977）1920年出版的《世界大战中的宣传技巧》(Propaganda Technique in the World War) 一书开创了宣传研究的先河。李普曼（Walter Lippmann，1889—1974）1922年出版的《公众舆论》(Public Opinion) 将新闻学与心理学结合，首次对美国报业的经济运作、新闻检查等进行了分析，提出了"拟态环境"（psydo-environment）和"刻板印象"（stereotype）等概念。

20世纪40年代以来，出现了一批从不同学科角度进行传播学研究的著名学者，如通过大规模调查，开创了传播学效果研究传统的社会学家拉扎斯菲尔德（Paul Lazarsfeld，1901—1976），提出群体动力学的心理学家库尔特·勒温（Kurt Lewin，1890—1947），以态度转变和说服研究闻名的实验心理学家霍夫兰（Carl Hovland，1912—1961），以及控制论的提出者诺伯特·维纳（Norbert Wiener，1894—1964），信息论的开创者克劳德·香农（Claude E. Shannon，1916—2001），还有为传播学科的创立立下汗马功劳的施拉姆（W. Schramm，1907—1987）。他们不仅推动了传播学研究的发展，而且形成了传播学跨学科研究的传统。本书所介绍的传播学基础知识，就广泛吸纳了心理学、社会心理学、社会学、符号学、语言学、文化人类学，以及新闻学和政治学等相关学科的研究成果。现代社会的人类传播现象纷繁复杂，只有充分利用各学科的学术资源，才能对传播现象有较为全面的把握和深入的了解。

除了学术的传承和创新，传播学的发展离不开特定的社会历史背景。

首先是媒介技术的发展特别是电子媒介技术的发展，激发了学者们的研究兴趣，开拓出新的研究领域。从20世纪30年代开始，对传统报纸的研究逐渐扩展到对广播和电视等媒体的研究。今天，新媒体技术日新月异的发展同样激发着传播研究的发展。

其次是两次世界大战的影响。与以往历次战争最不同的是，20世纪的两次世界大战都是以全民动员为基础的总体战。战争中，交战双方都充分利用了各种媒介进行大规模的战争宣传、社会动员和舆论操纵，这些新现象为传播研究提出了新的课题。受战争的影响，大批欧洲学者流亡到美国，充实了美国社会科学研究的力量。美国政府则在战争中大批招募文职人员，其中包括众多的社会科学家。在战时的华盛顿，围绕着美国陆军信息与教育研究处、战时新闻局和农业部项目调查处，形成了众多的研究小组，每个小组由近100名社会科学家组成，努力用跨学科的方法，围绕诸如向美国公众告知战时目标、激励公众购买战争债券、抵制谣言等问题展开研究。战时美国联邦政府涉及的几种类型的传播研究，为传播学的发展奠定了方向。在华盛顿形成的一个跨学科的社会科学家网,成为传播学研究难得的人力资源库。而来自美国军方、情报和宣传部门的大量科研经费,直接或间接通过民间基金会(如洛克菲勒基金会),资助了战后十年几乎所有重大的传播学研究,[①]为传播学研究的制度化提供了保障。

最后是市场经济和民主政治的发展。市场经济的发展使产品供应商更注重市场需求并极力开拓新的市场,广告业和公关行业在促进市场经济发展的同时,也对传播研究起到推动作用。从1870年到1971年,美国先后通过四条与选举权有关的宪法修正案,由此完成了现代普选制的进程。以普选制为代表的民主政治更关注公众舆论和投票行为,为传播研究提出了许多新的课题。

1.3 传播学的研究对象和知识结构

传播学主要研究"人类交往的基本过程"。这是传播学奠基人施拉姆在他的《传播学概论》(*Men, Women, Messages and Media*)一书中指出的。施拉姆还提出:"我们研究传播时,我们也研究人——研究人与人的关系以及与他们所属的群体、组织和社会的关系;研究他们怎样相互影响;受影响;告知他人和被他人告知;教别人和受别人教;娱乐别人和受到娱乐。要了解人类传播,我们必须了解人是怎样相互建立起联系的。"[②]在此他明确指出,研究传播就要研究人,并且可以从个人、人际、群体、组织和社会等不同层次进行研究。传播研究的重点在于人与人之间的相互影响、告知和娱乐。总体上,研究传播必须研究人和人之间如何建立联系。那么人和人之间是如何建立联系的呢?我们认为,这种联系主要是通过符号化讯息(message)和媒介技术来实现的。因此把握传播现象,可以围绕着三个M,即"人(men & women)"、"讯息"(messages)和"媒介"(media)等核心词,逐一探讨和把握。

由于传播现象的普遍性,各个学科都对传播现象进行研究,由此使得目前的传播学领域比较分散。曾有学者提出,传播学科永远不会被一种理论或理论体系统一起来。因此我们的目标不是寻找一种标准化的模式,建立一种单一的理论体系,而是要加强对不同学科和理论流派的共同理解。

为了把握传播学领域的统一性和多样性,我们在此介绍学者鲍尔斯(J. Powers)关于传播学领域知识结构的基本构想,如图1-1所示。[③]

首先,传播活动主要体现为一种讯息活动,有大量理论用于阐明讯息的形成和发展。我们如何创制讯息,并以口头或书面的方式传递给他人?讯息形成和发展的过程在不同文化背景下有何不同,其中有哪些文化机制在起作用?讯息包括形式和内容两部分。所谓讯息的形式,主要指讯息如何由语言文字以及其他非语言符号所构成并组合起来,各种符号的组合以何种方式生成了讯息及其意义?所谓讯息的内容,就是讯息意义的生成和解读。人类如何理解讯息?意义如何在我们与他人的互动中产生?意义在多大范围内,以何种方式成为文化的产物?

---

① 许静:《心理战与传播学:美国早期传播学研究的一大特色》,《国际政治研究》,1999年第1期。
② (美)施拉姆,波特:《传播学概论》(陈亮等译),北京:新华出版社,1984年,第2~4页。
③ 李特约翰:《人类传播理论》(史安斌译),北京:清华大学出版社,第18页。

```
第一级——讯息的内容和形式。
第二级——传播者的行为。
（a）个人
（b）社会关系的参与者
（c）文化群体中的成员
第三级——传播的层面，包括
（a）公众
（b）小群体
（c）人际
第四级——各种情境下的传播，如医疗传播、庭审传播、宗教传播等。
```

图 1-1　鲍尔斯关于传播学知识结构的基本构想

其次，传播主要体现为人的基本行为。传播者是指传播活动的参与者，简单地说就是既包括讯息的发出者也包括讯息的接收者，因为在新媒体传播时代，传播活动往往是双向互动的，同一个人往往既发出讯息，又接收讯息，像一个小小的信息交换台。

对传播者的考察也分为不同的层面。一是个人层面，侧重考察个人的内在讯息处理和外在的行为表现，如刺激反应机制、自我认识、动机与需求、形象管理等，属于内向传播的研究领域；二是将个人视为特定社会关系下的个人，考察个人的传播行为如何受到他人以及特定社会群体关系的影响，属于人际传播和群体传播的研究领域；三是社会文化层面，即将个人视为特定文化群体中的成员，其行为如何受到集体文化的影响，如文化认同、集体无意识等，属于跨文化交流的研究领域。

再次，根据参与者的数量多少确定传播活动的范围，并根据传播范围区分为公众（公共）传播、小群体传播和人际传播三种。人际传播主要探讨两个人之间在面对面或者借助于媒介情况下的互动交流。小群体传播则探讨特定群体范围内的信息传递和人际互动现象。它将人际传播包括在内，因为群体传播不仅有群体中共享的传播活动，也有群体内部人与人之间的互动传播。公共传播考察消息和意见如何在较大的社会范围内公开、迅速地传播，以及传播产生的社会影响。它涉及的人数最多，范围最广，可以涵盖各种传播形式，其中最主要的，是借助于大众媒介所进行的传播，如新闻传播、危机传播、风险沟通等。

最后，在某些特定领域，传播活动更受研究者的关注并发展出相应的研究成果，如健康传播、组织传播、庭审传播、宗教传播等。

总之，传播研究很像奥利匹克运动会，在被称为"传播研究"（communication studies）的比赛场地（field）中，有不同的区域划分以开展不同的比赛，而每一项比赛又有各自的名称和规则。有的人仅仅是为了自己感兴趣的比赛而来，而另一些人则会关注整个场地的各种比赛。因为人类传播行为的复杂多样性，会激起很多人的探究兴趣，也能包容各种各样体现人类智慧的探究方法。

1.4　学习传播学的作用

作为一名新闻传播专业的学生，学习传播学概论这一基础课程，有助于我们掌握这一学科的基本概念和理论，从而更好地学习其他相关课程。由于传播学的跨学科性质，在学习这门新闻传播专业基础课的同时，也会发现一些与其他学科，如心理学、社会心理学、社会学、政治学、经济学、语言学、文化人类学等学科的连接点，从而有助于我们通向更广阔的社会科学研究。除此之外，学习传播学还有助于我们在以下方面有所提高。

一是理解和认识。传播的一个关键作用就是理解自己和洞察他人。按照符号互动论的观点，自我是在与他人的互动中形成的。当你开始认识另一个人的时候，你也开始认识你自己。内向传播、人际传播、小群体传播、组织传播以及媒介传播，给了我们无数个认识自己和他人的机会。通过对这些传播过程的观察和实践，我们可以更深入地理解个人的内在信息处理和外在行为表现，习惯换位思考，更理性而有效率地观察和处理问题。

二是建立有意义的关系。研究表明，与他人隔离的人（通常是那些缺乏良好社会关系的人）最容易罹患各种疾病，而且总是比那些拥有良好而丰富的社会关系的人更缺乏安全感和幸福感，也更短寿。传播给我们每个人提供了机会，通过有效的互动沟通，来建立有意义的关系。在这种关系中，我们能感受到被别人接受和欣赏，感受到彼此间的相互信赖和支持，也感受到我们对具体事物的处理能力和对环境的某种程度的掌控性。传播不仅使我们有机会与有相同文化背景的人分享信息，而且也使我们有机会与来自不同文化背景的人分享信息。我们可能使用不同的符号，采取不同的策略，期待不同的结果，但我们所怀有的动机和所进行的传播过程却可能有着惊人的相似。在经由传播所产生的弱连接和强关系中，我们更能感受到人类传播的独特功能。

三是社会影响和社会动员。古希腊哲学家亚里士多德曾经说过："人是城邦的动物。"所谓城邦就是共同体的意思。这句话不仅说明人类具有群居的特性，而且说明，相对于一般动物，人类具有特殊的文明智慧，可以团结起来，共同应对外部世界的不确定性。共同体是公民"能借以全面实现其精神、道德与理智能力的唯一框架"。传播学最初的发展，就是研究如何能利用大众传媒来影响大众，实现社会动员，反对法西斯战争，捍卫社会民主。在今天，我们仍然需要借助于各种有效而适当的传播，发挥社会影响，进行社会各个层面的动员，通过国家与社会的协同治理，抵御各种自然的和人为的风险。

◆ 小　结

与"传播"一词相对应的英文是"communication"。作为一个长期使用的日常词汇，它包含了"沟通"、"告知"、"分享"，以及"交通"、"通信"、"互动"等多方面的含义。传播是自有人类以来就一直存在的人类行为和人类社会的基本现象，但是传播学的创立却发生在20世纪40年代的美国。传播学以人类的社会交往过程为研究对象，我们可以简单概括为3M，即对人（Mankind）、讯息（Messages）和媒介（Media）的研究。当前对传播的研究比较分散，大体上可以分为4种研究层次，即讯息、传播参与者、传播的不同层面以及各种情境下。对传播知识结构的梳理和把握，不是为了建立单一的传播学科，而是为了加强不同学科和理论流派之间的相互理解和联系。学习传播学，有助于我们提高理解能力，建立有意义的关系，并对社会影响和社会动员有所认识和把握。

传播学 概论

◇ **推荐阅读**

1. （美）施拉姆，波特：《传播学概论》（何道宽译），北京：中国人民大学出版社，2010。

2. （美）E·M·罗杰斯：《传播学史——一种传记式的方法》（殷晓蓉译），上海译文出版社，2002。

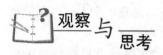

1. 如何理解传播？分析一下你所观察到的传播现象，从有效沟通的角度出发，看看可以通过哪些因素的改变来达到传播效果呢？

2. 从传播学的发展来看，传播学和哪些学科最为相关？

第 2 章

传播模式论

在传播学研究的历史上,不少学者都习惯于用模式来表达他对传播行为的认识。这也是20世纪50年代社会科学发展的一个重要特点。虽然将传播活动模式化的做法现在并不流行,但对早期一些主要模式的介绍依然有助于我们理解传播的基本特征。

我们将模式看作是对某一现象的一种有意简化的图形描述。模式不等于理论,理论是对现象的解释,模式则侧重于描述,以说明任何结构或过程的主要组成部分以及这些部分之间的相互关系。政治学家多伊奇(Karl Deutsch,1912—1992)曾总结说,模式首先具有构造功能,能揭示各系统之间的次序及其相互关系,能使我们对事物有一个很难从其他方法中获得的整体的形象,也就是说,能为各种不同的特殊状态提供一个一般的图景。其次,模式具有解释功能,它能用简洁的方式表达一些用其他方法来说相对复杂或含糊的信息。再次,由于模式能引导学生或研究者关注某一过程或系统的核心环节,因此具有一定的启发功能。最后,模式能够为估算各种不同结局可能发生的概率提供基本依据,研究者因而可以据此建立假说,对事件的进程或者结果进行预测。但是模式总是不可避免地具有不完整、过分简单以及含有某些未被阐明的假设等缺点。适用于一切目的和一切分析层次的模式无疑是不存在的。也许很难有一种模式可以精确地表现人类传播活动的复杂和微妙,但以下每一个模式都揭示出人类传播活动的重要特点,在以后几章中可能还要相应地介绍一些模式,它们远非完美,但认真考察这些模式,将使你对传播有更好的理解。

2.1 亚里士多德的演讲模式

亚里士多德曾著有《修辞学》一书,并提出修辞学就是要研究在特定的场合中最有效地说服人的方法。早期的传播学研究同样注重宣传与说服,因此亚里士多德被尊为传播学的鼻祖。后人将亚里士多德关于演讲术的研究归纳为以下模式,并宣称这一模式已经应用了2 000多年。

亚里士多德首先说明了演讲发生的几个重要场合,如法庭、公民大会以及各种公开仪式。然后又专门从"伊索斯"(ethos)、"派索斯"(pathos)和"逻各斯"(logos)等几个方面考察演讲的效果。其中演讲者的 ethos 在传播中起主导作用,比如我们越觉得一个人诚实,就越倾向于信任他,因此在很大程度上演讲者决定演讲的效果。演讲者要把握 pathos,即对听众造成某种态度(的机会)。因为人会在痛苦或欢乐,爱和恨的波动中作出不同决定,因此说服是通过演讲使听众动感情而产生效果。logos 是论点本身(所提供的证明),因为只有当我们以逻辑或其他适合手段显示了对某种观点的必要之点的真理,那么不论是真实的还是貌似的,论述本身才会产生效果。如图 2-1 所示。

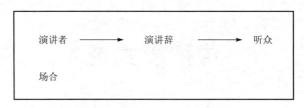

图 2-1 亚里士多德的演讲模式

在亚里士多德模式中,明确区分了传播者、受传者、讯息以及传播情境等变量对传播效果的影响,并确定了传播的流向。后来的许多模式都遵循这一传统。从以上这一模式中可以很清楚地看到演讲传播的线性特征。

2.2 拉斯韦尔的 5W 宣传模式

1939 年 9 月德国入侵波兰,标志着第二次世界大战在欧洲的开始。与此同时,美国洛克菲勒基金会开始召集每月一次的社会科学家研讨班,重点研究联邦政府如何能够有效利用传播,以便对付日益临近的战争。1940 年 10 月 17 日发表的洛克菲勒传播研讨班最终报告——《必要的传播研究》提出,美国政府有义务对它的人民的福利承担更加广泛的责任,"如果这种责任的实行是民主的,那么使政府和人民彼此结合在传播之中的更加有效的方式就会被产生出来。"而正是在这些研讨班中,政治学家拉斯韦尔提出了著名的 5W 宣传模式,这一模式成为整个研讨班的基本框架,并渗透到其中的许多讨论中。

1948 年,拉斯韦尔发表题为《传播在社会中的结构与功能》一文,并在开头提出:"描述传播行为的简要方法是回答如下问题:谁(Who),说什么(Says What),通过什么途径(in Which channel),对谁说(to Whom),产生了什么效果(with What effect)。"① 此后这句话就被称为"拉斯韦尔公式"而为人们所引用。参见图 2-2。

拉斯韦尔还进一步解释说,研究"谁"的学者探讨的是引起并引导传播行为的因素。研究"说"什么的专家所从事的工作被称为"内容分析";对广播、报刊、电影等传播渠道的研究被称为"媒介分析";如果研究对象是接受媒介传播的人,就称之为"受众分析";

---

① 拉斯韦尔:《传播在社会中的结构和功能》,(英)奥利弗·博伊德-巴雷特,克里斯·纽博尔德编:《媒介研究的进路》(汪凯、刘晓红译),新华出版社 2004 年,第 111 页。

图 2-2　拉斯韦尔公式及相应的传播研究领域①

如果是对受众影响的探讨，那就是"效果分析"。当然这种分类还可以依据研究目的来把握细化程度。比如将受众研究和效果分析结合起来往往比分开更能简化问题。对内容的分析也可以细化为意义分析和形式分析。但是他本人的研究兴趣并不在于细化，而在于探讨"传播行为与整体的社会过程之间的关联"。他认为，任何过程都可以放到两个参考框架中加以分析，这就是"结构"和"功能"。

拉斯韦尔的观点在很大程度上奠定了传播研究的方向，即结构—功能取向。后来的大多数研究都着重探讨不同传播过程的结构和功能，更注重传播效果的实现，因此被称为传播的"管理"范式。这一管理范式后来受到批判—文化范式的挑战。本书在侧重介绍主导性的结构—功能范式的同时，也适当介绍一些批判—文化范式。

这一模式将传播活动表述为五个环节和要素构成的过程，即控制研究、内容分析、媒介分析、受众分析和效果分析，为进一步的研究提供了出发点。拉斯韦尔公式显示了早期传播模式的典型特性：它或多或少地认为传播者具有某种影响接收者的意图，因此把传播主要看成是一种劝服性过程。这一模式还假定任何讯息总是有效果的，这也无疑助长了过高估计传播特别是大众传播效果的倾向，这和他当时对政治传播与宣传的关心是分不开的，还有人进一步批评拉斯韦尔模式中缺乏反馈要素。尽管如此，时至今日，拉斯韦尔模式仍然是引导人们研究传播过程的一种便捷的综合方法。

2.3　香农-韦弗数学模式

第二次世界大战之后，科学家和工程师在信息技术研究方面取得了巨大进步。图 2-3 中的模式就是由当时同在贝尔实验室工作的数学家香农和电子工程师韦弗（Claude E Shannon & Warren Weaver）在 1949 年发表的《传播的数学理论》一文中提出的。围绕传播系统，特别是电话系统传播中的问题，他们提出一系列以数学形式表达的定理。他们在书中提出的线性传播模式，阐述了传播所涉及的主要因素：信源、讯息、发射器、信号、噪音、

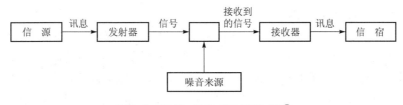

图 2-3　香农-韦弗"数学模式"②

---

① 转引自（英）丹尼斯·麦奎尔等：《大众传播模式论》（祝建华等译），上海译文出版社，1987 年，第 17 页。
② 同上，第 20 页。

接收到的信号、接收器和信宿等。香农提出，为了改进受电子干扰或噪音影响的电报或电话线上的信息传递，最好的解决办法不是改进传递线路，而是更有效地包装信息。

在这个模式中，传播被描述为一种直线性的单向过程，所谓线性就意味着非相互作用。模式展示了五个要完成的正功能和一个负功能即噪音。在上述过程中，第一个环节是信源，它发出一个讯息或一组信息供传播。第二步，由发射器将讯息转换成信号。这些信号应当适宜于通向接收器的信道。因此问题在于，哪一种传播渠道能够运载最大数量的信号。第三步，是接收器将信号还原成讯息。在这里，接收到的信号不等于发射器发射的信号，原因在于传递过程中噪音的干扰。因此问题是，在从发射器到接收器的途中，产生的噪音将会破坏多少传递信号。最后，接收到的讯息抵达信宿。由于可能受到噪音干扰，信号是不稳定的。例如，同一时刻、同一信道内如果通过许多信号，就有可能发生互相干扰。因此，由信源发出的讯息与由接收器还原并送达的讯息，两者的含义可能不一样。而传播的失败，则在于传播者可能认识不到这种传受讯息的不一致。

香农所提出的传播噪音的概念也被社会科学家们所吸收和拓展。在社会传播中，一般强调有三种噪音的存在。一是物理噪音，即传播发生的场合背景下实际的噪音。如各种交通工具噪音、机器噪音、嘈杂的人声等。二是语义噪音，指由词语意义所造成的传播阻碍。传播中，对一些术语、俚语的理解，以及对词义选择的误解等，经常阻碍有效传播。比如外行人听充满技术词汇的演讲，会有理解上的困难。还有一些语言用法反映出不同社会文化的差异，比如"爱人"一词在有些地方指配偶，有些地方则专指非婚姻关系的情人，如果不加考虑地使用，也会造成传播阻碍。三是差别噪音，指由于传播参与者之间社会地位、性别、职业、政治和动机等因素造成的传播失效。差别噪音提醒我们要注意与交流对象的关系。比如由于地位差异的影响（这种差异来自你个人的定义），你可能会更重视老师关于传播的解释而不是同学的议论。你与地位相同或低于你的人谈话感觉更为轻松，但却更重视地位高的人对你的评价。地位噪音会增加或减少信息的价值和意义。

对于初学者来说，香农模式，又称SMCR模式，在解释一个传播行为的基本要素方面是非常有用的。从20世纪50年代开始到70年代，一代代的学生被教授着，按照SMCR即信源（Source）—讯息（Message）—信道（Channel）—接收器（Receiver）这一模式来理解人类传播。许多工程用语也很自然地被吸收进传播学中。香农的信息论将传播定义为：明确的、逻辑的东西，由一种有意图的、公式化的编码程序所产生，并通向成功的相互理解。但实际上，这个定义并没有囊括全部的人类传播形式，它没有注意反馈，也没有注意一些非逻辑性的比如非语言信息传递的问题。尽管如此，香农的理论为人类传播的学术课程提供了科学的证明，并将传播研究推向新媒介技术研究。

针对线性模式缺乏反馈的批评，1966年德福勒（M. L. DeFleur）发展了香农-韦弗模式（见图2-4）。他指出，在传播过程中"含义"被变换成讯息，发射器将"讯息"变换成"信息"，然后通过某一信道（如某种大众媒介）传输。接收器将"信息"还原成"讯息"，然后在信宿中又被变换成"含义"。如果这两种"含义"是一致的，其结果就是传播。德福勒在原来的香农-韦弗模式中又增加了另一组要素，以显示出信源是如何获得反馈的，而反馈则使信源有可能使自己的传播方式更有效地适应信宿。这样，就增加了两种"含义"之间达到一致（或称"同型性"）的可能性。与此同时，该模式还拓展了噪音的概念，认为噪音对传达和反馈过程中的任何一个环节或要素都会发生影响，从而加深了我们对噪音作用的认识。

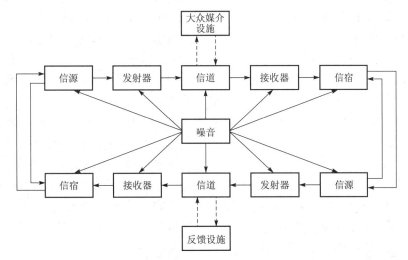

图 2-4　德福勒对香农-韦弗模式的发展 ①

2.4　奥斯古德-施拉姆的循环模式

以香农-韦弗模式为代表的直线性模式在描述人类传播过程时有着明显的缺陷。一是明确固定和区分了发送者与接受者的角色、关系和作用。在实际的传播活动特别是面对面的人际交流活动中，传受双方的角色转换非常普遍，但是这一点在直线模式中得不到反映。二是直线模式忽视反馈因素，因此不能体现人类传播的互动性质。针对直线模式的这些局限性，1954 年施拉姆发表《传播是怎样运行的》一文，在语言学家奥斯古德（K. Osgood）观点的基础上，提出以下模式（参见图 2-5）。

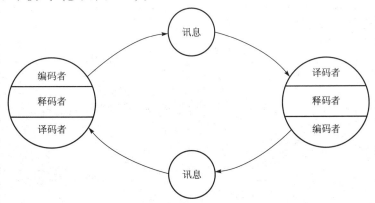

图 2-5　奥斯古德-施拉姆循环模式 ②

在奥斯古德-施拉姆的循环模式中，传播活动是围绕讯息（message）而进行的循环往复

---

① 转引自（英）丹尼斯·麦奎尔等：《大众传播模式论》（祝建华等译），上海译文出版社，1987 年，第 21 页。
② 同上，第 22 页。

的过程。传播者中的一方在发出最初的传播讯息之后，就同样以释码者（interpretor）的身份加入传播过程。传播者也就是释码者，其主要的任务是：对所收到的讯息进行译码（decoding）以理解其意义，在发出讯息前进行一定的编码（encoding）以生产意义，传播就是一个在传播者之间持续进行的讯息互动过程。施拉姆提出："事实上，认为传播过程从某一点开始而到某一点终止的想法易使人误解。传播过程实际上是永无止境的。我们则是处理并通过不同线路递送大量永无止境的信息流的小小的中央交换台。"

与香农侧重于发送者与接收者之间的传递渠道不同，奥斯古德-施拉姆的循环模式主要讨论传播过程中传播参与者的行为，但两者之间仍然存在一些重要的相似性。香农-韦弗模式在信源与发射器之间以及接收器与信宿之间分别作了区分，也就是说，在传播过程中发射端和接收端都行使着两种功能。而在奥斯古德-施拉姆的循环模式中，虽然没有采用相同的术语，但行动各方也行使着相同的功能，编码（encoding）类似于发出讯息（message）和转化信号，译码（decoding）类似于接收信号和还原信息，而其中的释码（interpreting）功能在香农-韦弗模式中则由信源与信宿来完成。

奥斯古德—施拉姆模式的出现，意味着与传统的直线性/单向传播模式的决裂。这个模式传达了一种在传播中传受双方平等的感觉，但实际上，由于双方在传播资源、传播能力上的差别，以及传播场合等因素，传播往往是相当不平衡的。另一点批评在于，这个模式在描述人际传播时特别有用，但是却不太适合实际上缺乏反馈的大众传播，因此施拉姆后来又对这一模式进行了修改，以适宜描述大众传播。

2.5 巴克模式及传播过程要素分析

结合线性模式和循环模式的特点，巴克（Larry Barker）提出一个综合性的传播模式。这个模式比较适合我们来理解传播的过程与结构，以及传播中的诸要素。见图 2-6。

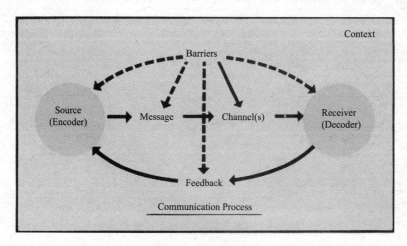

图 2-6 巴克模式 ①

---

① Larry L. Barker, Communication (fifth edition), Prentice-Hall, Inc. 1990, p. 10.

按照巴克模式，传播是一个互动的过程，包含有一组相互联系、相互依赖的要素，通过各要素之间的共同作用来达到预想的目标或结果。传播中的基本要素如下。

① 信源或编码者（source or encoder）：是传播行为的引发者，决定传播的性质和目的。信源根据自己的经验、感觉和思想来编码，并以恰当的讯息形式主动作用于他人。比如，广告企业要将广告意图通过广告商的设计制作，以恰当的广告形式发布出来，实现传播目的。

② 接收者或解码者（receiver or decoder）：接收信息的人自然是接收者，解释讯息的行为称为解码。接收者根据经验、思想或情感来解码。我们通过五官来接收讯息，但总是由大脑来理解和解释讯息，并作出反应。当我们接收了很多内外在刺激时，我们会把这些刺激减少为我们能应付的一两个。接着，我们尽力理解刺激并解释成讯息，最后把刺激储存起来以便下次对刺激能更快地反应。有时候接受者在特定环境下会对刺激立即作出反应。比如听报告时可能会打盹，争论时可能你只能听到消极反应，在拥挤的晚会上你可能会看到他们用非语言行为表示何时该走了（如打哈欠、站在角落）等。作为传播者，我们应该学会有效解码，以判定什么样的传播讯息会更有效。实际上，在传播互动中，我们都可能传递或接受讯息，都可能是编码者或解码者。而在接受讯息时，定然要解释讯息，并产生反应。

③ 讯息（message）：用各种符号形式编制的信息内容。借助于讯息，传受双方发生意义的交换，以达到互动的目的。为增加传播的有效性，信源应尽量用接收者能理解的方式进行编码，以促进正确解码。

④ 渠道（channel）：承载和传递讯息的手段和工具，也是将传播过程中各种因素相互连接起来的纽带。现实生活中有各种各样的讯息传播渠道，如邮政系统、电话系统、大众传播网络以及国际互联网等。每一种渠道都有自己的特点和适用的人群，传播活动因此要选择合适的渠道。在广告营销活动中，对渠道资源的掌握非常重要。

⑤ 反馈（feedback）：是传播中的讯息发出者所接收到的对方对所发出的讯息的反应。传播中互动的每一方都会持续不断地给另一方发回讯息，这种讯息返回的过程称为反馈过程。反馈说明信源接收者如何解释讯息。比如你向一个人询问"人大"在哪里，他告诉你他只知道"人大办公厅"的地址，这时你才发现他并不明白你问的"人大"是"中国人民大学"，因此会进一步调整你的问题。好的传播者总是对反馈十分敏感，并及时修正他的讯息。因此反馈可以用来进行传播效果的测量，并进一步管理传播过程。比如电视节目的收视率、报纸的读者来信、影片的影评，甚至教师的教学评估等，都影响我们对传播效果的把握。所以反馈是用于传播管理的重要概念。反馈不一定来自对方，也有在发出讯息前做出的自我反馈等。

⑥ 噪音或障碍（barriers or noise）：正如在通信中会有各种障碍一样，在人际传播中也会有各种障碍。比如，被丘比特箭射中的小伙子可能以为自己病了而不是坠入爱河，这是信息不足或不清；再比如小伙子给姑娘送去情歌和鲜花，而姑娘正好不喜欢情歌并对鲜花过敏而没有接受，这是讯息没有被有效地或准确地解码；或者姑娘也喜欢小伙子，但却像爱自己的哥哥一样，这样讯息就没有按编码的目的被解码；又或者姑娘深怀爱意，但却没有投入小伙子的怀抱而是远走他乡，这表明解码者的反馈无法为最初的编码者所理解，或者传播中发现双方不在一个波段上。因为无论编码或解码都是从个人经历出发的，这就是为什么两个文化背景迥异的人交流起来十分困难。当然，由于每个人的经历都是独一无二的，没有任何两个波段会完全相同，因此传播的有效性取决于双方共同意义空间的大小以及传播技巧。

⑦ 情境（context）：是指传播活动发生的具体场合和环境，是传播中最为重要的因素，它不仅影响传播的过程，而且影响传播过程中的每一个因素。

2.6 施拉姆的大众传播过程模式

施拉姆的大众传播模式显示了早期一般传播模式走向大众传播模式，以及将大众传播看作是社会的一个结合部分的趋向（见图2-7）。这一模式的中心是媒介组织，它执行着与奥斯古德-施拉姆循环模式中的传播者相同的功能，即编码、释码和解码。媒介组织每天收集大量新闻信息，经记者、编辑等加工整理成媒介产品，发送给受众。受到媒介组织发布的讯息影响的广大受众是由个体组成的。但绝大部分个体却分别属于不同的初级群体和次级群体，他们会受到群体的影响，在群体内对讯息进行再解释。而大众媒介的内容经过个人和群体的过滤后，能产生最大的影响。该模式中，媒介组织的解码、编码工作显然要复杂得多，并且不是一次完成的。而施拉姆所强调的群体对个人的影响，显然不同于视大众为"许多孤立的个人的聚合"这一传统看法，表明传播学研究对于受众的群体性特征的重视。关于这一模式更详尽的解释可参见第10章。

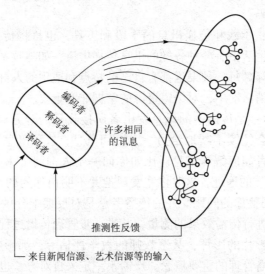

图2-7 施拉姆大众传播模式图①

2.7 赖利夫妇的系统模式

早期的传播模式忽视传播环境，仿佛传播过程是在真空中发生的。后来人们逐渐认识到，人类传播是不同类型的社会结构的组成部分。1959年赖利夫妇发表《大众传播与社会系统》一文，提出一个新的模式，目的是通过把大众传播看成是社会总系统中的系统，用

---

① 转引自（英）丹尼斯·麦奎尔等：《大众传播模式论》（祝建华等译），上海译文出版社，1987年，第46页。

更富社会学的方式来分析大众传播。

该模式解释了基本群体①在传播过程中的作用。基本群体显示了个人亲密的社会关系，如家庭及邻里伙伴，是个人最重要的社会支持网络，同时也帮助个人确定自己的态度和行为。传播过程中无论是传播者还是受传者都受到基本群体的影响而用特定的方式去编码和解码。基本群体也不是在社会真空中发挥作用，而是一个更大的社会结构的组成部分。例如，一个学生，他可能属于某个伙伴群体，而该群体则是一个班级或整个学校（更大的社会结构）的组成部分，它们都对个人行为有影响。在赖利模式中，传播系统被置于一个包罗一切的社会总系统的框架中，而传播的参与者，他们周围的群体以及更大的社会结构都处于其中。大众传播过程影响这个更大的社会过程，同时也受到它的影响。赖利模式揭示了传播的系统性特点。见图2-8。

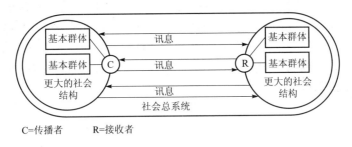

图 2-8　赖利夫妇的系统模式 ②

◇ **小　　结**

本章主要介绍了早期传播学研究提出的一些颇为简单的模式，目的在于用模式来显示传播现象的一些基本而又重要的特点，如过程性、符号互动性、社会关系性和系统性等。亚里士多德的演讲模式是后人的总结，它揭示出演讲传播的线形特点，以及传播者、讯息、受众和场合等因素。拉斯韦尔模式又称拉斯韦尔公式，它为早期劝服式传播的研究确定了框架和基本研究领域。香农-韦弗数学模式阐述了传播所涉及的一系列因素，并强调了噪音的影响。奥斯古德-施拉姆循环模式的出现，意味着与传统的直线性/单向传播模式的决裂，强调了传播的符号互动性。巴克模式综合了直线模式和循环模式的优点，有利于我们对传播过程中诸种要素的把握。施拉姆的大众传播模式突出了传播的社会性，而赖利夫妇的系统模式则有助于我们把握传播所发生的社会系统环境。在后面的相关章节中，我们还会陆续介绍一些相关模式。模式化的研究方法曾经兴盛一时，即使在今天也依然在研究中有一席之地，它反映出传播研究追求科学表达的学科特点。

◇ **推荐阅读**

1.（英）丹尼斯·麦奎尔等：《大众传播模式论》（祝建华等译），上海译文出版社，1987。

---

① "基本群体" 即 primary group，有时译为 "初级群体" 或 "首属群体"。
② 转引自（英）丹尼斯·麦奎尔等：《大众传播模式论》（祝建华等译），上海译文出版社，1987年，第49页。

2. （美）约翰·费斯克：《传播研究导论：过程与符号》（许静译），北京大学出版社，2008。

观察与思考

1. 试用相应的模式解释传播的过程性和符号互动性。

2. 在研究传播过程时我们特别强调了一些基本要素对传播效果的影响。考察你曾经或将要进行的最重要的一项传播活动，看看传播过程中是否包含这些要素，它们如何影响传播效果，是否有影响效果的其他因素？

3. 好的传播者最善于通过反馈来改善传播。反馈有积极、消极和模糊之分，好的传播者不仅善于接收来自传播过程另一端的反馈信息（言语的和非言语的），也可以从自己发出的信息中得到反馈。选择一个你为之花费很多时间的人，分析一下你所获得的反馈信息，是积极的、消极的还是模糊的？你是否根据反馈的类型调整你的传播行为？对于消极或模糊的反馈信息你如何作出反应？

第 3 章

内 向 传 播

传播学以人的社会交往过程为基本研究对象,而社会是由作为意识和行为主体的个人所组成的。所有参与传播活动的个人都会经历某种程度上的内向传播(Intrapersonal Communication)过程。内向传播是一切人类传播的基础,是传播学研究的重要方面。对内向传播的研究已经大大超出了自言自语,而是深入到对刺激—反应过程、自我概念、心理需求和态度及行为改变等多方面的考察。

3.1 人的内向传播过程

传播是一个过程,内向传播是个人接受内在或外在刺激,经大脑处理,最后做出反应的过程。那么这个过程经过哪些环节,包含哪些主要因素,又是如何发生的呢?图 3-1 是有关内向传播过程的模式图,包含若干要素。

1. 内在刺激与外在刺激

内在刺激(Internal Stimuli):来自身体内部,通过神经传导至大脑并进行相应的处理,最终使你得知身体的状况,并做出相应的反应。比如说,如果在流感季节,你感到肌肉酸疼、发高烧并且精神倦怠,很可能自我怀疑是否得了流感,因此会去医院看病并注意休息。内在刺激会导致一系列的信息处理和外在行为反应,即内向传播活动的发生。

外在刺激(External Stimuli):当然是指来自身体外部环境的刺激。有两种外在刺激。一是在意识层面上被感知的显性刺激(Overt stimuli),他们被身体的感觉器官所接收,然后被传向大脑。在很多情况下,个人会同时接收到多种外在刺激。比如在麦当劳餐厅,人们会听到欢快的音乐,看到服务员热情的招呼和迅速的动作,还会嗅闻到热汉堡和咖啡的香味。另一种外在刺激则是在潜意识水平上被感知的隐性刺激(Covert stimuli)。所谓隐性,并不是说它隐藏起来不显示,而是说它的刺激程度较弱,处于人的意识阈限(threshold of consciousness)之下,所以人并没有清醒地意识到,但仍有可能做出反应。比如 20 世纪 50 年代,曾有某些广告主在电影放映期间,使可乐和爆米花的广告极快速地闪现在屏幕上,以

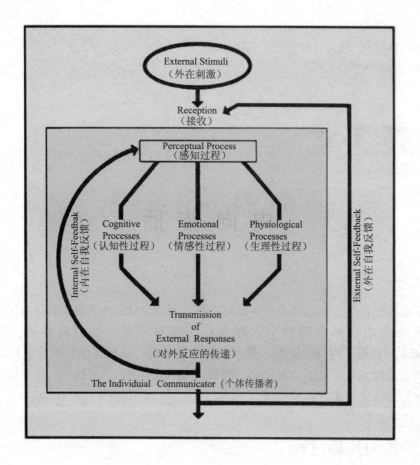

图 3-1　内向传播过程①

致观众都没有察觉出它们来。但是在六个星期内，爆米花的销量提高了58%，可乐的销量则提高了18%。所谓意识阈限，其实就是指人们感受与否的临界点。比如在商品促销"打折"时，就需要考虑消费者的意识阈限。折扣少了让人意识不到，则没有效果；折扣多了则利润会降低，因此要使折扣的额度以刚好达到消费者的意识阈限为宜。据零售商的经验，降价幅度应该至少在原价的15%才有效果。

2. 接收

指身体对内外部刺激的接收过程（Reception process）。在内向传播中，有内部和外部的接收器把信息传向中枢神经系统。外部接收器以看、听、嗅、尝和触等五种方式接收外部刺激，并以神经脉冲的形式传向大脑。这些外部接收器位于或接近身体的表面，能对各种生理的、化学的和机械的刺激作出反应，为你提供有关外部环境的诸种信息。内在接收器如神经末梢，则传递有关身体内部状态的信息，比如口渴、胃胀等。

虽然人体在特定情况下可以接受很多刺激，但是所有接收到的外在刺激都需要经过同一神经中枢系统进行处理，因此会出现选择性反应过程，使得只有一部分刺激会引起注意。决定选择性的主要因素是刺激强度，比如巨大的声音、明亮的色彩、刺鼻的气味，还有"雷

---

① 转引自 Larry L. Barker, *Communication*, Prentice-Hall, Inc. 1990, p.119.

人"的表达等，常常能因其刺激强度而被注意。无论是平面广告、电视广告还是户外广告，都是在和其他刺激相伴随的情况下投放的，因此一定要选择一些强刺激的方式，比如巨幅的广告招贴画、强烈的音乐、独特的模特造型或者特别震撼的话语表达等，以便能为人们所感知。

3. 处理

对内在和外在刺激的处理有三种方式，即认知性处理（cognitive processes）、情感性处理（emotional processes）和生理性处理（physiological processes）。在每一种处理过程中，都有某些刺激比其他刺激得到更多关注，这是由特定刺激的功能和刺激所发生的场合所决定的。有些刺激能被完全有意识地关注，比如交通信号灯、汽笛、电影等，而有些刺激却很难被有意识地觉察到，比如做报告时的背景噪音，房间里荧光灯的微弱嗡鸣等。被有意识或被部分有意识地注意到的刺激会被优先处理，而被潜意识地接收到的刺激则常常会被储存在记忆中，留待以后处理。

认知性处理过程是指个体对感觉信号的储存记忆、检索、排序和概念形成、判断和问题解决等信息加工处理过程，我们并不能准确地了解这些过程是如何发生的，因此只能简单描述其基本功能的体现。

记忆（memory）：就是人将从外部获得的信息贮存和累积起来并在后来加以运用。记忆将人的心理活动的过去、现在和未来联成一个整体，使心理发展、知识积累和个性形成得以实现。有三种记忆。一是瞬时记忆，即当外部刺激直接作用于感觉器官后所产生的感觉滞留。比如人在看电影、电视时，将相继出现的静止画面看成运动的。感觉滞留表明感觉信息的瞬间贮存，其作用时间比短时记忆更短，所以称为瞬时记忆，主要包括图像记忆和声像记忆。二是短时记忆。如翻看通讯录上的电话号码，然后去打电话。打完电话以后，电话号码也就忘记了。在短时记忆中，信息经过分析、确定和简化从而便于储存和处理。短时记忆的内容如果有用，则可能转为长时记忆。

检索（retrieval）：记忆是将信息储存起来以便用来与下一个信息建立联系，但如果不能从记忆中被检索到，那么储存起来的信息相对来说毫无用处。检索表现为识别（recognition）和回忆（recall）两种方式。再识别就是意识到某一信息似曾相识，但回忆则要把储存的信息加以重组，所以更困难些。比如我们可能发现某个概念是以前见过的，但是要完整表述其定义却很困难。

排序（sorting）：大脑中贮存着数不清的信息片段，在特定的处理情境下，必须从所知中先挑选出最相关的内容，以确定意义。比如阅读时，我们需要从书中按顺序挑出单词，并且从头脑中找出恰当的意义与单词相配，以形成理解。在写作时，我们也需要从头脑中搜寻适当的词汇用于表达。

吸收（assimilation）：除了记忆、检索和分拣等过程外，认知处理还包括吸收，即将环境中的一些因素协调进大脑处理活动中，以理解全部情况。比如在阅读中，除了识别单词意义外，人还会将单词意义消化整合后形成句子和篇章的意义，从而实现对全文的理解。

第二种是情感性处理，是指对刺激的非逻辑性反应。情感可以分为情绪和感情两个方面。情感是一种不同于认知的信息范畴。亲情、友情和爱情等，都是具有一定稳定性因而比较容易识别的情感信息。"喜、怒、哀、欲、爱、恶、惧"等"七情"，是情绪的基本形式。盼望已久的目的达到了，内心深处会产生满意、愉快甚至狂喜等快乐的情绪。喜爱的事物消失或者被毁灭了，则会引起悲伤和哀怨。许多情绪还可以派生或者复合，出现难以名状的复杂情绪，而使内向传播更加微妙。情绪还可以分为心境、激情和应激。工作顺逆、事业成败、人际关系的好坏以及个人健康状况和自然环境等都能引起不同的心境。激情是由生活中的重大事件引起的大悲大喜或狂怒以及极度恐惧等强烈的情感反应。应激则是由突发事件引起的情绪状态。比如突然发生火灾，有的人目瞪口呆，不知所措，有的人则会迅速采取措施。

美国学者查戎（Robert B. Zajonc，1923—2008）认为："情感支配着社会互动，情感是社会互动交易中的硬通货。我们日常交谈中的绝大部分包含着关于意见、偏好以及评价的信息交换。而交谈中的情感不仅以语言而且以非语言暗示的方式进行传递，非语言实际上传递着最主要的情感信息。别人究竟是说你是朋友（you are a friend），还是说你是魔鬼（you are a fiend）并不重要，而对方是以轻蔑的口气还是以戏谑的方式来说却非常重要。"①研究表明，情绪和认知可能不是分别的系统，而是一前一后地激发我们的态度与行动。一个人在对某个事情有深思熟虑的意见之前很久，就已经对它有情绪了，所以态度测量其实在很大程度上意味着情绪的测量。

还有一些社会学家认为存在所谓的"社会情绪"，如尴尬、自豪或者羞耻等。库利最早描述了情绪的社会作用。他把自豪和羞耻看成保持社会纽带甚至维持社会系统运行的两大管理机制。研究发现，许多情绪实际上是社会情绪，常常产生于与他人的互动。这些社会情绪依赖他人暗示性的在场和关注，依赖于我们关心别人如何看我们。如果我们不知道别人在场，或者不在乎他人的看法，那么这些社会情绪就不会产生。

生理性处理对保持生存的重要性显而易见，而它对于内向传播的重要性则刚刚开始受到重视。在生理性处理中有一些如前所述的意识阈限下的因素，如心跳、肌肉紧张、血压和体温升高等。对生理因素的监测使我们有可能控制内向传播过程。首先，必须知道个人的生理状态。大多数人仅限于简单地感觉痛苦、欢乐、紧张、放松等基本状态，但有些人却很善于利用各种生物反馈信息（biofeedback）来更精确地把握个人生理状况。当然现在还可以借助各种先进的医疗设备来进行身体检查。其次，由于生理反应往往与各种情绪相伴，因此有很多人通过改变生理状态来调节情绪，比如通过按摩来放松心情，通过体育锻炼来减少失恋痛苦等。

4. 传递

传递（transmission）指讯息从信源发送给接收者。在内向传播中，信源和接收者是同一人，因此讯息的传递依赖于神经脉冲而不是空气中的声波或光波。当大脑运筹对这些神经脉冲作出反应，然后发出信息使肌体完成特定行为后，就完成一个传播过程。比如，当手碰到热锅，触摸接收器就会通过神经传导将信息传递给大脑，大脑会立刻发出指令，使你迅速把手缩回来，同时可能伴随一句惊叫。我们常常是先缩回手，然后才听到叫喊声，这是因为神经传导的速度远远超过了声音传递的速度。

5. 反馈

我们通常把反馈看成是来自他人的信息，但是在内向传播中，却存在两种自我反馈信息——外在的和内在的。外在的自我反馈（external self-feedback）是个人发出的讯息被自己

---

① 侯玉波编著：《社会心理学》，北京大学出版社，2007年，第104页。

觉察到的一部分，它能使人修正自己的错误。比如听到自己说错了话，就会及时纠正。内在的自我反馈（internal self-feedback）通常来自神经传导或肌肉运动等。比如，当看到一个意想不到的场面时，你虽然看不见自己的表情，但也许会感觉到自己的面部肌肉僵硬、表情尴尬。同样的，接收到这些反馈信息，有助于个人的自我修正。

6. 干扰

干扰（interference）是传播过程中另一个重要因素，是指任何对传播有否定性影响的因素。它可以在传播的任一点出现，并作用于任何信息处理方式中。比如你的阅读受到干扰，原因可能是邻居家的强烈音响声，但也可能是自己的偏头疼病。还有一种干扰在于，本来一种处理方式更有效，但却采取了另一种方式。比如本来应该用认知性方式进行处理的，但是却选择了非常情绪化的反应，结果并不有助于问题的解决。有些癌症患者，一听到自己罹患癌症，就陷入负面情绪难以自拔，实际并不利于治疗。当然，认知性处理方式也不是永远优于情感性处理方式，有时候痛痛快快地大哭一场更能迅速缓解压力。

以上介绍的内向传播的主导模式，是行为心理学所倡导的刺激—反应模式。它是行为心理学家华生（J. Watson，1878—1958）受俄罗斯生理学家巴甫洛夫条件反射理论的启发而提出的。华生早期从事学术研究，后来经营广告事业，但仍著书立说介绍行为心理学。华生认为，"人和动物的全部行为都可以分析为刺激与反应"，因此要查明刺激与反应之间的规律性关系，从而根据刺激预知反应或根据反应推知刺激，以预测和控制动物和人的行为。早期的传播学研究深受行为心理学的影响，刺激—反应模式也成为传播学的主导模式之一。

3.2 自我概念

"认识你自己"（Know yourself, νθι σεαυτν）。这句刻在古希腊德尔斐的阿波罗神庙上的箴言，反映出人类探索世界过程中的人本取向。同样，传播学研究也是人本取向的。内向传播以人为主体，自我意识即个人对自我的理解和评价，在很大程度上会影响其内向传播过程。

1. 我是什么样的人

如果要你用一个词来描述自己，你能做到吗？你能衡量你的各方面特性，最后概括总结出一个最终答案吗？美国《纽约时报》曾经对1 136名成年人进行这项调查，结果大约有200人想不出一个合适的词汇来描述自己。如果可以用5种答案来填写"我是_____"的句子，你会填些什么？这些答案能完整地表现出你对自我的认识吗？在一次课堂实验中，我收获了以下一些回答：

"爱生活，也爱微博；爱劳动，也爱享受；爱冷饮，也爱讲冷笑话；爱Sailor Moon，爱月野兔；爱说郁闷，最爱大海；爱三国杀，不爱三国；爱北大，不爱清华；爱大牌，不爱耍大牌；不爱坐在宝马里哭，也不爱坐在宝马底下哭；爱请人吃饭，谁来谁买单；我只代表我自己，我和你一样，我是凡客。"

"爱岳麓山，也爱香山；爱'人民日报'，不爱'日人民报'，爱臭豆腐，也爱冰糖葫芦；爱翻墙，不爱局域网；爱美人，更爱自己；不是宅男，不是愤青，不是高富帅，也不是逆袭吊丝；我没有什么特别，我很特别；不装、不端、不贱、不烂，我是给力的湖南人。"①

从以上同学这些凡客体的回答中，可以看出他们的自我概念。自我概念表达的是个人对自身存在的体验，包含对自我的外表特征与人格特性以及其他方面的认知和评价。自我概念包括两部分，一是自我形象（self image），即认为自己是什么样的人，属于哪一类，具有什么样的外表特征与人格特性、职业技能和兴趣爱好，以及人生理想和价值观等；二是自我认同（self identity），即对自己的感觉、态度和总体评价。自我认同从以往经历而来，会给自我形象染上积极或消极的色彩。自我认同度高的，对自己会有一个积极的看法，而自我认同度低的，对自己的看法也相对比较消极。

自我概念存在着文化差异。在北美和欧洲等强调个人主义（individualism）的文化里，个人被视为基本行动单位，因此自我就极其重要。来自这些文化的人大都准备达成个人的目标，并愿意为之努力奋斗。但是在亚洲、非洲和中南美洲等集体主义（collectivism）占主导的文化中，自我并不是最重要的，集体（如家庭、社区等）才是最重要的行动单位。他们不会像个人主义文化那样把成功与个人奋斗联系起来，而是将个人的成功与集体的团结相联系，强调个人对集体的忠诚。在中文书面语中，"自我"即"私"，讲求自我利益和自我的成就，常常被认为是"自私"，因此主张低调处理个人目标，而突出强调集体的目标。

自我概念也存在性别差异。女性的自我概念一般不如男性积极，女性也比男性更容易自我批评和自我怀疑。作家约翰·格雷认为："一个男人的意识是通过他取得成果的能力来定义的。一个女人的意识是通过她的感觉以及她所处关系的质量来定义的。但值得注意的是，与女性特点相比，男性的特点更多地被我们的社会所认同。因此，男性总是比女性感觉好。或许这就是为什么许多女人不懈努力，通过变得像男人一样来取得成功。"②

自我意识除了回答"我是谁"以及"我是做什么的"这些问题之外，还指个人对自己的精神层面的印象，包括你平常戴的人格面具，你扮演的角色，以及你的处事方式等。比如在网络空间里，如果你不喜欢你在日常生活中的特点和形象，也不喜欢别人对待你的方式，你可以换一种身份，或换一种表现，以一个新的形象出现。无论是在现实空间还是在网络环境下与他人交流，自我意识会一直陪伴着你，你会不断通过与他人的比较，以及你对他人对你的评价的思考，来修正自我意识。从这个角度来讲，自我是在与他人的互动中逐步形成的。

2. "镜中我"

美国芝加哥学派的社会学家库利在1902年出版的《人类本性与社会秩序》（*Human Nature and the Social Order*）一书中最早提出了"镜中我"（the looking-glass self）概念。他认为一个人的自我来自社会的人际互动以及他人的感知。人的行为在很大程度上取决于对自我的认识，而这种认识主要是通过与他人的社会互动形成的。"人们彼此就是一面镜子，映照着对方。"他人对自己的评价、态度等，是反映自我的一面"镜子"，个人透过这面"镜子"认识和把握自己。库利的"镜中我"概念由三个阶段或三重含义构成：

① 我们所想象的我们在别人面前的形象，这是感觉阶段，是我们设想的他人的感觉；

---

① 选自北大新闻与传播学院2010级整合营销传播班同学作业。
② 转引自（美）特里·K. 甘布尔，迈克尔·甘布尔：《有效传播》（熊婷婷译）．北京：清华大学出版社，2007：51.

② 我们所想象的别人对我们这种形象的评价,这是解释或定义的阶段,即我们想象的他人的判断;

③ 由上述想象中产生的某种自我感觉,这是自我反映的阶段。

因此,人的自我是在与他人的联系中形成的。自我意识也就是通过费孝通先生所谓的"我看人看我"的方式形成的。他的这种认识与极端原子论的个人主义相对立,而以相互作用或相互渗透作为社会学研究的特征。

3. "约哈里窗户"

美国学者约瑟夫·鲁夫特(Joseph Luft)和哈灵通·英汉姆(Harrington Ingham)共同提出约哈里窗户(Johari Window),来研究我们以及他人是如何看待自己的。见图3-2。

	己知	己不知
人知	开放	盲目
人不知	隐秘	未知

图3-2 约哈里窗户 ①

"约哈里窗户"包含四个区域。

开放区域(open area):代表自我中所有自己了解并愿意与他人共享的内容,如性别、年龄、外貌以及个人职业、志趣爱好等。生活在社会中的个人总要有所开放而不可能完全掩盖自己,开放区域的存在有一定的强制性。网上的虚拟自我可能和现实中的真实自我有很大差别,但个人在网上发表的言论等显然属于自知并且愿意与他人共享的开放内容。

隐秘区域(private area):代表自我中自己知道却不愿意与人分享的区域。从理论上说,人总是有一些不便或不必告诉别人的情况。"隐私权"是个人基本权利。隐秘区域是永远存在的。

盲目区域(blind area):代表自我中自己不了解但是他人了解的区域。在社会生活中,由于受各种条件的限制,特别是受主观因素的干扰,人对自身的认识和评价很难做到完全客观公正。相比起来,他人对自己的把握判断可能更冷静客观一些,也就是所谓的"旁观者清"。盲目区域的出现会使人感到尴尬,但这种客观存在无法消除。

未知区域(unknown area):属于自我当中自己不了解、别人也不了解的内容。未知区域的存在表明,自我是一个不断发展和创新的过程,人的潜能、未知的灵感和预感等,都有待于在日后交往中不断被感知。

"约哈里窗户"中这四个区域并不是如图中所示的那样均等分的,而是根据个人对自我的认识和人际传播的发展而发生相应的变化。个人经历越多,社会交往越多,人知和己知的开放部分就越大,反之则开放的部分就越小。而在各种社会交往中,从家人、朋友,到同

---

① Larry L. Barker, *Communication*, Prentice-Hall, Inc. 1990, p.112.

事，再到关系更为疏远的他人，关系的远近亲疏显然意味着人知成分的多寡。因此个人的社会交往是形成开放区域、增加人知因素的必要条件和基本方式。正是在社会交往中，我们增进了别人对自己的了解，同时也得到了别人关于自己的反馈信息，促进了个人对自身的了解。社会交往的过程正是开放区域不断增大的过程，人知因素不断增多的过程，同时也是自我认识不断成熟的过程。

4. "主我"与"宾我"的社会互动

实际上，"镜中我"和"约哈里窗户"给我们提供了一个将自我"客体"化的视角，即把自己放在他人的位置上，像别人一样检视自己。因此，米德（G. H. Mead, 1863—1931）把自我进一步区分为"主我（I）"和"宾我（me）"。"宾我（me）"是自我的客体化，是已知，是个人对他人的社会评价和社会期待的认知和认同。"主我"则体现的是自我的主体性，是自我作为意愿和行为主体，对"宾我"作出反应的冲动性趋势，而心灵（mind），或者说思想之源，则是在"主我"与"宾我"之间的一种自我的反思性运动。思想的过程就是"主我"与"宾我"之间的内在对话过程。他认为，"主我"是社会创新的主要源头，是我们最重要的价值所在。因为有"主我"，我们都发展出独特的个性，而"宾我"则是由他人的所有态度构成。"主我"和"宾我"共同构成了自我，使得自我既有被动受控的一面，又有积极进取创新的一面。对于米德来说，一个重要的概念是"角色扮演"（role taking），即自我可以像对其他人那样社会性地对他自己作为。比如电视剧《潜伏》中的余则成，我们从他身上可以不断地看到"主我"和"宾我"之间的"对话"互动，与之相伴随的，是他逐渐由一个同情革命、为爱情而行动的青年，成长为成熟的革命者的过程。米德认为，个人首先要参与到各种社会生活中去，然后在体验中领会种种来自他人的观点，最后才能形成自我意识。个人的社会存在先于个人的自我意识。而所谓个人在社会中的存在，也就意味着各种社会互动。所以米德论证说，没有人天生就有一个自我，它也不是本能地发展起来的。相反，自我是通过与他人的互动的社会过程而得到发展的。个体使对各种他人的（特别是在早年获得的）解释和意义内在化，以创造一个"普遍化的他人"（the generalized other）。普遍化的他人是个体与之发生互动又成为个体行为的一般指南的那些人的期望。逐渐地，个体不仅在与一些特殊的人的期望的关联中学会行事，而且按照其他一般个体期望他怎样行事的想法来学会行事。

米德的思想被他的学生布鲁默（H. Blumer, 1900—1987）确定为符号互动论（symbolic interaction theory）并加以传播和捍卫。布鲁默提出，符号互动论是一个宽阔的视野，而不是一种特殊的理论。它认为人类传播通过符号及其意义的交流而产生，因此，可以通过认识个体如何赋予他们与他人交流的符号信息以意义来理解人类行为。符号互动论建立在这样的思想基础之上，即个体基于对象对于他们所具有的意义——这些意义产生于与他们同伴的社会互动，这些意义也通过个体的解释过程得到修正——而对对象采取行动。①

自我认识在很大程度上是由周围环境和周围的人，包括父母、亲友、老师、同学和同事等共同塑造的。他们是个人生活中重要的他者（significant others）。如果他们让你觉得你是被大家所接受、所推崇、所喜爱和所倚重的，你就很可能会因此树立积极的自我意识。相

---

① 参见（美）E·M·罗杰斯：《传播学史——一种传记式的方法》（殷晓蓉译），上海译文出版社2002年，第175—176页。

反，如果他们让你觉得不被喜欢、不被接受、无价值甚至不重要，那你很可能树立起消极的自我意识。除了这些生活中的重要他者，流行的媒体形象也可能影响我们对自我的认识。我们可能参照媒体中的人物形象来确立个人形象标准，也可能根据媒体中所展示的只有少数人才能拥有的生活标准来衡量自己是否成功，尽管这个标准本身就是值得怀疑的。大众媒体和网络所提供的东西可能支持我们的观点，使我们感觉良好，心满意足，但也可能打击我们的自信，使我们因此而感到自卑。

5. 自我概念对认知与行为的影响

自我概念有力地影响着我们的社会信息加工，即我们如何感知和评价他人和自我。当信息与我们有关时，我们会对它进行快速的加工和很好的回忆，这种现象叫做自我参照效应（self-reference effect）。比如如果无意中听到有人提起我们的名字，我们的听觉会变得格外敏感。当评判他人的表现和行为时，我们会本能地将其与我们自己的行为进行比较，在和某人谈话几天之后，我们对他所说的与我们有关的话会记得更牢。自我参照效应说明我们常常倾向于认为自己是世界的核心、生活的主角，虽然在很多时候，我们只是诸多事件中的一个小角色而已。自我参照效应也意味着在加工相关信息时会出现自我服务偏见（self-serving bias），即我们在很多情况下会认为自己比别人要好，接受荣耀时觉得理所应当，遭遇失败时则习惯于归咎于他人或者客观条件。

自我概念还会影响到我们的行为。根据心理学家班杜拉（Albert Bandura）的自我效能（self-efficacy）理论，积极的自我意识，即对自己能力与效率的乐观信念，可以获得很大的回报。自我效能高的儿童和成年人更有韧性，较少焦虑和抑郁，生活更健康，并且有更高的学业成就。当出现问题时，自我效能度高的人，会保持平静的心态并寻求解决方案，而不是自怨自艾。但是自我效能的主要来源是对成功的体验，而不是有意的吹捧或盲目地自我说服（"我认为我能"）。自我效能感也和自尊（self-esteem）有关。自尊是我们全面的自我评价。每个人可能选择不同的标准来确立自尊。有人可能因为自己聪明漂亮而自尊，也有人会感觉自己更有道德而自尊。但总体上，与将自尊建立在个人品质这样的内部因素的人相比，将自尊主要建立在外貌、金钱、分数或他人赞美等外部因素基础上的人，会经历更多的压力、愤怒、人际关系问题，甚至面临酗酒吸毒或饮食障碍等过失行为的风险。高自尊的人自我效能感要强于低自尊的人。但是过于自尊的人，在自尊受到威胁时，比低自尊的人反应更强烈，甚至更易选择暴力行动。因此，在儿童教育中，与其过度培养孩子的自尊，不如通过一些挫折训练，让孩子增强自我控制（self control）的能力。

3.3 印象管理

印象管理（impression management）或者说自我展示（self-presentation），是美国著名的社会心理学家欧文·戈夫曼（Erving Goffman，1922—1982）通过系统的观察和分析于1959年提出的，是指我们想要向外在的观众（他人）和内在的观众（自己）展现一种受赞许的形象。很多个体都十分在意自我形象，并在不同程度上管理自己给他人造成的印象。人们自觉调控自己的仪表、体态、言谈等方面，以希望得到别人乃至社会的认可、赞同，并期望能够控制社会交往的结果。它是自我调节的一个重要方面，也是与他人社会互动的一个根本方面。

戈夫曼借用社会学家帕克（R. E. Park，1864—1944）的话说："人"这个词，最初的含义是一种面具，这也许并不是历史的偶然，而是对下述事实的认可：无论在何处，每个人总是或多或少地意识到自己在扮演一种角色……正是在这些角色中，我们互相了解；也正是在这些角色中，我们认识了自己。……从某种意义上来说，如果这种面具代表了我们自己已经形成的自我概念——我们不断努力去表现的角色——那么这种面具就是我们更加真实的自我，也就是我们想要成为的自我。最终，我们关于我们角色的概念就成为了第二天性，成为我们人格中不可分割的一部分。我们作为个体来到这个世界上，经过努力而获得了性格，并成为了人。①

一般而言，人们总是渴望被别人积极看待，避免被消极看待。试图使别人积极看待自己是获得性印象管理；而尽可能弱化自己的不足或避免使别人消极地看待自己的防御性措施是保护性印象管理。不同的人进行印象建构的意识和能力是不一样的。对某些人而言，有意识地自我展示也许是一种生活方式。他们格外关注他人反应，不断校正自己的社会行为以达到他人赞许。那些可能比别人更善于建构自我形象的被称为高度自我监控者（high self-monitoring），他们往往"倾向于成为人们希望的样子"。为了让自己的行为与环境合拍，他们很可能会支持一些其实并不赞成的观点。由于总是意识到他人的存在，所以他们很少会依据自己的态度而行动。因为在高自我监控者看来，个人态度具有社会调节功能，有助于他适应新工作、新角色和新的人际关系。那些低自我监控的人则很少关心别人怎么想，而更多按照自己的感觉来行事。

目前，印象管理被广泛地应用于求职面试中。应聘者的印象管理包括语言的呈现和策略性行为，以有助于应聘者在短期内树立良好的形象。美国著名形象设计师莫利曾对美国100位CEO进行过调查，结果显示，93%的人相信，在首次面试中，求职者会由于不合适的穿着和举止而遭到拒绝，而有相当多的求职者会在面试之前准备预计问题的答案，然后对着镜子精心"演练"自己的一言一行。还有研究表明，在使用印象管理技术的求职者中，关注自身优点（自我抬高）的求职者得到的评价高于那些关注面试考官（抬举他人）的求职者。例如，一个很想谋得销售部门职位的求职者，如果在面试时强调他如何擅长与人打交道、与人交流时如何具有说服力的话，就要比只是在现场恭维考官效果更好。也就是说，凸显自己优势的这种做法（自我抬高）可能比抬举考官更有成效。当然，无论什么样的策略都应适度，过度使用则会适得其反。

印象管理和自我展示也存在文化差异。在一些以自制为美德的国家，如中国和日本，人们更多展现出谦虚、自制和乐观，而在那些重视个人成就的西方国家，个人往往有很强的自我效能感，常常全力奋斗而不过分怀疑自己和轻言放弃。

3.4 自我防卫机制

自我防卫机制（self-defense mechanisms）来自弗洛伊德（Sigmund Freud，1856—1939）的精神分析理论。他女儿安娜·弗洛伊德后来对此进行系统研究，并出版了《自我和防御

---

① 转引自（美）戈夫曼：《日常生活中的自我呈现》（冯钢译）．北京大学出版社．2008年，第17页．

机制》一书。与行为主义不同，弗洛伊德的理论不相信人类能够通过意识或理性对自己的行为进行有效的控制，而认为人类行为是个体的本我（id）、自我（ego）和超我（superego）相互斗争的产物。自我是人格中的理性部分，本我是人格中自私自利、按快乐原则行事的部分，也是自我必须努力施加控制的部分；超我是内在化的一整套文化规则，可以指导自我。

当本我的冲动彼此冲突，当本我与超我的价值和信念冲突，以及当外在威胁强加于自我时，一般人会无意识地采用各种心理策略，以避免精神上的痛苦、紧张焦虑、尴尬、罪恶感等心理，并保持一种社会可接受的自我形象。每个人在生活中都会有不同程度的焦虑和挫折感，这源于心理需求与外部现实之间的矛盾。这种焦虑和挫折感如果过强，就会妨碍个人进行正确的自我认识和对环境的正确把握，从而影响传播活动。

解决心理挫折的办法是自我防卫。自我防卫可以帮助个人调整与外部世界的关系，但如果应用过度或错误应用，则会有碍于对现实的正确认识，甚至带来心理疾病。传播学研究自我防卫理论，正是为了用自觉的内向传播方式鼓励积极的防卫效应，克服消极的防卫效应。自我防卫主要有以下几种形式。

① 合理化解释（rationalization）：当个人遭遇失败或个人需求因种种原因得不到满足时，很多人会找出一些于己有利但实际上可能站不住脚的理由以对现实加以解释，或者为自己的难以为一般人所接受的行为或动机辩护而使其合理化，以缓解心理压力。比如当某女生求职遭拒后，她认为不是自己能力有问题，而是整个社会就业压力太大，而使自己被埋没，或者认为自己名牌大学的身份对对方造成一定的威胁，因此自己应该选择更高一点的职位。合理化解释就是一种使自己内心平衡的归因方式。

② 投射（projection）：也称外射，是主观地将属于自身的一些不良的思想、动机、欲望或情感，赋予他人或他物，或者推卸责任，把自己的过错归咎于他人，从而得到一种解脱。有时我们会否认我们自身的某些特点、动机或行为而把它们归结为别人的特点、动机或行为。这就是通常说的以己度人。比如小云和小李一起吃饭，由于小云在节食减肥，因此当她俩吃完饭之后，小云对身材苗条的小李说：" 你肯定饿。" 但实际上，小李已经饱了，只是小云还感觉饿，因此会将感觉经验投射给对方。或者一个学生平素学习不努力，考试作弊。但他自己却认为别的同学学习也不努力，考试更善于作弊，而且与自己比较有过之而无不及。俗语说" 以小人之心度君子之腹"，也属于投射情况。投射有时也表现为严重的偏见、因为猜疑而拒绝与人亲热、对外界危险过分警觉等。如强奸犯认为受害者穿着暴露，才引发他犯罪。

③ 隔离（insulation）：将部分事实从意识中加以隔离，以免引起精神上的不愉快。所谓部分事实是指整个事情中的一部分，而最常被隔离的是与事实相关的感觉部分。比如不说人死了，而说仙逝或长眠等，这样感觉上不会感到太悲哀或不祥。当失去亲人之后，有人会把遗物藏起来，或把环境改变一下，就是用隔离的方法进行自我防卫。有时当内心发生矛盾冲突时，我们也会把对立的情感或信息隔离起来，以使内心的紧张得到缓解。

④ 反塑（reaction formation）：或称" 矫枉过正"，是指当真实意识表现出来不符合社会道德规范或引起内心焦虑时，故意采取某种与真实意识完全相反的看法和行动。有的人求爱不成，就诋毁对方，走向极端的反面。对丈夫前妻留下的孩子怀有敌意的继母，往往特别溺爱孩子，企图证明她没有敌视孩子。再如，过分热情或自我吹嘘的行为是对被压抑在无意识

中的那种不喜与人交往或自卑的强烈冲动的一种反应。"恨"自己真正喜欢的某人或某事物，或者"爱"自己所恨的竞争对手或所不喜爱的职务。有些人很容易受到裸体画的诱惑，为了克服这种欲望，他可能成为积极的反色情分子。

⑤ 认同（identification）：是指一种无意识的、有选择性地吸收、模仿或顺从另外一个一般是自己敬爱和尊崇的人或团体的态度或行为的倾向，以对方之长归为己有，作为自己行为的一部分去表达，以此吸收他人的优点以增强自己的能力、安全感以及接纳等方面的感受，掩饰自己的短处。认同在自我认识的发展中非常重要，同时，认同也可以作为一种防御机制来抵制不安全或不足。比如青少年在成长中不能确定自我，就通过追逐模仿影视歌星和体育明星的方式来寻求安全。一般说来认同的动机是爱慕，是正常的心理现象，但也可以是儿童早年的心理防御机制，是未成熟的心理活动。认同有两种，一种近似模仿。模仿有出于喜爱羡慕的模仿，也有反感性模仿，即一方面感到反感，另一方面又去认同。如有人反感强暴者和恐吓者，但自己也同样去威胁或欺负比自己更弱小的人。另一种认同是利用别人的长处，满足自己的愿望、欲望。例如，一个不帅气的男孩子喜欢和一个漂亮的女孩子交往，他可以因为别人夸奖她的女友而感到自豪。

⑥ 压抑（repression）：指当一个人的某种观念、情感或冲动不能被超我接受时，下意识地把不愉快或不被接受的情感、愿望或体验置于意识之下，以使个体不再因之而产生焦虑、痛苦。比如孩子自小家教严厉，如果一哭闹就会受到严厉惩罚，久而久之，孩子就学会压抑愤怒。"抑制"则会表现为一种不自觉的主动性遗忘（不是否认事实），有时表现为口误笔误。例如，一位中年妇女的独生女于十八岁时死于车祸。事情发生在十月，当时她非常痛苦，但经过一段时间以后，她把不堪忍受的情绪抑制住，存放到潜意识中去，"遗忘"了。但需要注意的是，压抑在潜意识中的这些情绪还会不知不觉地影响她的情绪。果然，她每年十月份均会出现自发抑郁情绪，自己不知道为什么，药物治疗也无效。

除以上几种外，自我防御还有其他一些形式，如转移、过度补偿、升华和幽默等。虽然面对对自我的威胁，我们时常会做一些有意识的努力，但真正的防御机制是无意识的或至少是部分无意识的。防御机制本身不是病，相反，它们在维持正常心理健康状态上起着重要的作用。只要能够运用这些防御机制来维持平衡，而没有表现出不良的行为，那就不能看作是病态的。只有在不适当的时机，不适当地应用防御机制，以致无论在保持内心安宁还是与他人交往方面都出现了不和谐、不恰当的情况时，才可以称之为病态。

3.5 需求层次论

人的行为除了受自我认识的影响外，还经常受到动机的驱使。心理学认为，动机是一个过程或一系列过程，它以某种方式引发、促进、保持并最终终止一连串导向目标的行为。从生理上说，人体是一个自组织系统，具有保持体温、血糖水平、体液含量、酸碱比例等自动平衡机制。当某些方面出现失衡时，就会产生恢复平衡的需要。它会导致个体产生内驱力，即补充需求、恢复平衡的内在力量。在现代心理学中，需求、内驱力和均衡作用这三个概念由生理层面延伸到心理层面，成为动机的心理基础。除了失衡、需求、内驱力这些内在因素可以引发个体的行为动机之外，外在刺激物也可以成为引发动机的原因。例如，让人们产生吃的动机的,可以是饥肠辘辘的内在匮乏状态,也可以是美味当前的外在诱因。动机的产生在于需要。大多数人的一些需要是相似的。围绕动机说,心理学中产生了很多相关理论,在此仅介绍美国心理学家马斯洛(Abraham Harold Maslow,1908—1970)提出的需求层次论(hierarchy of needs)。

如果像列购物清单一样,列一个个人需要清单,就会发现人们具体的需要是多种多样的,由此而导致了人们各种行为动机。马斯洛通过一些调查统计,确定人的各种不同需要可以分成5种,后来修订为7种,并形成一个金字塔形的需要层次体系。见图3-3。

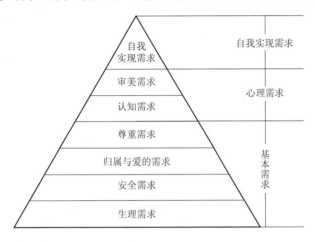

图3-3 马斯洛需求层次图

① 生理需求:也称"自然需要",直接与生存有关,如饥、渴、睡眠、性的需要等。马斯洛认为,人的需要是由低级到高级逐层发展的。生理需求是人最基本、最强烈的一种需求。如果你饿了一整天,在补充营养之前你恐怕很难去学习或打网球;如果你排了一整夜的队买票之后,很难设想会去和朋友喝酒而不去睡觉。所以在图3-3中,生理需求处于最低层次,占据的空间也最大。在生理需求得到基本满足后,其他更高级的需求才开始支配生命有机体。有大量的广告诉求都是针对人的基本生理需求的,比如某某方便面,"量多营养好";"蚁力神,用了才知道";"某某药物能有效保障睡眠"等。

② 安全需求:是比生理需求高一级的需求,包括安全、稳定、依赖、免受恐吓和混乱的折磨,也包括对生活无威胁、能预测以及环境有秩序的需求。许多人努力工作攒钱是希望退休后能免于贫困。为了生命安全,我们可能会购买人寿保险,安装防盗门和烟尘监视器。同样有许多广告进行安全诉求,比如"饮用瓶装水更安全"、"某某快餐保证食用安全"、"某某牌汽车安全第一"等。

③ 归属与爱的需要:许多人把爱视为最重要的人类需求,但实际上,生理需要和安全需要常常是第一位的,或者与其他需要相互结合。比如有的人不谈恋爱或结婚就感到不安,在这里,安全需要与爱的需求相互结合。归属的需求是指人需要被别人接纳、爱护、关注、欣赏、鼓励和支持。归属的需要常常体现为对亲情、友情和爱情的渴望。人们渴望同他人结成一种充满感情的关系,否则的话就会产生孤独感。归属与爱的需求是个人寻求社会归属的体现,这种需求的满足常常通过个人参与群体活动,寻求情感关系来体现。也有许多广告进行爱和归属的需求,比如钻石广告以"爱情恒久远"为诉求,"孔府家酒,让我想家"也以

诉诸亲情的方式来宣传。

④ 尊重需要：在有了归属感和爱的满足之后，人们开始着力寻求自尊和来自他人的尊重。自尊需求可以表现为对成就和地位的渴望，以及对来自他人和社会的高度评价和赞扬的期待。为了满足这种需求，我们要维护自己的人格、名誉，确认自己的存在价值，追求更高学历，勤奋工作以赢得业绩奖励和同事们的尊敬。有很多广告都诉诸人们对成就、地位和自我价值的渴求。比如"××西服，成功男士的标志"；××聚会中，模特在众星捧月之中打开某名酒以象征事业发达等。

⑤ 认知需求：是指满足好奇心，寻求了解、解释和理解的需要。人们不断地使孤立的认识理论化，通过思想来寻求意义，这些都受到认知需求的支配。许多广告都以调动人们的好奇心和讲道理的形式来进行劝服。

⑥ 审美需求：是指人人都有对于真、善、美的事物的内在需求。美的事物不仅能陶冶情操、调节心理，也常常和其他基本需求，如爱的需求、尊重的需求等相结合，形成新的动机。广告中的审美表现是非常重要的内容。

⑦ 自我实现：是最高阶段的人类需求，是指个人调动全部潜能，在特定领域发展，以实现长期目标。个人自我完善是自我实现的一种方式。个人接受挑战，比如赢得某项比赛，完成一部小说，或驾车周游世界等，都是寻求自我实现的方式。自我实现的最终目标，就是竭尽全力实现个人理想。

需求层次论表明，人的需求是多样的并持续发生的，当一种需求得到满足，另一种需求很快就会出现。在同时存在的各种需求中，如果第一需求得到满足，那么很快新的需求又会上升为第一需求以寻求满足。需求层次论还表明，人的生存和发展遵循一种上升的逻辑，在基本需求得到基本满足之后，人们就会尽力实现更高层次的需求，而最高层次的需求则体现为个人理想的实现和个性的充分发展。诉诸心理需求，建立行为动机，是常见的公关广告技巧。

3.6 态度转变与说服

广告营销经常需要说服消费者转变态度，促进购买行为等，因此会特别关注态度转变研究中相关的理论。一般认为，态度（attitude）由认知、情感和行为倾向三个部分组成。认知包括个人对某个对象的认识与理解、赞成与反对的叙述内容。例如，"我反对研究生收费"，"这件衣服很漂亮"等。情感是个人对某个对象持有的好恶，也就是一种内心体验。比如"我喜欢看美国大片"，"他对她既怜悯又轻视"。意向是行为的准备状态，它不是行动本身，而是行动之前的思想倾向。如"我想申请出国"、"我要向某人提出一个建议"等。

态度的基石则是信念（beliefs）。信念是个人所拥有的关于事物或行为的信息。是外部世界"在头脑中的反映"。当外部世界在头脑中再现时，世界变成已知。因此，一个人的信念构成了他对自己及自身环境的理解。信念可以分成两类：一是描述性的；二是评价性的。描述性的信念以经验为基础，在事物和特征之间建立联系。个人可能由此归纳出某一类事物的特征，如"苹果是红的"、"西红柿是圆的"、"政客是不能相信的"等。评价性信念则把价值观和事物联系在一起，如"爱情是美好的"、"年轻人应该独立自主"等。总而言之，评价性信念涉及事物好还是不好。它能使我们的结论接近或远离事物的特定状态。

态度与行为之间存在着积极的作用关系。个人差异会造成态度与行为关系的不一致。可能有一些人，在态度和行为上表现得高度一致。只要他们告诉你他们想什么，你就完全可以确定他们会如何用行为来支持他们的所想。还可能有另一些人，他们可能说是一回事，做又是另一回事。至于后一种人，他们可能就某一问题持有强烈的态度，但是他们却把这种态度隐藏于心。还有一些人在群体环境下，在发表意见之前会先预测一下意见环境，一旦发现自己的意见和大多数人表达的意见不一致时，立刻进行调整。其他一些因素，如文化差异和文化规范等会干扰态度和行为之间的联系。

1. 古典条件论（classical conditioning theory）

刺激—反应原理认为，如果大脑接受的刺激可以被控制的话，那么态度结构、人格甚至人的行为也就能被控制。古典条件论从刺激反应角度考察态度转变。如果最初的一个有条件的刺激（conditioned stimuli）和另一项无条件刺激（unconditioned stimuli）相联系，而无条件刺激内在化地或者通过以前的条件，与一些无条件反应（unconditioned response）相联系，那么刺激反应成立。

以巴甫洛夫试验为例。饥饿的狗得到了一块肉，肉这一无条件刺激导致了狗分泌唾液这一无条件反应。如果设定，铃响之后狗就得到一块肉，那么通过重复响铃，重复给肉，就得到一个有条件的反应，即铃声作为有条件刺激，导致分泌唾液这一反应。在此，狗的唾液分泌是"铃响"这一条件刺激的结果，而不是把最初的无条件刺激（肉）与无条件反应（分泌唾液）相联系的结果。

同样道理，如果一个姑娘本来并不喜欢某位追求者，但是这位追求者带来的不是浪漫的烛光晚餐，就是令人兴奋的时尚服装发布会，或者时髦刺激的旅游探险。久而久之，姑娘可能因为喜欢这些约会，而改变对那位追求者的看法。在广告推广中，策划者也总是将广告产品同许多美好的、令人向往的刺激联系在一起，以激起人们对广告产品的积极态度。

2. 认知失调论

认知失调论（cognitive dissonance theory）是美国社会心理学家 L. 费斯廷格（Leon Festinger，1919—1989）于1957年提出的一种认知理论。该理论认为，每个人都努力使自己的内心世界没有矛盾，然而所有的人都无法使自己达到无矛盾状态。费斯廷格把"矛盾"和"无矛盾"换为"不协调"和"协调"，并据此对认知现象进行分析。认知不协调论认为，人们同时拥有多种态度，态度之间存在着一致、不一致和不相关三种关系。如"我不吸烟"和"吸烟会致癌"这两个态度就是一致的；反之"我吸烟"和"吸烟会致癌"就是不一致的。另外，"香蕉是甜的"和"四月过后是五月"就不相关。当几种态度之间出现不一致时，就会出现不协调的感受。

不协调有程度上的差别，比如丢1块钱和丢1 000元钱给人造成的不协调是明显不同的。不协调的程度取决于个人认知。如果某人对香烟的喜好超过了对健康的在意，或者怀疑吸烟致癌的危险性，那么他可能不会减少每日吸烟量。但如果某人认为，健康更为重要，那么他就可能完全放弃吸烟。但如果某人既关心健康，又非常喜欢抽烟，那么他的不协调感就很强。不协调感越强，心理压力就越大，甚至会失去心理平衡。因此，人们需要努力改变认知不协调，从而达到态度和行为改变的目的。

比如香港有一则禁烟的公益广告。其中讲述一个人在茶餐厅用牙签剔牙，之后将牙签转给另一个人，这个人于是用这同一根牙签接着剔牙，然后又转给另一个人，也是用同一根牙签接着剔牙。如此几经转手，终于有人说，"怎么能这样？"然后画外音马上回答："在公共场所吸二手烟就是这样！禁止公共场所吸烟！"这个广告就是以认知失调理论为基础，通过"二手牙签"这种会造成人的认知失调的故事来引发关注，引人思考，从而进行"禁止二手烟"的公益诉求。

◇ **小　结**

　　内向传播是一切人类传播的基础。我们把个人接受内外刺激并作出反应的过程看成是人的基本行为，而人的行为在很大程度上受个人自我概念的影响。自我概念是自我认识的发展，它是在人的社会交往中逐步确定的，存在着性别和文化差异。自我概念对人的认知和行为都有影响，如自我参照效应、自我服务偏向、自我效能和自尊等。一般而言，人总是期望被他人接受和赞许，因此高自我监控者会自觉地进行印象管理。为了维护自我，免于内心的焦虑和挫折感，健康的人会无意识地采取一些自我防卫策略，但自我防卫过度，也可能是病态人格的表现。个人的传播行为受各种动机驱使，而动机背后则隐藏着各种需求。马斯洛的需求层次论强调了人类需求的多样性和一致性以及逐步上升的特点。以刺激反应论和认知平衡论为基础，心理学家们还提出了一些关于态度形成和转变的理论，在本章只介绍了行为主义的古典条件论和费斯廷格的认知失调论。传播学中关于态度转变的研究将在第13章进行介绍。

◇ ***推荐阅读***

　　1. （美）特里·甘布尔，迈克尔·甘布尔：《有效传播》（熊婷婷译），清华大学出版社，2005。
　　2. （美）戴维·迈尔斯：《社会心理学》（张智勇，乐国安，侯玉波译），人民邮电出版社，2006。
　　3. （美）马斯洛：《动机与人格》（许金声等译），华夏出版社，1987。
　　4. （美）欧文·戈夫曼：《日常生活中的自我呈现》（冯钢译）北京大学出版社，2008。

观察与思考

　　1. 找一位朋友，分别采访他的家人、同事和他本人，比较一下，看看不同的人对他的个性特点是否有不同的看法，他本人对自己的看法是否受到生活中重要的他者的影响。
　　2. 观察一些广告，看它们如何诉诸人的认知、情绪或生理反应，又如何针对人们的需求进行广告诉求。
　　3. 在日常生活中人们如何运用防卫机制？
　　4. 如何理解古典条件论和认知不和谐论对态度改变的不同认识？

第 4 章

人 际 传 播

邓裕强和我,是4年的同学,6年的搭档,15年的朋友。

大部分的时候,我觉得自己很了解他。我习惯他一想到什么点子就一笔一画,像刻字一样重重地记在小本子上——现在,是写在办公桌上永远摊开的那叠白纸上。凡是重要的事,电话过后20秒,他一定会有几条连珠炮一般的信息发给我,不断地叮嘱和修正。任何发给他的邮件,只要和产品、网站有关,一分钟内就会回复过来,确认清楚解决办法。来办公室前,他一定刚冲过凉,头发整整齐齐,整个人精精神神的,看着就提气。大学时候,他每天早上第一件事就是冲个凉。6年前,3G门户网作为第一个中国手机互联网独立免费网站上线的那天是这个样子,现在还是这个样子。他的各种方式,我不用猜就知道。

必须得承认,跟随他创办3G门户网,我们像被人拽着头发拔高一样地长,我们要学会作出越来越大的判断,学会从来不曾了解的资本操作,学会和不同的人打交道,学会管理每年增加一倍的团队数量,学会接受伤害和痛苦。显然裕强比我更适合做一个承担巨大责任的角色,他比我变得快,他具备这样的天赋,他天生就应该去做一个伟大的企业家。有时候,我自己也无法相信,一个和我曾经一个宿舍,只比我大不到一岁的少年,为什么有那么大勇气和力量去做一个改变数亿人的事,甚至,这让我自卑。

——3G门户网总裁张向东[①]

人际传播指个人和个人之间发生的信息传播。人际传播可以是面对面直接进行的,也可以是借助于媒介的,如书信、电话、网络等。人际传播的场面丰富多彩,可以是轻松愉快的闲聊,也可以是推心置腹的谈心;可以是情意绵绵的恋爱,也可以是剑拔弩张的争吵;可以是真心实意的教诲和劝慰,也可以是虚与委蛇的逢场作戏。绝大多数的人际传播讯息都是非正式的,是日常生活和社会交往中必不可少的。对人际传播的研究不仅仅限于人与人之间的信息传递,而是更重视人际关系的建立与发展。

---

① 张向东:《创业者对话创业者》,中信出版社,2010年7月,第28页。

4.1 人际传播过程

人际传播（Interpersonal communication）一般特指在两个人之间进行的信息沟通活动，包括面对面的和借助于媒介的。这主要是按参与传播的人数来界定。如果是三个人以上参与，就属于群体传播。二者都属于人类传播过程（human communication process）。将两人之间的传播定义为人际传播，只是为了研究的方便。群体传播中也存在二人间互动（Dyadic Interaction），所以人际传播是群体传播的基础。

人际传播是一种什么样的过程呢？我们借用语言学家奥斯古德和施拉姆的循环模式（见图4-1）来加以说明。施拉姆说，"最好把这一过程认作是一种关系，而不是A对B或B对A的某件事情。"①在这种关系中，有一些传播行为和一套信息符号。辨别传播行为的最明显的特征是这些行为是信息加工行为，即图中的译码（decoding）和编码（encoding）行为。编码和译码行为统称为释码（interpreting），因此传播中的人即释码者（interpretor），他同时也是编码者（encoder）和译码者（decoder）。通过对符号化讯息的译码和编码，人们结成某种传播关系，逐步实现符号意义的交流、理解和共享。

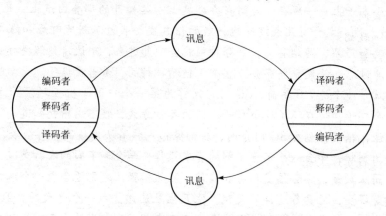

图4-1 奥斯古德—施拉姆循环模式 ②

有学者（Miller & Steinberg）提出，应当从人际互动据以发生的知识来判断，也就是说，当人们主要依赖于有关个人的信念、态度、人格特征等心理层面的信息进行传播活动时，就是人际传播，因为这时讯息的剪裁是专门针对个人的，而不是针对具有相同特征的文化群体或组织群体。所以，即使在大众传播的背景下，比如在电视上面对百万观众，如果公众人物吐露高度个人化的信息（如个人的吸毒经历等），也属于人际传播。像《艺术人生》、《天下女人》等电视栏目，常常采访电影明星，讲述他们的私人故事，因此带有很强的人际传播特性。

还有一种定义强调传播双方的"互动"和"相互影响"。如果一个人的传播行为对另一

---

① （美）W. 施拉姆，W. 波特：《传播学概论》，新华出版社，1984. 第49页。
② 转引自（英）丹尼斯·麦奎尔等：《大众传播模式论》（祝建华等译），上海译文出版社，1987年，第22页。

个人下一步的行动发生了影响,或者说一个人的后续行动是以另一个人的传播行动为基础的,那么人际传播就发生了。实际上,上述这两种定义也并不矛盾。如果说"信息交流"是人际传播的必要条件,那么就还可以进一步考察什么样的交流讯息会影响人的心理状态。你对营业员要一盒口香糖和你在婚礼上要求与新娘跳舞所发生的影响肯定不同。人际传播以讯息交换为基础,而交换的讯息又会影响人际互动和关系的发展。

网上曾流行一个笑话帖子——英国小伙参加"非诚勿扰"节目:

一女首先发问:是独生子吗?

答:不是独子,有个哥,刚结婚。(数盏灯灭)

又有女问:有房吗?

答:有房,不过是上世纪的老宅子。(数盏灯灭)

又有女问:婚后住哪?

答:和奶奶、爸爸、后妈、哥哥、嫂子一起住。(数盏灯灭)

又有女问:你干啥的?

答:我是大兵。(数盏灯灭)

又有女问:你爹在哪单位?

答:我爸没工作。(只剩一盏灯)

最后的女孩问:结婚有宝马奔驰接吗?

答:没……我奶奶肯定不同意,一般是用马车的。

女孩嗤之以鼻,答曰:宁在宝马里哭,不在马车上笑!(灯全灭)

英国帅哥羞臊难当,泪流满面离开现场。

次日,英《泰晤士报》头版头条新闻标题为:我皇室成员哈里王子参加中国电视征婚首轮即遭淘汰。

从这个帖子中可以看到,虽然你来我往,有问有答,貌似人际传播,但实际上是缺乏沟通的,因为并没有实现正确的讯息编码和解码。传播关系的建立看起来是简单的,是一个符号化的会聚过程,但对符号意义的共享却需要更多的外在条件和内在努力。

4.2 人际传播的特点

在当前的互联网环境下,借助于新媒体技术,我们得以越来越多地与他人甚至陌生人发生联系。为实现有效沟通,应该把握人际传播特别是面对面的人际传播特点。

1. 多种信息形式,社交线索丰富

在面对面交流的情况下,不但可以听到对方声音,还可以看到对方的表情、眼神、手势,同时还感受到环境、距离和关系气氛等。这种全身心、全方位的交流能使人通过各种感官同时得到更多更全面的信息特别是非言语信息,从而有利于综合各种信息形式加以判断,提高沟通效果。但是在通过网络媒介进行人际沟通时,很多时候会感到表达形式不够多样,社交线索(social cues)不足,沟通效果不够理想。一方面,媒介技术向人性化发展,开发出各种辅助性的表情符号、音响效果以及可视软件来促进交流;另一方面,传播者也尽可能地寻求其他社交线索,如沟通反应时间等来帮助实现沟通。还要注意的是,在面对面交流中，人们虽然使用多种感觉器官接收信息，但却通过一种渠道处理讯息，因此主要信息反而有可能因其他信息的干扰而给人印象不深。因此有目的的人际传播，应根据传播的目的要求，选择恰当的传播形式，以减少干扰，提高效果。

2. 及时获得大量反馈

传播学中反馈（feedback）的概念来自维纳（Norbert V, 1894—1964）的控制论（cybernetics）。通俗地说，信息反馈就是指由控制系统把信息输送出去，又把其作用结果返送回来，并对信息的再输出发生影响，起到制约的作用，以达到预定的目的。面对面交谈为迅速交换信息提供了最充分的机会。在这种情况下，信息的双向流动最易实现，反馈最为及时。交流双方凭借对方发出的语言或非语言符号获得各种反馈，及时把握自己的传播效应和对方的态度，然后加以纠正、解释、补充或回答。及时而大量的反馈，使人际传播特别准确、快速、高效。借助于媒介进行的人际传播，同样应重视反馈，以便有效沟通。

3. 双方共同负责，传受角色互换

人际传播的二人性，使得对讯息的发出、接收和评价都由两人共同承担，传与收的位置也常常互换。传受双方都发挥发出和接受讯息的作用，但又不能承担全部责任。如果传播过程中只有一方发出信息，那么交流很快就会停止。人际传播的双向互动性，使得我们无论是在现实生活中，还是在从事与人际传播相关的工作中，都应该有意识地承担传播责任，通过信息的充分而有效地接收和发布，实现沟通效果。

4. 目的在于意义共享

与小群体传播以解决问题为目标不同，人际传播目的在于意义共享，寻求共同理解和感受。人际传播也可能要解决一些问题或作出决策，但是在人际传播中，人们交换的是来自个人经验的大量讯息而不是干巴巴的事实材料。把内在思想翻译成语言或非语言并加以表达的过程，增强了传播者的自我思想和情感的认识，而听者的回应则加强或改变了这种认识，因此人际交流讯息有很大的感染性。有效的人际传播，能通过意义和情感共享，来增强认同和人际影响力。

5. 受情境影响，包括物质环境与社会环境

人际传播总是在特定场合、特定环境下发生的。传播情境（context）往往决定传播内容。我们常常根据是与朋友单独相处还是有人旁听、是打电话还是面谈，双方心情是愉快还是抑郁等不同情形来选择不同话题。人际传播还受各种因素的影响，如文化规范、社会角色期望、权力地位差别（酬报权力、惩罚权力、专家权力、法定权力），等等。

4.3 言语行为论

1. 言语行为

大多数传播过程都包含了构成讯息的语言表达和行为方式。德国哲学家维特根斯坦（Ludwig Wittgenstein, 1989—1951）指出，语言的意义有赖于它的实际运用。与扑克和象棋之类的常见游戏一样，日常生活中使用的语言包含着一定的规则，实际是一种语言游戏。当你描述事件、发出和接受命令，提出和回答问题时，就是加入到语言游戏中去。

后来的英国语言哲学家奥斯丁（J. L. Austin, 1911—1960）把这种对语言的实际应用称

为言语行为（speech act）。当人们说话的时候，实际上也是在实施一种行为。奥斯汀把言语行为分为三类：一是表达语意的行为（又译作语意行为或言内行为），即使用语言传达某种思想的行为；二是加强语意的行为（又译作语旨行为或言外行为），即语句被说出时带有某种力量的行为；三是取得效果的行为（又译作语效行为或言后行为），即说出一个语句产生一定效果的行为。因此，言语实际上不只是指代特定事物，而是也做了特定的事情。所以说，言语是一种行为。

奥斯汀的学生，美国的语言哲学家约翰·塞尔（John Searle）继承和发展了奥斯汀的理论。他指出，言语—行为是用来表达一定意义和意图的最基本的语言单位。它通常是一个句子，但只要遵循那些能够实现意图的规则，也可以是一个词语或短语。塞尔提出，有两种类型的规则很重要，一是组成性规则（constitutive rules），二是规范性规则（regulative rules）。组成性规则是关于意义的，人们利用它来阐释和理解事件的性质。就好像足球规则构成了足球游戏本身一样，你是根据这些规则来判断他们玩的是足球。同样，在言语—行为中，你也是根据一些组成性规则来判断言说者的言语意义是许诺，是请求，还是发号施令。规范性规则是关于行为反应的规则，它为人们参与游戏提供了行动指南，人们根据规则来决定如何反应和采取什么样的行动。比如当对方提出请求时，规范性规则提醒你是否可以拒绝以及如何拒绝才恰如其分。

奥斯汀提出了五种言语交流行为：一是断言式，包括陈述、肯定、下结论和确信等言语行为，表明说话人坚决维护意义的真实性；二是指令式，包括命令、请求、呼吁、祈祷、恳请和邀请等，旨在促使听话人做某些事情；三是委托式，包括许诺、发誓、保证、订立合同和担保等，旨在使说话人承担起对未来某种行为的义务；四是表达式，包括感谢、祝贺、道歉、慰问和欢迎等，表现说话人心理状态的某个方面；五是宣告式，包括任命、主婚、解雇和辞职等，旨在提出意见陈述，并通过肯定和强调等手段使之成为现实。比如，当会议主持人说"我宣布此次大会胜利闭幕！"后，会议代表才应正式退席，工作人员开始收拾。

2. 意义的协调管理

意义的协调管理理论（Coordinated Management of Meaning，简称CMM理论）是由皮尔斯和克龙恩（Pearce & Cronen）等人提出的。按照CMM理论，一切传播都可以被看成是一种协作，是人们依照一定的协调规则进行的互动合作，它阐明了人们如何以规则为基础来进行阐释和行动。处于特定社会情境下的个人首先想要理解所发生的事情，因此会运用相应规则来进行阐释。然后，他们要在理解的基础上采取行动，因此会运用规则来确定哪种行动是合适的。

比如初次见面的人都会遵循一些相关的规则。我的规则可能是：①第一次见面，我应该微笑，说"你好"；②两人见面，握手是一种礼貌；③如果我对那人感兴趣，我应该保持相当的目光接触。如果对方遵循相应的规则，那么自然就有了正常的初次见面。但如果对方的规则是：①第一次见人，应该双手合十，颔首行礼；②保持恭敬表情，避免直视对方。那么我们会如何采取行动并把握传播效果呢？

按照上述的言语—行为CMM理论，有两套特定的规则帮助我们协调行动，即组成性规则和规范性规则。处于某种社交情境下的个人首先要理解所发生的事情，因此他们会运用组成性规则确定某一个特定行动的含义。在CMM理论中，组成性规则用以下方式表示：

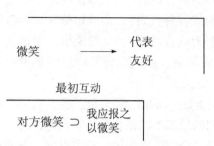

其中，符号"⌐"表示传播发生的情境，"→"用于表示特定行为的含义，"⊃"则表示对某种行为的规定性恰当反应。

对讯息的解释离不开情境（context）。比如在游戏的语境下，辱骂会被视为玩笑；但是在冲突的情境下，辱骂则会被视为诋毁对方的行为。一旦明白了信息的意义，有关行为的规定性规则便会帮助你确定如何回应。比如，在游戏的情境下，如果确定对方的辱骂是一种玩笑，就可能以调侃的方式回应来求得乐趣；但是在冲突的情境下，对辱骂的反应可能是失声痛哭，也可能是以牙还牙，这些都取决于规则的规范性。规范性规则告诉我们在特定的情境下，哪些是合乎逻辑的、适宜的行动，如果人们按照规则来行动，就会表现出行为的逻辑力。

在现代社会中，每个人都会通过社会群体中的互动而习得一些规则。在长期的社会交往中，人们把规则内在化，并用于指导自己的行动。这样传播就变成一种协调，一种对个人行为规则和规则下的行动的意义的协调。按照 CMM 理论，有效传播应该是两部分的作用：一是共享的规则体系；二是行为意义的协调管理，见图 6-1。如果传播双方所依据的规则具

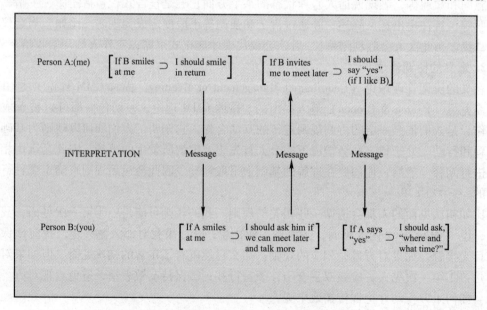

图 6-1 意义的协调管理①

---

① 转引自 Larry L. Barker, *Communication*, Prentice-Hall, Inc. 1990.

有本质上的差异，那么他们很快会发现，一个言语行为并没有引发预期的结果，因此他们会重新调整自己的行为，直到获得某种程度的协调。

再举一个简单的例子。① 一个孩子不小心把球扔进了邻居家。这时出现以下对话：

邻居：这是你的球吗？（邻居很愤怒的样子，实际意义是：我很生气，你应该道歉。）

孩子：把球还给我吧。（孩子想：他知道是谁把球踢进去的，还问我。他应该把球还给我。）

邻居：还给你，说得轻巧。球都扔到我家里了，你知道吗？（你打扰了我，你应该道歉。）

孩子：把球还给我，不然我告诉爸爸。（他不打算还球了？我要叫爸爸来帮我。）

邻居：这个小鬼，马上给我滚。（你不道歉，真让我生气。）

显然，从表面的对话来看，邻居和孩子都没有得到预期的回答，也就是说，他们相互之间的互动没有协调。要达到意义协调，双方要调整自己的言语行为，如下例：

邻居：你必须向我道歉，难道还要你爸爸来向我道歉吗？（指令式）

孩子：对不起，先生！我不是故意的。下次我一定注意。（顺从表达式和许诺委托）

邻居：那好吧，把球拿去吧，别在我家附近玩球了。（宣告式和指令式）

以上对话构成了一个以成功的言语—行为为基础的意义的协调管理。说话人清晰陈述，听话人也准确理解了对方的意图，实现了传播意义的协调管理。

CMM 理论对人际传播的一大贡献是：它揭示出人们可以在彼此不了解的情况，取得令双方满意的协调。换言之，交流者可以运用对各方来说都是合乎逻辑的方式来组织他们的行为。但有时，表明协调的意义管理行动却基于传播者对情境的不同理解和判断。比如演讲者充满活力，热情洋溢，听众反响很热烈，因此双方都感到满意，实现了意义的协调管理；但另一方面，演讲者的期待却没有发生——他以为自己教育和说服了受众，但听众们只是感到十分愉快，过后很快就把演讲要点给忘得一干二净。意义的协调管理理论对理解人际传播非常重要。它一方面明确了人际沟通中的情境和情境下的规则因素，但另一方面它又强调，行为的协调并不一定意味着对意义理解的一致性，这导致了大量的人际传播表面化，徒具形式，而难以达到真正的效果。同时，特定场合下的规则不确定也常常造成传播困难和传播失效。

4.4 关系传播论

1. 帕洛阿尔托小组的关系传播研究

对人际传播中的关系传播的考察，至少可以追溯到20世纪60年代由人类学家贝特森（Gregory Bateston, 1904—1980）领导的帕洛阿尔托小组（Palo Alto group）的研究。② 按照关系传播（relational communication）理论，关系总是与传播联系在一起。每一次的传播互动

---

① 参见李特约翰：《人类传播理论》（史安斌译），北京：清华大学出版社，第207页。

② 参见（美）E·M·罗杰斯：《传播学史——一种传记式的方法》（殷晓蓉译），上海译文出版社2002年，第91-106页。

都包含了内容信息和关系信息。关系通常是以含蓄而非明显的方式来确定的,并且是在参与者之间的长期谈判和协商的过程中发展起来的。因此关系是一个动态的过程,是通过交流和互动建立起来的。如果夫妻关系中的一方总能控制着另一方的行为,那么他们之间就建立起控制—顺从的关系。在群体或组织中,成员之间的交流会导致一种地位关系的出现,即某个成员比其他成员更加受到尊敬。任何一种正在发展中的关系——无论友谊、事业合作、恋爱还是其他类型——都具有无数隐含的潜规则,使传播双方处于一种与众不同的关系体验中。

2. 关系传播的三种维度

按照米拉尔夫妇（Edna Rogers-Millar & Frank Millar）的研究,人际关系中有三种维度至关重要,即控制（control）、信赖（trust）和亲密（intimacy）。这三个维度主要通过人际互动的话语模式而创造并保持,它们反映并界定了人际关系的基本性质。[1]

让我们借助以下一段夫妻对话进行分析：

Bob： (slamming door) Honey, I'm home … Is anybody here?

Sandy： (coming through living room door) Hello, sweetheart. Yes, I'm home.

Bob： Good, I was hoping to find you here. We only have a couple of minutes before we have to go!

Sandy： Before we have to go where?

Bob： Let's talk while we're getting ready. The boss has invited us out to dinner at 7：00, and it's already 6：30. I can't believe he expected us to go on such short notice.

Sandy： That's O. K. , honey. Dinner here can wait until tomorrow. I'll go and put it in the refrigerator before I change.

参考译文：鲍勃：(砰地关上门) 蜜糖,我到家了。……有人在吗?

桑迪：(从起居室出来) 甜心,我在家呢。

鲍勃：太好了,我正要找你呢。我们过几分钟就要走了。

桑迪：要走,去哪儿?

鲍勃：边收拾边说吧。老板7点要请我们吃饭,现在已经6点半了。我想他肯定想不到我们能赴如此仓促之约。

桑迪：好吧,蜜糖。已经做好的晚餐可以留到明天。我先去把饭放到冰箱里,然后换衣服。

从以上对话中我们可以很清楚地体会到控制、信任和亲密三种人际关系的维度。

控制是第一个也是最重要的一个维度,表现为支配性讯息的发出和接受情况,反映了人际传播中的权力分配。这一维度通常表现为发挥关系控制或放弃关系控制的讯息数量。比如"我实在太累了!今天晚上咱们哪儿都别去,就在家看碟好吗?"这句话,包含的其实是对双方下一步行动方案施行控制的建议内容,因此是控制性讯息。在上例中,Bob发出一系列讯息来施行控制,他根本不询问Sandy的意见就改变了两人晚上的行动计划。

但传播关系中的控制不是由一方行为来定义的。针对一方主张,另一方可以有三种回应方式。一是顺应接受的"下策式"（one-down move）。上例中Sandy发出的一系列回应性讯

---

[1] F. E. Millar and L. E. Rogers, "A Relational Approach to Interpersonal Communication," In Gerald Miller (ed.), Explorations in Interpersonal Communication. Beverly Hills, Calif.：Sage, 1976, 87-103.

息都是"下策（one-down）"式，完全顺应地接受了 Bob 的支配；二是反驳或拒绝等"上策式"（one-up move）讯息。比如针对对方"今晚在家看碟"的提议，另一方可以回应说"不行，我今天过生日，还是出去吃饭吧"。三是既不接受也不拒绝对方控制的"中策"式（one-across move）。比如针对对方"今晚在家看碟"的提议，另一方回应说："那我的生日还怎么过呀？"

如果在一段时间里，在双方互动关系中一方的上策信息一直占据主导地位，那么这个人就具有主导性，但只有在对方以下策式顺应接受的情况下，其主导性才真正确立。如果在交流中，针对一方的上策讯息，另一方的回应常常是"上策"式，则可能意味着双方关系中有消极因素，需要认真审视双方关系并调整话语策略。

信任是反映人际关系的第二个变量。在米拉尔夫妇看来，人际传播中的信任更多地体现为"对控制的负责任的接受"。如果在双方关系中一方具有主导性，那么这种主导性是以对方的信任性顺应接受为条件的。接受信任本身意味着一种义务，一方保证不滥用主导力，而另一方则完全确信这一点。因此信任是一种互动，是一方的信任与另一方的值得信任的行为之间的互动。在上例中，Bob 毫不犹豫地发出控制讯息，并且显得对 Sandy 的顺应早有预知，而 Sandy 的顺应性回应也显得非常习惯和自然。可见双方的信任度是非常高的，并且是在长期互动中发展而成的。信任关系的发展包括三个方面：一是信任他人，一般而言会鼓励他人报以信任；二是信任应表现为对他人的合作与支持态度；三是信任行为恰当与否有赖于交往情境，但只有个人能决定，是否以及如何信任对方。

亲密是反映关系水平的第三个变量。作为社会性动物，我们有强烈的归属和爱的需要，也就是与他人建立持续而亲密的关系的需要。关系的亲密度不仅仅表现在称呼语和情感依恋上，而且反映为一方在多大程度上能满足另一方独特的需要。关于这一点，我们在下面社会渗透理论中还要加以说明。

3. 强连接与弱连接

近年来，由于新媒体技术极大地便利了人与人之间的联系，有关人际关系弱连接（weak ties）的理论也颇受关注。20 世纪 60 年代末，美国社会学家马克·格拉诺维特（Mark Granovetter）在研究麻省牛顿镇的居民如何找工作的过程中非常惊讶地发现，那些关系紧密的朋友反倒没有那些弱连接的关系更能够发挥作用，后来他提出了著名的弱连接理论。格兰诺维特指出：每个人接触最频繁的是自己的亲人、同学、朋友等。这是一种十分稳定的然而传播范围有限的社会关系，是一种"强连接"（strong ties）现象。与此同时，还存在另外一类相对于前一种社会关系更为广泛然而却是肤浅的社会关系，即"弱连接"。他从互动的频率、感情力量、亲密程度和互惠交换四个维度对二者进行区分。研究发现：其实与一个人的工作和事业关系最密切的社会关系并不是"强连接"，而常常是"弱连接"。"弱连接"虽然不如"强连接"那样坚固，却可能具有低成本和高效能的传播效率。强连接和弱连接在知识和信息的传递中发挥着不同的作用。强连接是在性别、年龄、教育程度、职业身份、收入水平等社会经济特征相似的个体之间互动发展起来的，因此通过强连接所产生的讯息通常是重复的，容易自成一个封闭的系统。强连接网络内的成员由于具有相似的态度，高度的互动频率通常会强化原本认知的观点而降低了与其他观点的融合，因此强连接网络并不是一个可以提供创新机会的管道。弱连接则是在社会经济特征不同的个体之间发展起来的，跨越了不同的信息源，能够充当信息桥的作用，将其他群体的信息、资源带给本不属于该群体的某个个体。因此，相对于强连接关系，弱连接较能够在不同的团体间传递非重复性的讯息，使得网络中的成员增加认知。但是，资源不一定总能在弱连接中获取，强连接包含着某种信任、合作与稳定，能传递高质量的、复杂的或隐性的知识，因此往往是个人与外界发生联系的基础与出发点。

有关强连接和弱连接的概念与社会网络理论（social networking theory）紧密相关。威尔曼（Wellman）提出，"社会网络是由某些个体间的社会关系构成的相对稳定的系统"，即把"网络"视为联结行动者（actor）的一系列社会联系（social ties）或社会关系（social relations），它们相对稳定的模式构成社会结构。随着应用范围的不断拓展，社会网络的概念已超越了人际关系的范畴，网络的行动者（actor）既可以是个人，也可以是集合单位，如家庭、部门、组织。社会网络与企业知识、信息等资源的获取紧密相关。网络成员有差别地占有各种稀缺性资源，关系的数量、方向、密度、力量和行动者在网络中的位置等因素，影响资源流动的方式和效率。

4.5 人际关系的发展

1. 关系与资本

中国社会是一个重"关系"的社会，近年来流行的"社会资本"（social capital）的概念似乎使中国式的"关系"有了科学性的外衣。对于"社会资本"这一概念，尚没有为人们普遍认同的定义。微观上的社会资本是人与人之间的联系，存在于人际关系的结构之中。社会资本与物质资本、人力资本一样，可以通过个人与他人之间的联系带来未来的收益。微观层面的社会资本研究，主要着眼于个体行动者的关系指向特征及其自身社会地位状况对其所能获取的社会资本的影响，或者是关注行动者所在的社会网络整体的结构性特征，以及网络间的互动、制约对个体社会资源获取能力的影响。

宏观上的社会资本主要是针对某种组织或者区域发展而言的。福山（Francis Fukuyama）认为，社会资本是促进两个或更多个人之间合作的一种非正式规范。一个组织的社会资本的多寡，反映了该组织内部所共同遵守的规范的强弱和成员之间凝聚力的大小，或者说组织对成员影响力的大小。政治学家普特南（Robert D. Putnam）在对意大利中北部地区的研究中发现，这些地区弥漫着浓厚的信任与合作风气，这种丰富的社会资本能协调人们的行动、提高物质资本和人力资本的投资收益、推动区域经济发展。

总之，相对于经济资本和人力资本的概念，社会资本是指社会主体（包括个人、群体、社会甚至国家）间紧密联系的状态及其特征，其表现形式有社会网络、规范、信任、权威、行动的共识以及社会道德等方面。社会资本存在于社会结构之中，是无形的，它通过人与人之间的合作进而提高社会的效率和社会整合度。本章主要在微观层面考察人际关系的发展变化及有效管理。

2. 自我展露

人们进行人际传播的动机多种多样，其中一个重要的动机是获得对自己以及对他人的准确理解，而这种理解只有建立在真实的自我信息透露下才能实现。自我展露（self-disclosure），就是在人际传播中，通过各种方式把有关自我的信息，包括自己的想法、情感和关心的问题等,传递给别人,让别人尽可能地了解自己。

实际上,自我展露并不是那么容易进行的。自然天性和我们的社会化过程,使得我们在与人交往之初,常常习惯于隐藏内心的情感。然而一定程度的自我展露会使对方本能地感到满足,因而也会报答性地展露自我。这种敞开自我的方式导致进一步交往,从而使双方进一步放松,更大胆地展露,从而增进感情和亲密关系。

适当的自我展露在人际传播中居于中心地位,是人际传播的重要内容。自我展露可以让别人了解自己,同时使自己了解别人,因此是增进人际关系的有效手段。有研究表明,自我展露对增进朋友以及夫妻之间的亲密度有非常大的效果。但作为一种交流的手段,自我展露应该适度。有时为尽快增进了解,人们会突然深度地讨论自己,刚认识即和盘托出,不但不利于人际关系,反而容易使人产生警惕心理。在交往之初,最好避免否定性的自我展露,而展现自我中较为积极或有吸引力的一面,才有可能促进关系的建立和发展。自我展露是促进社会渗透的关键。

3. 社会渗透

关系发展中得到最广泛研究的是社会渗透(social penetration)过程。它是指随着时间的流逝,交流双方会透露出越来越多的有关个人的信息,因此双方关系也越来越亲密。社会渗透就是关系中增进亲密感和信息透露的过程。社会渗透理论的提出者厄文·艾尔特曼(Irwin Altman)和达尔马·泰勒(Dalmas Taylor)指出,关系发展是一个传播过程,一般经过四个阶段。一是定向阶段(orientation)。此时的传播是非个人的(impersonal communication)。双方相互审察和正面自我表现,只向对方透露一些有关自己的公共性信息。如果双方觉得这个阶段能带来一些益处,就会进入下一个阶段,即探索性情感交流阶段(exploratory affective exchage)。在第二阶段,最初获得的信息得以扩展,信息的透露进入了更深的一个层次,关系变得自发的友好、轻松和随便。第三个阶段是感情交流(affective exchange)阶段。只有在前期的交流中,双方都能感知到实质性的回报时,才会进入到这一阶段。这个阶段双方聚焦于更深层次的评估性和批判性的情感交流,可以更自由地相互称赞和批评。四是稳定交换(stable exchange)阶段。交流双方具有十分亲密的关系,会相互触及非常私人性的情感秘密和所有物等,可以较为准确地预测对方的行动和反应。经过这几个阶段的循环辩证的发展过程,双方关系会发生质变。

所谓关系的循环辩证的发展过程,是指社会渗透并非沿着一条单一的路线向着更大的开放性发展,而是双方因为私密性和联系需求之间的矛盾,使关系在共享和疏离间摇摆,并形成一种可预测、可协调的信息透露循环圈。为了检验上述理论,亚瑟·李尔(Arthru Van Lear)找来一些学生配对进行实验。每对受试者每周进行半小时的谈话,一共持续五周。他按照自我信息展露的类型和数量对谈话录音进行分析,并运用统计学方法来考察循环的模式,发现谈话中确实存在开放性的循环圈,也存在着谈话双方之间进行的协调。为了把上述研究与现实中的真实关系进行比较,李尔又进一步观察和记录另一些学生与其实际关系者(如朋友、恋人、配偶等)之间的谈话。这次研究进行了十个星期,每对被试被要求进行至少十五分钟的对话,然后再填写一份"谈话控制表",回答有关满意度和他们所感知到的开放性/封闭性。结果再次表明,谈话中确实出现了循环圈,谈话双方也能识别出这些循环圈,并进行协调。但是对不同的谈话者来说,协调的程度不一。①

4. 人际关系发展的诸阶段

社会渗透理论强调了人际传播信息内容的逐步渗透性,由此而体现出人际关系的逐步发展过程。正如人格的形成和发展要随生活经历、知识水平、环境因素而逐渐形成,人际关系也是伴随着时间的推移而发展。一见钟情毕竟少而又少,真挚的友谊要经历时间的考验,关系的破裂也是逐步导致的。在人际关系发展中,对对方行为和反应的预测性以及对双方关系的灵活性的要求,使得人际关系暂时或长期停留在不同阶段,每一阶段都有其特点。

回顾一下你的人际关系,选取不同的人为代表,如新认识的人、老朋友、恋人与家人,还有疏远了的朋友、害怕见面的人、与之断交的人等,看看你和他们之间的关系各有什么特点。人际关系的进步与衰变,可以像台阶一样逐级上升或者逐级下降。美国学者纳普(Mark Knapp)最早提出了人际关系五阶段论,当你读到下面的每一个阶段时,想想你的某个人际关系是否符合其中的描述。

① 发起(initiating):就是人们第一次接触时所发生的事情。两个毫无关系的个人处于一个交往环境中,察觉到对方的存在,开始注意对方,寻找对方有意无意发出的非语言信号。如果决定要开始联系了,又会寻找合适的开场白,比如"你要喝点什么吗?""第一次来这儿吗?"研究认为这个过程至少需要15秒。

② 尝试(experimenting):发起互动之后,就开始进入尝试接触阶段。互相询问或自我介绍一般情况,比如告诉对方自己是哪里人、认识谁等。表面看来这些话无关紧要,但却可以创造友好气氛。它提供了一个揭开话题的过程,并可以逐步深入。如果双方觉得尝试互动很好,也可以借此为将来的关系做好铺垫。总之,这一阶段的交流是肤浅而平常的,由此形成的关系也是缺乏深度的,大量人际关系就停留在这一阶段,带有简单社交性质。

③ 强化(intensifying):随着交往的加深,双方开始互相帮助,遇到困难互相安慰,以及共同完成某项任务。这种以共同行动连接起来的人际关系,外部接触大于内心沟通,感情依赖尚不强。此时关系已经带有友谊性质,关系双方的参与感增强,了解也日益增多。通过自我展露和信任的增强,关系变得亲密、随意,比如使用昵称或互取绰号等,也更多分享个人经验和未来理想。很多同学、同伴关系就稳定在这一阶段。

④ 一体化(integrating):在这个阶段,双方不但可以共同行动,而且有较多心灵的沟通,在财物、朋友、兴趣和态度观念等方面高度共享。虽然在这一阶段各自仍保持独立,但已经开始主动取悦对方,愿意按对方的愿望行动。不仅彼此视对方与众不同,而且在外人看来两人也成为一体,聚会时总被同时邀请。

⑤ 契约化(bonding):是关系发展的最高阶段。当一方有难时,另一方会作出牺牲,不惜花费时间、精力和钱财帮助对方。婚姻是能被社会普遍接受和支持的形式,商业合同也有同样作用。契约化可以强化关系,防止没有契约时的花言巧语和诡辩,交流策略可以建立在契约所包含的约定条款的读解和执行上。

最紧密的人际关系会沿着关系的台阶逐级向上,而一般的人际关系可能就在某个阶段上停留下来。人际关系除了会得到维持和发展外,还会出现破裂。儿童时代,我们会认为友情天长地久,但实际上随着时间的推移和环境的改变,人际传播发生变化,人际关系也会发生

---

① 参见李特约翰:《人类传播理论》(史安斌译),北京:清华大学出版社,第293-294页。

阶段性变化。关系的破裂一般也有五个阶段：

① 差异化（differentiating）：尽管在人际关系发展的每一个阶段都可能出现差异和分歧，但在差异化阶段，双方不再强调"我们"，而是努力重建"我"的意识。在这个阶段双方会思考"我们之间有什么不同？""我们的朋友"变成了"我的朋友"，"我们的钱"变成了"你和我的收入"，"我们的孩子"变成了"你的儿子"，特别是当孩子做错事的时候。或许我们不必对此大惊小怪，因为自我意识本来就是关系的一部分。但如果这种现象不受控制地持续发展，或许意味着解散的过程已经在酝酿之中了。

② 限定（circumscribing）：在这一阶段，双方关系表面上一切如故，实际上危机四伏。全身心的沟通已然消失，充满激情的对话几乎停止。虽然在话题的广度上并没有削减多少，但是谈论起来的时候已经不那么深入了。有时会小心翼翼地限制交谈的范围，以减少冲突和紧张。虽然在他人面前双方依然表现出表面的友好，但常常发觉和另外的人相处反而更愉快。比如情侣小王和小李在朋友生日宴会上依然谈笑风生，但是在回家的路上两人却沉默着，难有任何语言或非语言的表达，爱的感觉仿佛已经随风飘散了。

③ 停滞（stagnating）：在停滞阶段，所有交流沟通的努力都被最终放弃了，双方认为最好的办法就是什么都不说。双方在行动时偶尔还会想到对方，但是想起的时候却什么感觉都没有。维持关系是一件难堪的事，交往气氛非常冷淡可怕，双方会用一些非语言行为来表达情绪，比如"冷冷地一瞥"或"重重地一摔门"等。之所以没有终止关系，或者是想惩罚对方，或者是为了避免最后的痛苦。

④ 回避（avoiding）：在这一阶段，双方都为分离而迈出自己的脚步。主观上认为对方已经不存在了，夫妻实行分居，不得已才通一次话，而且口气冷峻。各自利用一切机会避免见面和交往，以避免一问一答的尴尬场面。如果需要见面，也总安排他人在场。有时不得已有直接的对话，但主导信息仍是"我不想再继续这份关系"。因此，关系的结束指日可待。

⑤ 结束（terminating）：任何一种借口都会成为关系最终破裂的理由。关系最终破裂的方式可能与关系的性质以及双方未来的目标和期待相关。结束可能会很委婉而诚恳（通过电话、信件或法律文件甚至面对面交谈），也可能采取激烈冲突的方式。所有的关系终于结束了，但也并不意味着再见总能让人愉快。

如同个人健康与否，人际关系也有好坏和健康与否之分。除去对生活中各种人际关系的重视外，在工作中我们也需要重视人际关系，比如批发商与零售商之间、广告营销人员与客户关系等。审视一下你现有的人际关系，看看他们和你的关系分别处在哪个阶段，对人际关系发展诸阶段特点的考察是否有助于你准确把握人际关系，对人际关系进行有效管理和推动，从而把它们控制在理想的程度上。

4.6　人际冲突的管理

人际关系中的冲突矛盾，即被感知到的意见、兴趣和目标的不一致，是每一份关系中不可或缺的一部分，因此关系传播在很大程度上是一个冲突管理的过程。关于冲突管理的理论非常多，如面子管理、文化管理、边界管理以及目标竞争管理等。在此我们只是一般性介绍塞勒斯（Alan Sillars）的冲突归因理论（Conflict Contribution Theory）。

塞勒斯指出，在人际关系中，对待冲突的策略有很多，大体上可以分为三种：一是回避行为（avoidance behaviors），即为避免或减小冲突而不进行交流，比如直接否认、含糊其辞、转移话题或报之以玩笑等；二是竞争行为（competitive behaviors），比如明确的批评，带有敌意的询问、陈述或争辩，责任推定和推卸责任，以及恶意嘲讽等；三是合作行为（cooperative behaviors），即通过更为开放和积极的交流而使双方都获得"双赢"结果，如就事论事以限定问题范围，不带敌意的征询，向对方表示理解、支持，乐于让步和承担责任等。比如夫妻俩在度假的问题上发生冲突，妻子要去南部海滨度假，丈夫则要去北部山区爬山。丈夫的策略是为了获胜，因此率先去买登山靴、通过旅行社订票，提前通知亲朋好友，托付宠物等，希望既成事实能让对方改变主意，这就是竞争性策略。另一种策略则可能是夫妻双方进行谈判交流，通过全面沟通来说服对方，或者争取一个双赢的结果。第三种办法就是回避冲突，比如含糊其辞、开玩笑或直接回避讨论等。

塞勒斯认为：首先，个人对冲突的归因即责任归咎，决定了他对策略的选择。这不但是因为归因会影响一个人的情感和反应，而且因为过去发生的事情在很大程度上形成了个人对未来的期待。比如，你如果视对方为竞争对手，那就会选择竞争性策略，而如果视对方为合作伙伴，那么就会选择合作性策略。责任归咎影响对冲突的判断。如果你觉得自己应当受到责备，那么你会采取更为合作的态度；但如果你觉得对方应当负责，那么你就会采取与之竞争的态度。此外，你如果觉得对方身上有某种负面人格特征，那么就不太可能采取合作态度。

其次，归因当中存在种种偏见，比如如果是自己的错误行为，我们会归因于客观条件而认为自己仅仅是对条件刺激的反应。但如果是别人的错误行为，我们就会归因于主观，比如对方可能有恶意，缺乏考虑或者能力差。学生不交作业会强调时间的紧迫、作业太难，而老师则会认为学生不努力、不尊重老师甚至智力低下等。

再次，人们所选择的策略会影响冲突的结果。合作性策略鼓励双方交换意见，用整合的手段来解决冲突，而竞争性策略则会加剧冲突，并导致不太令人满意的解决方式。

除冲突归因外，关系性质、互动水平乃至性别、文化等，也都会影响冲突的解决。

人际传播专家甘布尔（Teri Gamble & Michael Gamble）建议，依据一些交流原则来有效地处理人际冲突。因为第一，交流是在符号层面上进行的，因此不会产生实际"出招"所产生的种种后果。通过交流可以检验想法是否可行，这样一来，就不会做出悔之晚矣的蠢事。第二，交流可以改变招数的概率。从发生冲突的各方来说，交流减轻了竞争的激烈程度。比如夫妻俩可以各自解释为何要去海边或者山里度假，以便让对方理解。第三，交流也会改变对方看问题的视角。直接劝说，也许能让对方改变态度。理性讨论的实施可以遵循以下步骤。

① 认识到冲突可以被理性地解决。不要假装没有冲突，害怕争论或举手投降，而应找出分歧，发现错误，努力使对方接受你的看法。

② 确定冲突。问问你自己，为什么会有冲突？冲突的性质是什么？对相关问题谁更感觉强烈？然后再努力找出"双赢"的办法。

③ 检查你自身的感受。由于对对方的行为、地位和动机等会有感觉差异，因此要自我检查以确定是否理解了彼此。

④ 建议可能的解决办法。此时双方可以碰碰头，提出一系列解决办法。但是无论你还

是他都不要对这些办法加以评估或者谴责。

⑤ 评估各种办法，并选择最佳方案。看看哪一种办法会使一方赢，而另一方输，而哪一种方法可以"双赢"，然后选择"双赢"的办法。

⑥ 实施该办法并加以评估。确定所选择的办法在什么范围行什么范围不行，然后对该计划加以修改。

小 结

本章借奥斯古德和施拉姆的循环模式描述人际传播的二人互动过程，并介绍了面对面传播的基本特点。人际传播体现为一种言语行为。在言语行动论中则着重介绍了意义的协调管理理论，其核心内容是强调人际传播中的规则性。在特定社交环境下，人们通过组成性规则理解交际事件，并按照规定性规则做出协调性行为反应。人际传播包含对人际关系的考察。帕洛阿尔托小组的关系传播研究最早提出，每一次的传播互动都包含了内容信息和关系信息。西拉尔夫妇的关系理论突出强调了关系传播中控制、信任以及亲密等三个基本要素。社会渗透理论则强调人际关系的渗透式循环辩证的发展过程，其中自我展露发挥突出作用。人际冲突是人际关系中的必然现象，因此有很多人际冲突管理的理论。塞勒斯的冲突归因理论列举了回避、竞争与合作等三种冲突处理策略，并强调人们对冲突的归因会影响其策略选择。专家建议以理性交流的方式来处理冲突，并提出一系列相关建议。

推荐阅读

1. 李特约翰：《人类传播理论》（史安斌译），北京：清华大学出版社，第5章、第9章及第12章。

2. （美）特里·甘布尔，迈克尔·甘布尔：《有效传播》，清华大学出版社，2005，第8—9章。

观察与思考

1. 在电视求职类节目《非你莫属》的某期节目中，求职者刘俐俐与主持人张绍刚发生了冲突，试分析其视频对话，找出其中有关人际传播的相关因素。

2. 观察你身边的人，记录他们之间的一段对话，看能否从中判断出双方关系中的控制性、信任度及亲密度等若干变量。

3. 选取自己所认识的三个人，判定自己和他们的关系分别处于什么阶段。你对双方关系的未来发展有何预测？如果愿意施行一定的关系调整，你会采用什么方式？

4. 你和你周围的人发生过人际冲突吗？如何解决冲突呢？试举一例加以分析和说明。

第 5 章

群 体 传 播

在电影《十二怒汉》中，12名陪审员要对一名少年嫌疑犯做出判决。就在他们快要达成有罪判决的一致意见时，其中一人却特立独行，拒绝投票。于是讨论继续，审判员们一个接一个地改变了自己的决定，最后达成的一致意见是"无罪"。由此可见群体传播的重要性。群体传播（group communication）以群体中的人际互动、人际影响和群体决策为主要内容。在本章中，我们首先以群体动力学的视角考察群体的概念，再逐一考察群体传播的过程及影响要素。

5.1 群体的概念

物以类聚，人以群分。社会是由群体构成的，而个人则生活在群体中。从家庭、朋友圈到工作团队，个人的生存和发展都离不开群体。正如亚里士多德所说："人在本质上是社会性动物"，"社会实际上是先于个体而存在的。不能在社会中生活的个体，或者因为自我满足而无需参与社会生活的个体，不是野兽就是上帝"。

什么是群体？答案似乎不言自明。但是你能给群体下一个简单的定义以涵盖群体的基本特点吗？同等一辆公交车的人、一起长跑的人、在同一个网络论坛上热烈讨论的人，哪一个更接近你心目中的群体概念呢？按照群体动力学（group dynamics）的观点，群体并非一定个体的简单集合。所有的群体都有一个共同点，即成员之间存在互动。因此，在同一个计算机房各自做自己事情的学生们不能称为一个群体，而身处各地却共同参加网络讨论的人，则可能形成一个无形的但却具有心理联系的群体。

实际上，对群体的定义有很多，大致有以下7种。

① 目标。群体的存在是有理由的。人们加入群体是为了实现一些他们独自无法实现的目标。因此，群体可以被定义为了同一个目标集合在一起的个体。

② 相互依赖。群体可以被定义为在某些方面相互依赖的一群个体。他们感觉彼此相互依赖，某个事件一旦影响了其中一个人，就很容易影响到所有人。比如当某人突然身患重

病,他的家人和朋友都会感觉受到影响,彼此之间的相互依赖性变得明显了。

③ 人际交往。群体可以被定义为相互交往的许多人,正是这种交往过程令群体区别于随意聚集的一群人。群体可以被看成是一个开放的交往系统,不断的交往行动决定了系统的结构,也产生了对系统的认同。

④ 群体身份的感知。群体可以被定义为一种社会联盟,由两个或两个以上的人组成。只有当人们感到自己成为群体的一部分,他们才能构成一个群体。

⑤ 结构化的关系。群体可以被定义为一群交往的个体所组成的有结构的系统,群体成员之间有一套标准的角色关系,并可以保证群体功能和成员正常行动的条例规范。

⑥ 相互影响。群体可以被定义为彼此影响的一群个体。只有相互交流,影响他人也受他人影响的一群个体,才能被称做一个群体。

⑦ 动机。群体可以定义为一群为了某些个人需要得到满足而联结在一起的个体。根据这个定义,个体归属于群体是为了满足个人需要,因此,除非群体成员在关系中使得他们的需要得到满足,否则能否结成一个群体就很成问题。

上述定义,既各有侧重,又略有重合,但都强调了群体不同于任意一群人的主要特点。总结起来,群体或称团体,是一定数量的个体,基于某些因素和目的,以特定方式组合而成的系统。在这个系统中,各成员遵守一定的结构化的角色关系和行为规范,彼此交流,因而相互影响和相互依赖,以实现系统功能,并使个人需求得到满足。

根据以上定义,我们有必要区别群体(group)和群集(crowd)。群集是指无组织的、非持久的个体的聚合,其行为往往无视社会行动惯例和社会共识。它的领导和随从之间的关系常常有着细微而迅速的变化,内部没有稳定的结构或分工,并且往往会在几小时或几天内解散。但是,这种群集的心理往往有着高度的一致性,而且它们的态度和行为往往是有敌意的。

考察一下你所属的群体,最符合以上哪些定义呢?

5.2 群体的种类

群体的种类很多,但我们最为关注的是初级群体(primary group)与讨论群体(discussion group)。

初级群体的概念是由美国社会学家库利提出的。他根据群体在个人社会化过程中所起作用的直接和间接程度,将其分为初级群体(primary group)和次级群体(secondary group)。初级群体是指由面对面的互动形成的、具有亲密人际关系、存在强烈的群体认同感的社会群体,主要包括家庭、邻里、游戏伙伴等。初级群体是个人的社会支持体系,具有非正式性和社交性的特点。初级群体是个人所遇到的最初的社会化主体,对个人的个性及思想形成至关重要。初级关系接纳的是个人的整个人格,对个人提供一种必要的情感支持。初级群体的破坏和丧失会使个体遭受巨大痛苦。

与初级群体相对应的是次级群体。次级群体是人类有目的以及有组织地按照一定的社会契约建立起来的社会群体。它不受血缘或地缘的限制,而是源于一定的社会需要所形成;其规模大、人数多,成员不能频繁或直接接触;群体内有严格的组织结构和规章制度,成员活动要遵循明确的规范;成员相互间的联系以社会分工为基础,形成角色关系。次级群体是一种特殊的、缺乏感情深度的关系，它所包含的个体人格内容非常有限。现实中，大量的工作关系都是次级关系，其非人格特征表现为群体是为了实现务实的目标而存在。但是在长期的关系发展中，次级群体中也可能包含有某种程度的初级关系。

与初级群体的社交性和非正式性不同，讨论群体具有工作性和正式性。初级群体中的交谈是一般性的，话题广泛，没有明确主题，偶尔由不同的人控制话题，也没有特殊含义。讨论群体是经常通过群体讨论来解决问题的群体，除正式性外，还有如下一些特点。

① 面对面互动。在讨论群体中，成员之间必须有直接的应对以及适应性传播。互动必须持续在群体成员间进行，如果只是各谈各的，没有互动，讨论就无法进行。

② 领导行为。讨论群体一般由一个或几个领导主持。虽然专家认为指派的领导会使群体讨论更为有效，但实际上，讨论中即使没有指派，也会有人主动承担领导责任。

③ 共同特点。讨论群体与"扎堆儿"人群的区别就在于成员间有一些共同性，如共同的身份地位、宗教信仰、教育背景或生活方式等。共同特征可以是公开的、明确的，也可以是个人心理所认同的。但无论如何，共同性像群体规范一样确实存在。

④ 共同目标。共同目标是使群体成员紧密联系在一起的力量。目标可以是具体的也可以是宽泛的。目标导向的行为可以团结群体成员。目标越相关，成员越倾向于增强群体认同，保持群体联系；反之，没有目标导向，群体容易涣散。

讨论群体可以是秘密进行的，如内阁会议，一般没有旁听，更没有听众参与；也可以是公开展示的，如电视谈话类节目，嘉宾和主持人在演播室面对观众讨论，观众既可以观看，也可以在演播现场或通过热线参加讨论。

讨论群体中最重要的是解决问题群体（problem-solving groups），其中最基本的有三种，分别是调查小组（fact-finding group）、评估小组（evaluation group）和决策小组（policy-making group）。调查小组的目的是就某个问题或话题收集尽可能多的信息。它带有很强的研究性，所收集的信息可能是未来决策的基础。评估小组则要根据调查所得的材料，确定特定问题的范围，提出相应的解决方案，并将各方案按优先顺序排列后，向决策小组推荐。决策小组的讨论常常导致直接行动，而良好的决策必须以坚实的调查和评估为基础。调查、评估和决策是解决问题的一般步骤，因此，可能这三类小组按先后顺序独立开展工作，也可能将这三项任务放在同一个小组中进行。

群体的类型有很多，但当你进入一个新群体时，最需要明确的是它的结构特点，比如群体的边界、使群体成员联结在一起的理由，成员之间明确的沟通网络模式，成员间的角色和任务分配，对成员行为的规范和期待，处理冲突的程序等。一旦明确这些基本结构，对群体中人际关系的性质也就容易把握了。

5.3 群体传播网络

轻松而有效的群体传播能够使观点、知识和其他信息在群体成员之间自由而迅捷地流通，提高群体完成任务的水平，也促进群体的良性发展。群体网络影响着"谁会和谁"直接沟通，或者经由另一位成员沟通，与他人沟通好的人会成为最有影响力的小组成员。不同的沟通网络不仅决定了群体的效能，还会影响士气，当人们彼此的联系都被切断时，个人的满意度就会下降。

社会心理学家巴维拉斯（A. Bavelas）最早开始对群体传播网络的研究。他把群体成员安置在一个屋里，用一些有缝隙的隔墙把他们隔绝起来。通过隔墙缝隙，成员之间可以传递书面信息。当打开所有的隔墙时，每个成员都能直接和其他成员沟通。通过选择某种隔墙，就能形成沟通的网络模式。巴维拉斯对每一种网络类型都分别测量了成员解决一个简单问题所需要的时间，以及成员对该群体运作的满意度。他发现，Y型最有效率，即成员能在最短时间解决问题，而环型模式却具有最高的士气。处于群体网络最中心位置的成员对群体运作最满意，而处于越边缘位置的成员对群体的满意度逐渐递减。与此同时，莱维特（Harold J. Leavitt）也在实验室中进行交流传播网络的研究。他将被试按环型、链型、轮型和Y型分组，发给他们一些卡片，让他们找出卡片上有什么共同的代表物。他发现，除环型无特定领袖外，其他群体类型都有一个清晰可见的领袖，一般占据最中心位置的成员就被称作领袖。

当我们以群体传播中的个人为节点，将信息的发出者和接收者用线段连接起来时，就形成了群体传播的网络结构图。在小群体传播中有五种最常见的信息传播网络（见图5-1）。

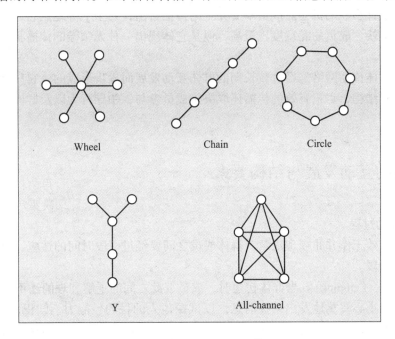

图5-1　群体传播网络[1]

① 轮型网络（wheel type）。最为独特地表现出高度集中的信息流动特点。处于这一网络中心的人控制了传播流，他和每个成员都有直接的沟通，因此居于领导地位，其他人处于从属地位。由于全部信息都由一个中心源发出和接收，因此传播效率高、速度快，特别适合处理简单问题。但较之环形网络，群体的满意度较低，士气也不高。

② 环形网络（circle type）。类似于一个圆桌会议或某种议事机构。与聚合性的轮型网络不同，环形网络更具发散性。成员将信息从一方传递给另一方，每个成员在信息传播中都

---

[1] 引自 Larry L. Barker, *Communication*, Prentice-Hall, Inc. 1990, p. 197.

处于相等地位，没有人获得比他人更多的信息。没有居于中心地位的领导，领导与被领导的关系不明显，每个人在不同时期都有可能充当领导，因此成员对群体的满意度和工作士气都较高。环形网络在解决复杂问题方面特别有效，但解决问题速度慢，对成员难以进行有效领导。

③ 链型网络（chain type）。信息传播的集中性更为明显。领导者也处于信息传播中心，接收和处理全部信息，他人处于从属地位，而且其中一些成员还不能与领导直接沟通。链型网络相当于组织中的中层管理者的权威系统，解决问题较快，准确度高，领导效能比较显著，组织也相当稳定，但成员的满意程度最低，士气低落。

④ Y 型网络（Y type）。也属于聚合型网络，兼具轮型和链型网络的优缺点。居于中心的人也会因其发送和接受的信息而被视为领导。Y 型网络具有工作效率高、传播速度快、正确度高等特点，但成员满意度低，工作积极性和士气较低。最有意思的是，Y 型网络还可以确认结盟关系，因此更类似一种长期发展的群体关系。

⑤ 全渠道型网络（all-chanel type）。在环型网络中，如果每两个成员间都进行直接沟通，就成为全渠道型网络。在全渠道网络中，任何人都可以和任何其他人进行交流，这就给每个个人同等发挥影响的机会。成员享受完全的传播自由，处于平等地位。这种网络结构的信息传播速度最快，成员的满意度也最高，但是它体现出一种无领导的传播状态，经常出现在群体成立之初。

实际上，群体传播网络是经过较长期的群体互动发展而逐步形成的，它只是一般性地揭示了传播路径和结构，真正有效的传播还取决于成员参与、领导行为以及群体规范等其他相关因素。

5.4 群体的互动发展与结构要素

1. 群体互动过程

小群体的有效工作并非顺理成章，群体成员之间要经过一段时间的适应、协调。大致有以下几个发展阶段。

① 暗中摸索（groping）。当群体初建时，成员彼此之间的了解和理解还不足以支持相互间的信赖，他们小心翼翼地发出某些消息，以试探他人的目的、能力、知识、状态和态度，成员经常感到不适，甚至失落。这一阶段，平等、开放、诚恳和支持的态度与行为，对各成员间的相互适应及个人对集体的适应都有重要意义。

② 苦恼压抑（griping）。在这一阶段，成员之间的不适应感最强，相互协调困难，工作难有进展，经常出现各种失误，因此成员普遍感到沮丧压抑，但实际上成员之间已经开始了解彼此的差异，寻求相互的接受和喜爱，努力促进工作。

③ 把握协调（grasping）。在这个阶段，各种意见和建议开始协调，群体活动有了较明确的方向，成员感到愉快。

④ 角色适应（grouping）。成员找到各自的角色定位，对这一位置感到满意，对自己充当的角色更有信心，开始按角色要求和计划行事。群体中士气高涨。

⑤ 群体行动（group action）。这一阶段是群体发展最为成熟的阶段，群体活动全面展

开，领导有效力，成员积极参与，成员相互合作，共同决策，创造更浓的民主气氛。

实际上，当群体发展进入后三个阶段时，成员们就乐于承担一些更重要的任务。有时出于某种原因，比如人员变换或任务改变等，可能群体关系又会回到初始阶段，但随后的关系发展会比以前更顺利也更有效力。

2. 群体规范

群体规范（group norm）是在小群体互动过程中自然产生的有关认知、态度和行动的规范、规则和要求等。群体规范一旦形成，就对成员有约束作用。著名的谢里夫光点实验证明了这一点。在谢里夫（Muzafer Sherif，1906—1988）的"暗室光点"实验中，研究者设计了一个实验环境：被试被安排在一个黑暗的房间里，前面有微弱的灯光。由于屋子比较黑暗而光比较弱，于是人会产生光点游动的错觉，即注视光点一段时间后，就会觉得光点移动了一段距离，但实际上光点并没有移动。实验要求当光点熄灭时，被试要告诉实验人员光点大概移动了多少距离。在对被试进行分别实验时，几次反复之后，每个被试通常会形成自己的固定答案。但是当所有被试同时进行实验时，每个人都能听到其他人的估计，几次反复之后，这个实验群体成员的估计值越来越接近，而最终标准通常接近所有成员之前的个人答案的平均值。在第三步实验中，那些曾经参与共同实验的人，当再次单独进行实验时，常常还会遵守在共同实验中所形成的答案。由此可见，规范在群体互动过程中自然产生并对个体具有一定的约束力。

费德曼（D. Feldman）认为，基于四种理由的规范容易得到强化和发展：一是有助于群体生存的规范，它们能保护成员免受外在干扰；二是有助于预测成员行为的规范；三是一些有助于避免令人尴尬的人际关系的规范；四是能确立群体核心价值观，阐明群体一致性的规范。此类规范能使群体行为合理化，集体权力合法化。

除了明文规定，群体中还常常有一些成员意识不到的规范，直到群体中出现特殊变化，这些规范才为人所察觉。比如每星期参加例会的成员们并没有意识到他们之间的座次安排，直到有一天少了一把椅子，座次被打乱，大家才意识到原先的座次是暗中规定好的。规范不仅在群体讨论之外影响成员间互动，而且讨论程序之中也可能存在一些规范，比如每次讨论中，都有人首先提议，有人随声附和，有人引申开来，有人又拉回主题，有人质疑，还有人总结。这些经多次讨论而形成的个人行为习惯也是被认可的规范，但常常无人注意。

群体规范一经产生，便具有一种社会力量，它能够对成员的认知和评判提供一定的标准，并对成员行为起定向作用。借助于群体规范，群体增强了结构性和一致性，实现群体整合。

3. 功能角色

想一想你所在的群体中，每个人都做同样的事情或履行同一种职责吗？显然不是。群体中通常存在一定程度的区分，换句话说，不同的群体成员扮演着不同的角色。角色定义了群体中的人际关系和群体结构。在正式的群体中，一些角色以相对正式的方式来安排，也就是确定岗位和职位，如经理、项目主管、秘书等。对应于角色的是相应的规范，其中包含了对角色的行为期待。

在著名的米尔格瑞姆（S. Milgram）电击实验中，一些被试被要求扮演教师的角色，当由实验员扮演的"学习者"回答错误时，这些扮演教师的人必须以"电击"的方式惩罚学生。随着"学生"回答错误的增加，"教师"被要求增大电击强度，结果，超过60%的被试施加了最高电伏（450瓦）的电击。虽然学习者由实验员假扮，电击设置也是假设的，但这个实验表明，当角色压力足够大时，许多人会施行那些艰难的、危险的甚至违法的行为。

但是在群体中，对特定角色的义务期待有不同，因此可能产生冲突，即"角色冲突"。比如学生们对校长的期待和教师们对校长的期待可能有矛盾，结果当校长受到学生们的公开追捧时，却招致了教师们的私下抱怨。因为学生期待和师长们有更多亲密交流，而教师们却期待校长在校务管理方面更有成效。还有一种角色冲突，是因为个人分属不同的群体，被要求扮演的角色不止一种，而不同的角色要求之间存在冲突。比如电影中，犯罪分子是某警察的昔日好友，但该警察还是被迫追捕并最终枪毙了他。

除正式群体中与职务、职业相联系的角色外，我们还可以发现在群体传播特别是非正式群体传播中以职责和作用来确定的功能角色。群体中的功能角色主要有三种。

① 任务导向性角色。这一类的角色作用和群体的目标实现直接相关，如信息收集者、意见提出者、督促行动者、分析决策者和智囊人物等。

② 关系维持性角色。这一类角色关注成员感受，推动成员间情感互动，调节群体气氛，有助于群体关系的维持。如积极的倾听附和者、幽默调侃者、善于妥协的中间派、和事佬、讨论气氛的维持者等。

③ 利己型角色。关系维持者对提高群体传播的有效性非常重要，但有时候群体中会出现一些利己型的角色，阻碍群体实现目标或维持良好气氛。这些人喜欢引人注目，或者夸耀个人成就，或者倾诉个人感受，或者贬低他人人格，却不认真处理群体的任务。在讨论中，他们或者对话题漠不关心，暗自想自己的事，或者发言总是跑题，或者顽固坚持己见，用嘲笑的态度对待他人，使群体决议难以形成。

回顾一下你所在的群体，容易识别这三种功能角色吗？反思一下，自己经常扮演的是哪种角色呢？个人在群体中可以发挥多种作用，可以扮演多种角色，或不断更换原来角色，从而增加了群体传播的复杂性和不确定性。前两种角色总是要克服后一种角色的影响以实现群体目标。

4. 个人参与

为保证群体传播的有效性，成员必须具有一定的态度和行为，其中最主要的态度是责任感，而最主要的行为则是听与说。

责任感首先体现为对所讨论的问题和其他成员保持开放心理。在讨论中尽量坚持客观、独立地评价信息和意见。也就是说，要意识到个人可能抱有偏见，因此要避免偏见干扰，善于倾听他人意见。其次，责任感表现为对他人以及整个群体的心态和情绪有足够的敏感性。有时候，人们口头说的和他们真正心里所认为的并不一致，因此如果对他人有足够的敏感，就可以从他们的动作、表情、语气以及其他一些非语言暗示中发现问题。再次，群体成员有责任让所有人都加入讨论。比如，群体中的新来者可能会羞于表达，特别是如果群体中其他人都非常熟悉时，新来的人会更感觉疏离。一个负责任的人应该有足够的敏感性，主动接纳，让新来的人自然地进入讨论。最后，积极参与也表现在讨论前事先准备。有时在系列讨论中，要求成员在下次讨论之前完成一定的研究，比如在下一次广告策划会前，要求成员收集一些相关的产品价格信息，但是到开会时，只有部分成员收集了部分信息，结果会议效果受到影响，部分成员的积极性也受到挫伤。

从行动来说，群体传播有赖于成员之间的互动，因此个人必须力求准确地表达个人意见和建议。意见表达要有的放矢，不要漫无边际；发言时应对他人意见做出适当评价，并把自己意见和别人已经说过的话联系起来，以保持小组讨论的连续性；尽量做到每次发言谈一个有针对性的看法，使大家容易理解；把握讨论进程，及时对小组讨论进行总结。

有效倾听在小组讨论中也十分重要。听他人发言要全神贯注，调准频道；对发言者要有明显的反应，要有目光接触，用语言或非语言行为表示兴趣；不要边听边说；要尽量创造轻松气氛；不要过滤掉否定性信息，而要平静地接收坏消息；在说话人自然停顿时，适当作理解性归纳，从而澄清错误，帮助记忆；礼貌提问，让说话人了解到你很认真地对待他的发言，帮助胆怯的发言者增强信心；适当做笔记；用提问传达反馈，注意自己的非语言行为。

5.5 领导行为

群体传播中的一个突出现象是领导行为（leadership）的产生。领导即影响。除了具有正式的领导职务或领导地位的人之外，每一个能影响他人的人都可以被看成是在释放其领导力。积极的领导会加速任务的完成，消极的领导则会使任务完成受到阻碍。群体，尤其是解决问题型（problem-solving）群体，需要有效率的领导来帮助其达成目标。群体中任何一位成员，都可能在没有被任命的情况下，发挥领导力，帮助群体完成任务。良好的群体传播应体现领导行为共享。

1. 领导的产生

对选举制的考察发现，领导人物一般经淘汰制而非推选制产生。选举一般经过两个步骤。在第一轮中，那些具有"否定性"传播特征的人被否决，特别是那些消息不灵、过于安静而不积极参与，或者过于教条的人会被淘汰，第二轮历时较长。人们从积极和消极两方面考察候选人。那些过于专制者以及言词激烈、容易冒犯他人的人被筛除。被选为领导的人除个人才能外，更多是因为他表现出对群体和成员们的关心。以此为基础，又进一步确认其他一些相关特征，如能言善辩、幽默等。在多数情况下，特别是成功群体，总是公推出一位领导，然后才有第二位副手。

领导从何而来？为什么有些人能比其他人体现出更多的领导才能？领导才能是天生的，还是后天习得的能力和技巧？或者真有所谓"时势造英雄"？

最早关于领导力的理论是特征理论（trait theory）。该理论认为，领导者具有一些天生的禀赋，伟大的领导者是被发现的而不是被培养出来的。特别是在社会剧变的年代，很多人特别是社会精英们，都急于寻找具有特质的"伟大人物"。特质理论的典型研究方法是比较一个领导者和他的下属的特征差别。大量的研究发现，领导者在很多特征上的得分都高于其下属，包括智力、才能、人格、工作动机、绩效以及社会能力等。马尔文·萧（Marvin Shaw）列举了一些领导特征（见表5-1），他认为没有表现出这些特征的人不太可能会当领导。当然，即使拥有这些特征，也不一定保证你最后成为领导，不过倒是不妨借此评估一下你的领导力。有兴趣的人可以根据表5-1打分，分数越高，则领导特征越强。

表 5-1　领导力评估表①

特征		低			高
可信性	1	2	3	4	5
合作性	1	2	3	4	5
赢得成功的欲望	1	2	3	4	5
热情	1	2	3	4	5
动力	1	2	3	4	5
坚韧不拔	1	2	3	4	5
责任感	1	2	3	4	5
聪明才智	1	2	3	4	5
远见卓识	1	2	3	4	5
交流技巧	1	2	3	4	5
受欢迎度	1	2	3	4	5

关于领导的第二种理论是情势论（situational theory）。该理论不关注领导的个人特质，而是关注有助于群体实现其目标的行为。美国俄亥俄州立大学海西教授（P. Hersey）和布兰科德教授（K. Blanchard）的研究认为，大多数领导行为都可以分为两个不同的行为维度，即任务行为和关系维护行为。一些领导关注为其下属进行指导和与任务完成相关的活动（高任务—低关系），另一些领导则关注通过与下属的关系来提供情感支持（高关系—低任务），还有一些领导对任务行为和关系行为都关注（高任务—高关系），当然也有都不关注的（低任务—低关系）。

他们认为，以上四种领导行为组合中哪一种适当而有效，是由群体的成熟水平决定的。成熟只是针对需要完成的特定任务而言，主要包括：制定远大而可行的目标的能力、承担责任的意愿和能力，以及成员的受教育水平和经验等。这四种领导行为分别叙述如下。

① 命令（telling）：当群体成员完成特定任务的成熟度低时，领导者应采取高任务—低关系行为。命令的特征是领导者使用单向沟通来定义群体角色，告诉他们何时、何地、如何去做各种任务。

② 说服（selling）：当成员完成特定任务的成熟度中等时，领导应转向高关系—高任务行为。高关系—高任务行为主要是提供关于角色责任的清晰的指导，但也用双向沟通和社会支持来获得群体成员对所做决策的接受和支持。

③ 参与（participating）：是在成员完成特定任务的成熟度中等时可能使用的高关系—低任务领导行为。这时成员拥有完成任务的知识和能力，因此领导者和群体成员通过双向沟通以及领导的支持行为共同进行决策。

④ 授权（delegating）：是在成员对完成特定任务有较高成熟度时所需要的低任务—高关系行为。这时群体成员极愿意也能够承担指导自己任务行为的责任，因此领导者允许成员在完成任务上拥有相当的自主性。

情势论认为，任何一种任务型或维持型的行为都可以被看作是一种领导功能。也就是

---

① （美）特里·甘布尔，迈克尔·甘布尔：《有效传播》，清华大学出版社，2005年，第277页。

说，群体中的任何人，只要是在发挥帮助群体完成任务或维持群体关系的功能，就是在行使领导力。因此领导力是分享的，当然也会有一两个人会比其他人行使更多的领导力。无论如何，领导不是天生的，也不是简单地在关键时刻出现的伟大人物，人们可以通过学习更有效率地发挥群体中的功能角色而提高自己的领导力。领导力的提高包括以下领导技巧。

① 个人行为技巧：成功的领导应当关注群体感受，对群体需要有认同；善于倾听；避免批评或嘲笑成员建议；使每个人都感到自己的重要性；不公开争论。

② 传播技巧：成功的领导应该使每个成员理解什么是最需要的以及为什么重要。他还应当使有效沟通成为群体日常工作的一部分。

③ 平等技巧：成功的领导应该认识到，每个人都很重要；领导行为应当共享而不是被垄断；有效领导体现为群体成员的责任共担。

④ 组织技巧：成功的领导应帮助群体确立长期与短期目标；将大的难题分解成小的问题；共享机会与责任，并切实进行计划、行动以及行动评价。

⑤ 自我检查技巧：成功的领导应当了解群体行为的动机以及动机指导下的行动；他应当明白成员相互间的敌视程度及容忍程度，以便采取相应的对策；他还应当了解成员的检查行为，并能帮助成员把握自己的实力，态度以及价值观。

2. 领导的风格

从林肯到罗斯福再到奥巴马，美国历届总统中有许多具有领导力的人，但他们可能有着完全不同的领导风格。在中国的成功企业中，柳传志和任正非也显然具有不同的领导风格。风格就是说话办事的方式。对领导风格的研究，就是关注人们在实施领导过程中所表现出来的行为特征。

早在1939年，传播学的奠基者勒温就和他的学生们研究过不同的领导风格对小群体情绪和任务完成的影响。他们将10～11岁的男孩组成三个五人小组，每个小组由成年人领导制作面具，每个领导体现出一种独特的领导风格，分别是权威型（authoritarian）、民主型（democratic）和放任自由型（laissez-faire），以考察领导风格对任务完成和群体士气的影响。

① 权威型领导依靠高度集中化的传播网络，采用指令式管理，有强烈的目标导向，对实现既定目标有坚定的信念。如果群体任务比较简单，领导能力得到成员们的尊重，则小群体工作很有效率，否则就容易激发矛盾。研究发现，在权威型团队中，成员更加依赖领导者，在同伴中则表现出更多的自我中心性，而出现敌意行为的频率是其他两种团队的30倍。

② 民主型领导注重指导而非指令，倾向于适度的"身份平等"和"机会均等"，尊重成员意见，向成员解释任务，依靠集体决策。其领导的有效性取决于领导力、任务性质以及与成员的人际关系。在民主型团队中，成员会更加主动和负责、更加友好，对工作和产品质量更加关心，在领导者离开时也继续工作。研究表明，此类群体较有创造性和凝聚力，但效率较前者低。

③ 放任型领导在管理上实行权力的绝对非中心化，领导主要为群体互动提供信息和反馈，并进行相应的观察和记录，在群体需要时才提供建议。这种领导对进行创造性工作的群体最合适，过多指令反而限制成员的创造性，缺点是效率较低。

研究发现，每10个团队成员中有7个更喜欢放任型领导而不是专制型领导。每20个团队成员中就有19个更喜欢民主型领导而不是权威型领导。虽然民主型领导被普遍接受，但在特定情境下，如当需要作一个紧急决策时，权威型领导风格可能更为有效。而在另一些情境中，比如团队忠于某一决策，拥有实施决策的资源并且只需要最小程度的干预来保证有效工作的时候，放任型领导风格似乎更实用。所以，领导风格的有效性与群体的任务性质和不同时期的群体情境特征尤为相关。

3. 组织领导

组织需要领导而不是管理，两者的区别在于，领导带领我们踏上征途，而管理者倾向于掌控现状。领导一个组织包括5个步骤。

① 挑战现状。组织领导一方面要建立和维护有序的规则以维护和保持连续性，另一方面又要有相对的革新，增强技能和成就。领导者要挑战现状，要带领成员去提高技能，而不是进行官僚控制式的管理。技能是一个过程。为了挑战现状，领导者要强调，如果成员不去努力增加自己的专业技能，他们反而会失去已有的技能。

② 激发一个清晰的共同愿景。领导责任是创建一个组织应该和能够做什么的共同愿景、一个所有成员都愿意去争取完成的清晰的任务、一系列指导成员努力的目标。领导者应经常与成员交流并激发共同愿景，使组织成为大家相互帮助、鼓励和支持成员努力获取成功的地方。

③ 通过团队给予成员力量。领导者不是依靠个人获得成功，领导者要激发的也不是"我的"最优而是"我们的"最优。团队合作可以导致信任、开放的交流和人际间的支持，所有这些都是生产力的关键成分。打造高效的团队，增强团队合作，会增强成员的信息，使他们相信只要努力就可以成功。

④ 榜样领导。领导者以身作则，向成员示范怎样进行团队合作和承担风险，来增加生产力和传播技能。尤其在承担有挑战性的任务和从错误中汲取教训并重新尝试的过程中，要为其他人做出榜样。

⑤ 激发激情。领导者要"爱他们并领导他们"。成员有时会变得疲惫、沮丧和失去兴趣，甚至可能试图放弃。领导者需要给他们勇气和希望，激发他们继续前进。领导者不仅要认识到个体对共同愿景所作出的贡献，而且应该经常性地庆祝个人和团队的成就。赏识个体贡献并集体庆祝，需要一个合作性而非竞争性的组织结构。在竞争环境中，宣布一个人是优胜者就是宣布其他人是失败者，表扬会变成虚假和讽刺，被表扬还可能导致担心同事的嫉妒和报复。但是在合作型组织中，真诚的关心和庆祝可以将大家团结在一起，激发成员将越来越多的能量投入到工作中。创建合作性组织并鼓励发展成员间的关心是模范领导的最大秘密。

5.6 群体中的问题讨论

群体传播研究的重要方面是群体决策，而小组讨论则是决策的基础。我们常常发现小组讨论十分困难，议而不决的现象常常发生，群体讨论有时甚至不如个人行动更有效率。研究表明，群体讨论的效果常常取决于问题的性质。在信息庞杂因而需要较多知识和多种解决问题的方法时，群体讨论比个人决定更有优势，但这也取决于讨论中的成员间有效互动。有的人只为逞口舌之利，而不重视问题的解决；也有人事不关己、高高挂起，以免得罪人。这样显然不利于问题的解决，而且在根本上损害个人利益。决策是一个过程，它要求群体成员集思广益、群策群力,在掌握充分信息的基础上,进行各种观点的交锋,充分讨论,然后作出明智的决定。

1. 问题分类

群体讨论常常涉及很多问题,但最适合讨论的有三类问题,即事实问题、价值问题以及对策问题。能识别这三类问题至关重要,因为有时候小组讨论很难进行,就是因为成员们没有理解问题的性质。

① 关乎事实的问题。"高速路上的连环车祸究竟是什么原因造成的?""北京市的污染严重到什么程度?""用于广告投放的媒体资源究竟有什么特点?"理论上,在讨论事实问题时,个人的价值观念和信仰态度不能影响结论。对这一类问题的讨论,目的在于澄清事实、纠正错误。群体成员应该像侦探一样,收集全部事实,然后对事实进行逻辑推理和判断,最后结论应当是对事实的正确和准确的描述。有时候,集体的同意并不能保证决策的正确,因为决策的正确性取决于成员对事实的认真审查和解读,因此需要所有人都能"看到"事实,理解对事实进行解释的特定词语或思想。

② 关乎价值的问题。"同性恋者可以结婚吗?""应当向中学生免费发放避孕用具和施行免费堕胎手术吗?""应当对闯黄灯者施以重罚吗?"对这些问题的回答没有真假之分,而只有可接受还是不可接受后面的态度、道德观和价值观。因此,讨论的目的和责任,就是寻求在对不同价值观的比照、理解乃至认同基础上的对该问题的一致意见。价值观念深藏于心,并不以逻辑为基础。因此,要关注意见背后的价值观差异,讨论的最后结论可能只是被参与者接受集体决定,而并不意味着讨论结果得到完全的赞同。

③ 关乎对策的问题。"今年的广告预算应当怎样分配?""中日钓鱼岛问题应当如何应对?"关乎对策的问题是最常见的讨论问题,其结果往往涉及进一步的行动。对策性讨论通常都会涉及事实和价值问题。比如针对广告预算的讨论,可能涉及对品牌宣传的要求、对消费群体的定位和对消费者媒介使用习惯的考察等。如果能在讨论中把不同类的问题区分开来,逐个讨论,也许能增加有效性。

2. 讨论决策五步骤

当我们面临一个难题时,经常忘记解决问题、作出决策其实是一个过程。美国实用主义大师杜威(J. Dewey,1859—1952)在《我们如何思考》一书中,专门区分出目标导向的反思性思考 5 步骤,即一要识别困难;二要界定或区分困难;三要提出可能的解决建议及合理性解释;四要从许多建议中筛选出最佳办法;五要执行该办法。① 杜威这些对理性思考过程的描述影响深远,被后来的传播学者们采纳并进一步扩展为有关决策的标准步骤。

① 界定问题(defining the problem)。如果小组有一个特别具体而清晰的问题要解决,当然就不需要再界定问题。但是在大多数情况下,小组只是发现自己处在困境中,因此界定清楚问题所在就是决策过程中的重要环节。要以问题为中心而不是以解决办法为中心。比如关于某品牌产品销售的问题,先要弄清楚该品牌销售中最突出的问题是什么,那么相应的,应该有哪些解决办法?广告推广是唯一的办法还是最好的办法?

② 限定讨论话题(limiting the topic)。当问题界定清楚后,还需要考虑限制性问题。比如说问题的关键是什么?如果要对某品牌实行广告战略的话,那么通过广告需要达到的具

---

① J. Dewey, *How We Think* (Boston: Heath, 1933), pp.106-15.

体目标是什么?这些目标是否可能实现?通过什么方法能保证实现?实施方案需要多少时间?

③ 分析数据。在这一阶段,小组需要寻找证据,从不相关的材料中找出相关性,要找出重要的细节,探求问题间的因果关系。

④ 为可行性方案订立标准。比如广告中最需要体现的产品特点,所选媒体的基本要求等。

⑤ 尽可能多地收集可行方案。在"头脑风暴"阶段,解决方案的数量要比质量更重要。决定要在所有可试方案都提出并经讨论之后作出。即使是一些看似不可行的方案,也应该讨论一番,寻找其中的可用之处。

⑥ 围绕标准考察每一种方案。在这一阶段要着重考察每一种方案是否满足了标准,是否有一些方案比另一些方案要好。放弃不符合标准的方案,然后依然以问题为中心,看余下的方案是否忽视了什么问题,而不是它突出解决了什么问题。

⑦ 实施。选择了最佳方案后,实施该方案。

⑧ 评估实施方案的效果。实施了最后选择的方案之后,要对实施效果进行追踪调查,根据反馈结果进行评估,发现新的问题。

以上是关于决策过程的标准步骤,但是它只是一份行动程序方法的指南,群体成员都应该知晓并接受这种程序方法。但即使循序而为也并不能保证决策的有效性,因为还有其他一些因素的影响。

3. 群体极化

群体极化(group polarization)最早是由斯托纳(James Stoner)于1961年研究群体讨论现象时提出的。他设计了一些决策时的两难情境,要求被试建议假想的行为者应在多大程度上承担风险。结果发现,群体决策往往会比个人决策更倾向于冒险,由此推动了关于群体冒险性的研究浪潮。后来的研究又发现,在另一些关于两难情境下如何选择的讨论中,如果群体中谨慎保守的人占多数,群体讨论做出的决策建议就会比个人更保守。这两种情况都表明,集体讨论可能强化大多数成员最初都赞成或最初都反对的观点,从而使群体决策更偏离理智,背离最佳决策,而向某一个极端偏斜。这被称为群体极化现象。

另一种研究是选择一些观点存在分歧的事件,然后把持有不同观点的人分隔开来,让观点相似的人一起讨论。如心理学家迈尔斯(D. Myers)等人让相对有种族偏见的和无种族偏见的高中生进行分组讨论。结果确实发现,分组讨论之后,两个群体之间观点差距更大了。[1]

在日常生活中,人们往往和与自己观点相似的人进行交往,这种交流是否会强化一些共同观点呢?研究表明,当男孩儿们一起游戏时,会变得更加富于竞争性和行动取向,而女孩儿们一起游戏时,则越来越倾向于关系取向。类似的,在对全世界恐怖组织进行分析后,麦考利和西格尔(McCauley & Segal)指出,恐怖主义并不是突然间爆发的,而是拥有相同不满情绪的人们彼此相互交流,逐渐变得更加极端。比如"9.11"恐怖事件,就是由一群有共同目的的人,在长期互动过程中产生的极化效应所造成的。专门研究中东和斯里兰卡自杀性恐怖主义的麦若瑞(Ariel Merari)则认为,制造自杀性恐怖事件的关键因素是群体过程。

---

[1] (美)戴维·迈尔斯:《社会心理学》(侯玉波等译),人民邮电出版社,2006年,第223页。

他指出："据我所知，还从未出现过因个人一时的兴致而导致的自杀性事件。"互联网的发展，使得人们更容易与观念或目的相同的人在各种网络空间集结，网络群体极化现象不容忽视。

关于群体极化现象产生的原因有两种主要观点。一种强调信息影响的理论认为，群体讨论可以产生一系列观点，而大多数观点都和主导性观点一致，但其中会包含一些群体成员在此之前并没有考虑到的具有说服力的观点。另一方面，讨论的参与者一旦用自己的话语表达某种观点时，言语的使用会进一步强化其观点。讨论中，同类观点被表述或复述的越多，被认同的程度就越高。随着讨论的深入，个人的最初观点被强化了。另一种强调规范影响的理论则认为，人们常常通过将自己的观点与他人比较，来对自己的观点和能力做出评价。如果人们在比较了各自的立场后惊奇地发现，其他人都对自己最初的意向持支持态度，那他们就会表现得比最初的意向更胜一筹。

群体极化现象是一种群体思维（group think）的极端表现。美国学者贾尼思（Irving Janis, 1918—1990）分析了美国外交史上几次重大决策过程，如珍珠港事件、入侵猪湾和越南战争等，都能发现其中群体思维所导致的决策失败。他提出预防群体思维的几项建议：

① 公平——不偏向任何立场；
② 鼓励批评性评价——设置"魔鬼代言人"，对任何意见都加以反对，以刺激原发性想象，并使群体对反对意见持开放态度；
③ 有时可以将群体划分成几个小组，然后再重新组合，以鼓励表达不同的意见；
④ 欢迎局外的专家和伙伴提出批评；
⑤ 在方案实施之前，召开被称为"第二次机会"的会议，让大家畅所欲言。

5.7 群体传播的其他影响因素

小群体传播中还有其他一些值得重视的相关因素，它们关系到传播形式的选择、传播过程的发展，以及传播实施能否成功。

1. 人格结构

有许多因素影响群体中的人际互动，其中最基本的是群体成员的人格（personality）差异。每个成员都会将自己的经历、态度、价值观和人格等带入群体互动中。如有的人爱发号施令而有的人总是消极待命；有的人小心避免冲突而有的人则愿意引发争议；有的人严肃认真而有的人幽默诙谐。人格种种，如果配合得当，则小群体行动有效；反之，如果出现人格冲突（personality conflict），则会影响群体目标实现。个性之不同，使群体特性之复杂，远胜于个体的总和。

2. 凝聚力

不同的群体在互动发展过程中会有不同的表现。有的群体总能顺利开展工作并实现工作目标，而另一些群体则可能矛盾重重、举步维艰，这其中体现出的是群体凝聚力（cohesion）的差别。凝聚力反映出群体成员之间为实现群体活动目标而实施团结协作，使群体成为一个团队而不是松散的个体集合的程度。凝聚力来自共同的价值观、态度和行为准则，是群体成功的关键因素。凝聚力强的群体，成员满意度高、对群体的忠诚度高、成员互动更为有效，群体更有行动力。

在凝聚力强的团队中群体传播有几个特点。第一，由于成员在群体中感到安全，因此他们能忍受一定程度的建设性的冲突，成员之间可以自由地彼此批评和表扬。第二，成员能不计个人得失地去争取集团更大的回报。比如老师让同学组成小组完成一项研究，根据研究报告的情况小组成员会获得相同的分数。在凝聚力强的小组中，成员会彼此鼓励去争取更高的分数，而不会斤斤计较谁的工作量更大。第三，成员有更多心理回报，如归属感、友谊以及他人的尊重。最后，成员因并肩协作、共同分享集体的胜利和荣誉而倍感快乐。

3. 一致性与群体压力

一致性（conformity）是影响群体传播的另一个重要因素，它表示小群体中各成员间相互影响、相互吸引和共同性的程度。随着群体活动的展开和群体规范的建立，各成员间逐渐了解，并找到更多的共同点。起先可能只是由于手段或者目的上的某种一致性而聚合成一个整体，但随着信任和友好关系的建立，人际互动增强，一致性程度逐渐加深，集体的凝聚力也不断提高。一致性是自然产生的，但因为形成思想共识和行动合力会使群体活动更为有效，所以一致性也是群体目标之一。

由于一致性的存在，当成员在群体活动中发现自己的意见与其他大多数人有分歧时，就会感到一种臆想出来的或真实的压力，这就是群体压力（group pressure）。美国社会心理学家奥西（Solomon Asch, 1907—1996）设计了一个实验。研究者给被试看12套卡片，每套由两张卡片组成，其中一张卡片上有一条线，而另一张卡片上有三条不同长度的线。实验要求被试找出有三条线的卡片中哪条线的长度与另一张卡片中的那一条线等长。在没有群体压力的情况下，绝大部分人都回答正确。在接下来的实验中，他让8个被试者组成一组，参加判断线条长度的工作。事实上，这8个人中只有一个是真正的被试，其他的人则是实验助手。在做出一两次正确答案后，助手们开始给出一致的错误答案。实验观察受试者听到所有其他的人都给出统一相同的错误答案时，是否会屈从于群体压力。结果证明，受试者受群体压力的影响给出错误答案的占36.8%。

奥许的研究表明，有些人情愿追随群体的意见，即使这种意见与他们从自身感觉得来的信息相互抵触。这种迫于群体压力而不由自主地改变自己的认识、态度和行为的现象就是从众。从众有真心从众和违心从众。从众现象的发生与人格特点和个人需求有关，也与传播情境、群体规模以及群体压力的性质有关。有较强的自我意识、自信心和智力水平的人较少选择从众，而尊重权威或者需要被群体其他成员所接纳、注重维持人际关系的人，则可能有较多从众行为。此外，群体规模、群体结构、群体任务的难易程度以及危机程度或突发事件等都可能影响从众行为。如果群体结构紧密、成员之间互动很多，则容易形成较大的群体压力。但随着群体规模的扩大，成员之间的关系变得松散，在大群体中出现许多小群体，则可能分散大群体的压力。任务难度越大或者在危机状态下，由于不确定性强，很多人会倾向于从众，使群体表现出高度的一致性。

4. 矛盾冲突

理想的群体应当是成员之间高度一致，凝聚力很强的，但实际上，冲突（conflict）现象是群体生活中不可避免的部分，是影响群体传播的重要因素。文化价值观会影响人们对冲突的态度。在个人主义文化（比如美国文化）中，个人的重要性超过集体，冲突被看成是彰显差异性的方式，因此人们通常不压制冲突，而是以直接和开放的方式解决冲突。但是在崇尚集体主义的文化（比如东亚文化）中，集体一致性的重要性超过个人，冲突被看成是对集体的威胁，所以在公共场合要尽力避免冲突。冲突对群体的正面或负面影响，取决于群体成员针对冲突所作出的判断以及理解冲突的方式。

群体间冲突（intergroup conflict）常常被认为有利于群体的生存，能增强群体目标导向，并使成员高度重视工作。战争可以被视为最极端的群体间冲突。有些管理者会通过树立对立面、指认竞争对手的办法来促进群体传播的有效性。

群体内部冲突（intragroup conflict）一般被认为有负面影响，会降低凝聚力，造成群体分裂和群体涣散。要想发展并维持有意的群体关系，我们就必须学会建设性地处理冲突。罗伯特·布雷克（Robert Blake）和珍妮·穆顿（Jane Mouton）提出了冲突坐标模型（见图5-2）。在这个模型中，水平坐标代表人们对实现个人目标的欲望程度，而纵坐标则代表人们为他人考虑的程度。根据坐标，他们提出了五种对待冲突的方式，比较一下，看看你属于哪一种？

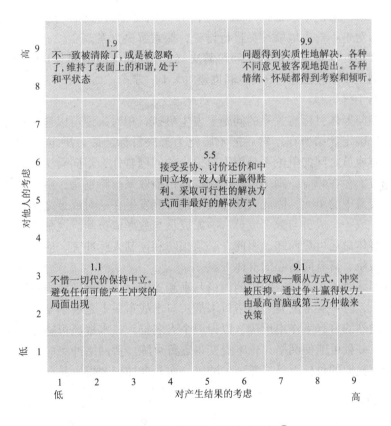

图 5-2　布雷克和穆顿的冲突坐标①

1.1风格的人可以被称为"逃避者"，总体态度是"放弃并且逃离冲突"。他可能会认为生活中最好没有冲突，与其承受伴随冲突而来的尴尬，不如从身心上都赶紧逃离冲突

---

① （美）特里·甘布尔，迈克尔·甘布尔：《有效传播》（熊婷婷译），清华大学出版社，2005年，第297页。

现场。

1.9风格的人是"强迫适应者",总体态度是"妥协加放弃"。尽管生活中或许存在冲突,但他却拒绝处理它们,而主要考虑的是确保他人的接受和喜欢,害怕他人的愤怒,愿意做任何事来避免被他人看成是麻烦制造者。由于过于看重关系的维持,以至于忽视了个人目标的实现。不惜代价维持和睦的倾向,使得这种人总处在一种紧张状态之中。

5.5风格的人是"妥协者",总体态度是"寻找中间立场",指导原则一定是妥协。当然,在某些情况下,妥协是有效的策略,但如果总是因为害怕寻求最佳解决方案会导致冲突升级,因而努力寻找一种替代解决方案,那也是有问题的。这种冲突解决方式会使双方部分满意,也会使双方部分不满意,因此妥协有时候就也会被看成是"双输"方式。

9.1风格的人被称为"竞争推动者"。这种人认为个人目标比考虑他人要重要得多,因此迫切地需要赢过他人或者统治他人。这种人会采取一种彻底的零和态度,总是保卫自己的立场,并与他人竞争,而不论付出多少代价或造成多大的危害。

9.9风格的人是一个"解决问题的合作者",采取的是双赢的态度。他会意识到冲突是正常的,也是有益的,冲突的任何一方都有其充分的理由,都需要受到足够的重视和考虑,因此会积极地寻求既满足个人目标(结果导向)又满足他人目标(他人导向)的冲突解决最佳方式,能够对事不对人地就冲突进行讨论,探索解决方案。

有效率的冲突处理者主要依赖于问题解决(9.9)和问题缓和(1.9)风格,而无效率的冲突处理者则主要依赖强迫(9.1)和逃避(1.1)方式。

想一想你属于哪一种?

群体成员在与群体目标有关系的问题上发生争执,相对来说可以遵循理性谈判的步骤加以解决。比如先确定症结所在,然后把矛盾化为解决目标,最后决定实现目标的方法和战略。但如果群体成员之间的争论不是因为对讨论的问题有什么不同看法,而是因为彼此在人际方面、情感方面存在障碍,则很可能影响群体传播效果。特别是,由于群体中的交流单元大大多于二人交流中的单元,因此人际冲突不仅可能发生在一对成员之间,而且可能发生在数对成员之间,或一个成员与数个成员、一派成员与数派成员间。这种情形一旦出现且得不到有效控制,群体命运可想而知。因此,必须预防和控制人际冲突,应在群体成立初期即努力建立积极、诚挚、富有同情心的群体气氛。

在当今的网络时代,虚拟空间中的讨论几乎涵盖了一切话题,众声喧哗之间,意见冲突不可避免地产生,有些甚至上升为网络口水战。口水战本质上是极端个人化的,被激怒的对方可能会以更激烈的言辞来作出反应,以捍卫个人名誉。口水战还可能影响到本来没有卷入讨论的那些人,并且可能使网络讨论本身变得乏善可陈。对网络冲突应该采取更理性的方式来处理。要知道我们的目标不是尽量减少冲突,而是令冲突变得更具有建设性。

◇ 小　结

在本章中,我们首先从群体动力学的角度,突出强调了群体概念中的互动性,并提出了7种有关群体的定义。这些定义从不同方面反映了群体的一般特点。群体的种类有很多,在本章中突出强调了带有非正式社交特点的初级群体和带有正式的工作性质的讨论群体。群体传播是一个互动发展的过程,在发展过程中会形成特定的传播网络和功能角色,其中个人的有效参与甚为关键。群体传播的特点之一是领导行为的存在,因此文中着重探讨了领导行为、领导的产生和领导风格与传播效果之间的关系。群体传播研究的重点是以问题讨论为基础的群体决策。问题讨论的有效性取决于问题的性质和理性讨论的步骤，讨论中要注意防范群体极化的风险。此外，群体中的人格结构、凝聚力、从众现象以及冲突等，也是影响群体传播的重要因素。

◆ **推荐阅读**

1.（美）维·迈尔斯：《社会心理学》（张智勇，乐国安，侯玉波等译），北京：人民邮电出版社，2006。

2.（美）约翰·杜威：《我们如何思考》（伍中友译），新华出版社，2010。

3.（美）特里·甘布尔，迈克尔·甘布尔：《有效传播》，清华大学出版社，2005，第11-13章。

观察与思考

1. 考察你所在的群体（社团等）中的群体规范，以及成员之间的互动发展。

2. 观察你所在群体的领导及领导行为。群体中存在哪些功能角色？领导风格和工作效率以及成员关系是否存在一定的联系？

3.《一虎一席谈》等电视节目经常邀请一些人来讨论有争议的话题。选择一期电视讨论节目，看看主持人和嘉宾用怎样的技巧来处理节目过程中所产生的冲突？在什么情况下嘉宾会变得具有攻击性和使用辱骂性语言？节目对于我们处理冲突有什么帮助吗？

4. 如何看待网络讨论中的意见冲突？

第 6 章

组织传播

我们所说的组织,既包括电台、电视台等媒介组织,也包括国有公司、私有公司、广告公司等商业组织,还包括政府部门以及各种非政府组织。组织的规模可以小到一个二人网站,也可以大到一个全球性的商业帝国。在生活中我们常常和组织打交道,或是在组织之外与组织沟通,如客户投诉商场,或是在组织内部进行沟通,如和单位领导谈话。那么我们以什么方式,通过什么渠道传递信息、达到目的呢?组织中的传播如何起作用,起什么样的作用呢?对组织传播的研究始于20世纪中期,并且在六七十年代得以确立。如今,组织传播不仅在学术界站稳立场,而且对私人企业以及公共部门的组织实践者产生了巨大影响。

从传播学的角度来说,社会组织是一个通过协调活动来达到个人和集体目标的社会集合体。通过协调活动,某种程度的组织结构得以建立起来,以帮助组织成员处理相互之间以及与更大的组织环境中其他人之间的关系。组织传播就是要考察组织环境下的各种传播过程。组织与群体既有共性,又有差别。某些结构严密的群体也带有组织性,其传播特性可以用组织传播理论来解释,而在组织中,又存在自发的非正式的小群体,表现出群体传播的性质。

6.1 组织的类型与特点

组织的形式多种多样。有政治组织、经济组织、军事组织和文化组织等。但是传播学者们却通过对组织目标和权力结构的考察,提出了其他一些划分组织形式的方法。在西方国家,通过对组织目标的考察,根据组织成员中谁获利最多,可以划分为:

共同利益组织:成员通过共同参与共同获得利益,如各种协会和俱乐部、西方社会的政党、职业团体和宗教组织等。

商业组织:所有者获利最多。如各种商业银行,宾馆饭店,私营企业,私立的医院、学校等。

服务性组织:顾客获利最多。如保护消费者协会、志愿者协会、平民医院、公立学校等。

带有商业性的福利组织：如邮政，公共交通，国家资助的教育电台、电视台等。

另一种划分组织的办法是检查其控制的手段。

强制性组织（coercive organization）：对成员施行暴力控制，如监狱、精神病院、政府专政机构等。

功利性组织（utilitarian organization）：以工资、奖励、提升和资历等作为控制成员的手段，如工商企业、政府部门等。

规范性组织（normative organization）：通过对社会规范的共同遵守来控制成员行为。如一些宗教组织、政治组织和志愿者组织，像绿党、核裁军运动、反 X movie 组织，成员们遵循理想，服务社会。

实际上，现实中的组织形态日益复杂，组织目标也日益多样，很难依据单一标准来划分组织。

传统上，工业化时代的组织具有如下特点。

（1）严密的分工和岗位责任以实现组织目标。组织不同于集群，为了进行复杂的劳动，必须实行部门分工和人员分工。比如一家航空公司，就要分成飞行部门、票务部门、行李部门、传输部门以及财务部门和营销部门等。各部门以分工负责和团结协作的方式，提高工作效率。

（2）严格的领导体系和权力中心。组织的形成和运行都依赖于中枢神经——领导体系的调节。失去领导体系的指挥和调节就会出现混乱和瘫痪。当出现丢失行李的投诉时，部门领导就需要查清问题，改进工作。

（3）角色的替代或补充。组织的严密性使得每一个角色和岗位都有独特的作用，不能轻易废止。角色一旦出现空缺，如退休或死亡，就必须有人替代或补充。

（4）各部门相互依赖和制约，依靠传播协调各种关系。组织目标的实现依赖于各部门的协调合作，组织中的单个部门很难充分发挥作用，一个部门工作的好坏常常取决于和其他部门的合作状态，因此组织的正常运转、各部门之间的关系协调，都要通过多种渠道的传播来实现。

（5）组织中存在种种正式和非正式的传播网络。组织的传播状况可以通过其传播网络来体现。从传播学角度来看，组织是传播的结果，传播是组织生存和发展的基础，没有传播也就没有组织。以政党为例，从基层党组织的活动，到全国代表大会，政党的存在常常体现为集会、发传单、颁布纲领、选举等各种传播活动。传播在组织中发挥着告知、规范、说服以及使组织行为一体化的作用。

在今天的整合营销时代，组织特别是全球工业企业组织的形式有了很大改变。以往的单一权力中心和垂直管理的模式已经为水平式网络化管理的模式所取代。以满足顾客需求为导向，实行弹性生产，并且依工作过程而非任务，来组织平行化的层级团队管理。各阶层的员工都有充分信息并接受训练，强调管理责任的分散化，职工参与和协调式管理。在全球范围内建立供应商网络，生产者网络以及顾客网络等，因此全方位的组织传播和企业沟通更为重要。

6.2 组织传播研究的几大学派

目前的组织传播研究，内容丰富，学派纷呈，大体上可以分为基础学派和现代学派两大类。其中基础学派主要包括古典学派、人际关系学派和人力资源学派；现代学派则主要包括系统学派、文化学派和批判学派。

1. 古典学派

伴随着19世纪末工业革命的到来，机械化大生产迅速取代了家庭手工作坊，一些古典管理理论也相应产生。古典管理理论对组织的核心比喻是"机械"。机械比喻中包含着专业分工、标准化、可替代以及可预测性等若干原则。古典学派侧重于对管理要素和管理原则的考察，如等级结构秩序、自上而下的权力集中式管理、个人服从组织等，其管理目标在于用科学管理手段提高工作效率。因此，古典学派的传播内容主要是和工作有关的问题，信息传播流向是沿着组织层级结构等级链自上而下垂直流动。虽然有许多传播渠道可供选择，但古典学派管理中书面传播方式最为普遍。因为古典理论强调规则和程序在组织运作中的持久性，因此这些组织可能非常依赖如员工手册、操作指南、岗位行为评估等正式的传播手段。古典管理原则在今天的组织中仍然被广泛运用，如军队组织、生产装配车间以及快餐店等，这类组织的核心任务具有高度重复性和例行性，因此对纪律秩序和生产标准及工作效率的强调非常重视。

2. 人际关系学派

人际关系学派起源于20世纪20年代末30年代初进行的一系列调查研究，这些研究被称为霍桑实验。人际关系学派对组织的核心比喻是"家庭"。这一比喻包含着对员工社会需要和情感需要的重视，对组织中各种非正式社会因素的关注以及对管理风格变化的强调等。人际关系理论家强烈反对把个人当作可预测的组织里一个能够随意替换、只受经济因素驱动的齿轮，而要求把员工看成是需要关系、社会互动和个人成就的人。在组织这一"家庭"中，管理者像"父母"一样负责为孩子们提供良机，使他们的需要得到满足，能力得到培养。

从传播内容来看，与工作有关的传播仍然存在，但它必须与有关人际关系的维持性传播形影相随。从传播流向上看，人际关系学派不否定信息垂直流动的必要，但是却大力提倡横向流动，即成员之间的互动，因为它们对实现组织目标同样重要。在传播渠道上，面对面的传播被突出强调，因为它包含更多古典学派中书面传播难以包容的非语言暗示和反馈，因此有更强的社会表现内容，其非正式性也更多地体现了管理人性化的特点。

人际关系原则在当今组织中有多方面的体现。管理者普遍地不再把员工看成是可替换的齿轮，而相信员工具有与组织运作密不可分的需要和欲望。在决策过程中通常会考虑员工及其家庭需要等人性因素，比如倒闭企业会主动为员工安排就业或进行新的训练。古典学派的分工原则常常导致工作高度专业化、规则化和过分单调，而人际关系学派则强调工作丰富化，突出激励因素，通过工作的技术多样性、工作认同性、工作重要性、自主性和重视反馈等特别设计来满足员工较高层次的需求，如自尊与自我实现。人际关系学派认为，开放式传播能以其社会性和非正式性，来满足个人需要，减少冲突，从而提高企业绩效。但是这种思想受到了一些人的质疑。

3. 人力资源学派

人力资源学派开始于20世纪50年代，它们既认同古典学派和人际关系学派，又和后两者有很大不同。古典学派把员工看成是可以任意更换的机器零件，职工的作用就是从事体力劳动，因此主要从"员工工作"的角度来看待员工。人际关系学派从"员工感觉"的角度看待员工，把员工看成是有一连串复杂人性需求的个人，这些需求要通过有特色的激励工作和相互理解的管理工作来得到满足。但是人力资源学派把员工同时看成对组织的智力和体力的贡献者，组织里的个人具有重要的感知能力，员工的思想和观念能使组织更好地运作。

如果说霍桑实验是使组织思潮从古典学派跃向人际关系学派的跳板，那么从人际关系学派跃向人力资源学派则并没有类似的跳板，而更多是对人际关系原则有效性的质疑和改进。比如，人际关系学派强调通过参与管理来满足员工对归属和尊重的需要，并希望这样的需求满足会产生更高的生产效率。但管理者很可能认为员工没有做出高层决策或独立工作的能力和才干，因此会出现虽然征求意见，但决策时根本不予考虑之类的"虚伪性参与"行为。但是人力资源理论把员工看作能促进组织运作、满足个人需求的人力资源，设定参与制度是为了利用下属的创新观念。因此人力资源管理不是简单地挂一个意见箱，而是实行一套能充分开发组织成员思想和技能的参与形式，如建立自我管理团队或推行全面质量管理，全面吸纳从生产工人到工程师再到各级管理者以及营销人员的意见和建议。因此，人力资源学派需要传播形式有更深层的变化，即需要在组织运作的假设、组织结构及组织互动方面有根本变革。

总体上来说，人力资源学派对组织的比喻是"团队"。其传播内容除任务传播和社会传播外，还强调创新传播，即组织中关于新观念的互动——包括如何使工作做得更好、关于新产品以及不同的组织结构方式等。由于人力资源学派特别重视和鼓励员工向组织提出合理化建议，因此创新传播尤为重要，它能使组织效能和个人目标成就最大化。从传播方向上看，人力资源组织鼓励组织中各方位的信息流动，因此，这类组织中的传播包括了所有方向——从上到下、从下到上、水平以及交叉方向上的传播。这种多重方向的传播通常发生在人力资源组织中以团队为基础的背景下。也就是说，传播不局限在一定的组织层级中，而是倾向于重新配置组织流程图，以促进新观念达到最佳的流动状态。比如，某个由营销、制造、销售、研究和金融等方面人员组成的多功能团队，会聚集所有人讨论新计划或新产品。这种以团队为基础的传播应该能使组织成员的独特贡献发挥到极致。

为了达到对人力资源的明智利用，使组织生产效率最大化，人力资源组织没有对哪种特定传播渠道的偏爱，而是利用各种各样的传播渠道，以和工作性质相配合。比如，设计一个销售新产品的计划可能需要面对面互动，而确定开会时间则可以通过短信平台或电子邮件来完成。人力资源的组织人员在选择传播渠道时，会充分考虑渠道特点、个人特性、相互关系以及工作环境等各种因素。由于人力资源学派强调以团队为基础的全方位传播，因此会偏重非正式传播，但是也不排斥正式传播。

4. 系统学派

系统学派对组织的比喻是"系统"。组织被概念化成一个复杂的开放系统，它依赖各部分之间的互动以及组织与外部环境之间的互动而生存和发展。系统中包含有类似于古典学派的等级秩序的观念，但这种等级秩序必须按次级系统和超级系统等复杂方式组织起来。

系统比喻也包含着相互依存的观念。一个组织就如同一个人体系统一样，各系统之间有很高的相互依存性，一个子系统出了问题，会导致其他部分甚至整个系统的功能丧失。以医院为例，如果没有检验室的检测，外科就无法有效工作，检验室依靠采购部门所提供的检测工具和药品，另外所有单位都依靠人事部门处理工资和保险事物，因此医院里没有哪个部分可以在没有其他系统成分的积极支持下有效运作。

系统比喻所包含的第三个观念是组织具有一个可渗透的边界，以供组织与外部环境进行各种交换，包括信息的输入与输出。组织内外的信息交换也具有反馈性质，以利于组织的有效管理。网络分析是组织系统研究的重要方法之一。网络分析就是以产品服务、信息、情感表达以及控制影响等网络内容为依据，勾画出网络成员之间的来往关系，以反映组织系统的结构功能特点。此外，还可以通过建立模型以及个案分析等方法来观察组织系统的发展和运作。

5. 文化学派

文化学派将组织看成是一种"文化"，这一比喻来源于文化人类学的研究。对组织文化有两种不同的理论观点。一种观点认为，一种正确的文化能使组织获得成功。如迪尔和肯尼迪认为，商业成功可以通过发展"强势"文化来达到。如果一个组织具有强势文化的成分，那么它将是一个适合个人工作的地方，同时会提高个人和组织的绩效。他们提出强势文化的四个关键成分。

一是价值观，是组织所提倡的信念和看法。比如信诚保险强调"稳定"、福特公司注重"质量"、3M公司支持"创新"等。强势企业的价值观应当在企业内外得到广泛认同。

二是英雄，也就是代表了组织价值观的个人神话，如比尔·盖茨。

三是礼仪和习俗，是组织用来弘扬其文化价值观的仪式，如年年举行的创新评选活动，反映公司团结友好的运动会或团体野餐会等。

四是文化网络，即用于确立和强化文化价值的传播系统，以促进价值观的广泛传播。对强势文化的过度重视偏信"正确"文化对组织成功的作用，有使组织生活简单化的倾向。

但是目前很多关于组织文化的研究，倾向于放弃以上的简化研究，而强调组织文化是通过组织成员的互动创造出来的多元复杂现象。这就是关于组织文化的另一种观点。它认为，价值观、信念体系、比喻、故事、庆典活动和仪式等都是显示组织文化的窗口，对组织文化的研究应当更多地借助于对成员互动的密切观察来进行，要通过"文化故事"的细节化叙述来充分理解组织文化的特性。

6. 批判学派

批判学派对组织的比喻是政治和权力斗争。对古典、人际关系和人力资源学派而言，理论家的作用一般在于寻找有效的组织管理技巧。对于系统学派和文化学派而言，理论家的作用在于理解或阐释组织传播现象。但是批判学派则将组织视为权力支配的场所，理论家的作用则在于揭露组织结构和过程所导致的基本的权力失衡现象，以促进某些社会阶层和团体从压迫中解放出来。因此他们特别关注权力在生产方式、组织话语以及意识形态中的表现，对性骚扰等问题的研究代表了其中女权主义的批判立场。

6.3 组织中的基本传播过程

组织的显著特点是活动不断。人们要了解工作的任务和方向、进行各项决策、处理冲突、为客户服务等，所有诸如此类的传播过程都成为组织传播学者的关注焦点，其中最基本的传播活动包括社会化、行为控制、决策和冲突管理，之所以统称为过程，是因为这些活动都是持续发生的。

1. 社会化过程

社会化主要指个人如何成为组织中的有效一员的过程。当今社会流动性越来越大，人们在组织中"来来往往"，因此理解组织和个人之间相互适应的过程，就显得颇为重要了。员工对组织生活的适应是渐进式的，一般包括预期、磨合和转变三个阶段。社会化实际上从员工正式进入组织之前就开始了，招聘面试和岗前培训都是重要的社会化手段，员工在工作中也会不断寻求讯息。社会化最主要的内容包括与角色相关的和与组织文化相关的各类信息，个人在接受这些信息的同时，也发挥个人作用。

有许多的传播策略可以用于组织的社会化过程中。有的组织将新员工组织起来，进行正式的岗位培训。也有的组织会采用"师徒制"，让资深员工指导新成员。研究表明，制度化的社会化过程似乎增强了工作和组织的凝聚力，从而使员工更加忠诚，而个人化的社会化过程则促进了角色转化，使角色得到更好的表现。对社会化的研究还包括一些相关模型的建立，如角色发展的 LMX 模型等。

2. 行为控制

目标导向是组织行为的重要特征，无论组织本身还是组织中的个人都会有一定的目标，而传播在组织中的重要作用之一，就是对有利于实现组织和个人目标的行为进行协调和控制。举例来说，一个公司市场部经理想进一步了解顾客需求，因此他可能采取一系列步骤。比如召集下属开会，共同拟订一套方案，包括设计问卷、安排访谈等，然后他向下属布置各种具体任务，观察他们的表现，并进行适当的奖惩等。所有这些活动都体现为某种行为控制。"胡萝卜+大棒"是比较常见的奖惩控制方法，在使用奖惩控制时，专家们特别关注奖惩在多大程度上可以激发成员的个人努力，奖惩控制如何体现公平性。

除奖惩激励外，组织中的行为控制还包括说服影响、目标设定以及反馈控制等。对说服影响的研究提出了 7 种主要策略，即坚决要求、谈判协商、以联盟求支持、友好示意、依靠上级权威、说理以及以制裁相威胁等。对目标设定则侧重于如何利用目标设定使员工绩效最大化和激励最大化，其中尤为强调的是目标的明确性、目标难度和目标设定中的参与。反馈控制的主要表现形式是绩效评估。其中最引人关注的，一是反馈的正面价值和负面价值；二是反馈的及时性；三是反馈的明确性；四是反馈的频率次数；五是反馈的敏感性，即反馈是否显示了对接受者感受的关心。

3. 决策制定

决策是组织中最重要的活动之一。一些决策可能涉及企业的战略方向，如关于合并或收购的决策；而另一些决策则可能仅仅涉及员工的日常活动，如关于如何向客户表达问候等。决策可能是长期研究的结果，也可能是危机状态下的仓促决定。决策可能一人单独做出，也可能是由群体商议决定。不同的决策在效果上存在差异。而关于决策传播的研究有许多相应的决策模型。

传统的组织行为理论把决策看成是一个纯粹理性的逻辑过程，其"最优化"的标准模式包括五个阶段：阐述问题、建立概念、仔细论证、评估和实施。但是后来的研究却出现了一些决策替代方案。原因在于，最优化决策可能超出了一般管理者的有限理性，管理者也未必有充分的时间和精力来这样做,管理者对"满意"而不是"最优化"的决策追求,使得大量的组织决策采用非逻辑的"直觉经验"或"类推"甚至于"垃圾桶"模型。

针对小团体决策中可能出现的"群体极化"现象①,研究者还建议在决策中引入适当的冲突,比如由特别成员提出相反的带诡辩色彩的观点,通过双方辩论来寻求一致。也可以对现有方案"吹毛求疵",以提高决策质量。对决策的传播学研究还包括对员工民主参与的考察和相关模型的建立,而这些是人力关系学派和人力资源学派都甚为关注的传播过程。

4. 冲突管理

两名快餐店的员工为避免周末当班而争得面红耳赤;学生集体签名,要求舍管中心改进服务;在总罢工引起国际社会广泛关注的背景下,劳资双方开始谈判。以上列举的各种场景都是组织中常见的冲突现象。组织冲突既可能破坏组织关系,又可能成为组织发展的动力,而传播的重要作用,就体现为对冲突进行有效管理。

组织中的冲突被界定为"持有相对立目标与价值观的相互依赖的人们之间的互动,他们将对方视为实现自己目标的潜在干扰"。劳资双方在薪金和福利分配上的冲突,公司高层对下一财政年度企业投资的争论等,都反映出彼此目标的不相容和相互间的依赖互动。组织冲突会在不同的层面上发生,其中既有人际冲突,又有组织内的团体间冲突以及组织之间的冲突。对组织冲突的管理包括对冲突过程的把握以及解决策略的选择。其中以托马斯提出的冲突管理方格模式最为著名,如图 6-1 所示,在这一模式中,他以对自身的关注和对他人的关注为坐标,分别说明了从回避、迎合、妥协到合作与竞争等五种策略选择的特点。除此之外,还存在着处理冲突的协调策略以及第三方参与策略等。

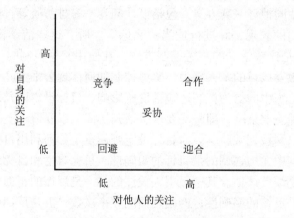

图 6-1 托马斯提冲突管理方格模式②

6.4 组织中的新兴传播过程

随着时代的发展,今天的工作环境正在发生着巨大的变化,因此组织中出现一些新兴传播过程。

---

① 关于群体极化参见上一章 5.6 相关内容。
② 转引自凯瑟琳·米勒:《组织传播》(袁军等译),北京:华夏出版社,2000年,第175页。

1. 压力和社会支持

科技进步以及后工业时代的全球竞争，使人们处于更快的生活节奏和更大的工作压力之中。有关"过劳死"的新闻越来越多，有关员工"心力交瘁"所产生的严重后果日益引起关注。因此组织传播研究致力于研究导致"心力交瘁"的因素和消除"心力交瘁"的传播。

最早被确立的职场压力源是工作量、角色冲突以及角色模糊，还有一些压力来自生活，比如离异、迁移、亲人死亡、退休、孩子等。"心力交瘁"经常导致生理疾病、精神倦息甚至人事变动等。个人应付心力交瘁的方法常常比较消极，如酗酒、吸毒和失踪。

组织处理员工"心力交瘁"的方法有几种。问题聚焦法直接针对导致心力交瘁的原因；事态评估法主张改变对压力状况的看法，如使员工相信，现在努力工作有利于未来的提升。情绪集中法则尝试各种有助于减轻压力感的身体放松方法。一些组织还有专门的社会化项目，通过控制员工工作量，设定休息和休假时间，安排弹性工作等方法来对付"心力交瘁"。研究表明，员工参与决策可以减少角色冲突和角色模糊现象，从而缓和压力。而社会支持是消除"心力交瘁"的第二种传播途径。社会支持的来源很多，主要是上司、同事和家人，最常见的是信息支持、情感支持和手段支持等三种方法。比如上司可以减轻工作量，或者对职责范围进行清晰解释以消除压力源。家人可以通过理解安慰以及减轻家务负担等办法提供情感和手段上的支持，而同事之间则主要以共鸣、移情和认同等方式给予情感和手段支持。

2. 多元化管理

随着越来越多的女性和有色人种进入职场，组织中的多元文化管理的问题越来越多。文化差异可能会成为组织中有效沟通的障碍。女性及有色人种在组织中可能会遭遇待遇差别和升迁障碍。文化多元化的管理带来了传播方面的挑战。在多元文化群体形成之初，其工作表现和团体互动过程都可能比单一团体要逊色，但是随着时间的推移，与单一团体相比，多元化团体看待问题会有更多的视角，因此能提出更为多样的选择方案，从而更具有创新和解决问题的能力。

对多元化组织的管理首先要提高员工的跨文化相互适应的意识，其次要对少数亚文化群体给予适宜的教育培训计划和制度安排，比如增加相应的跨文化团队项目的训练，为亚文化群体安排一些非正式的社会交往活动等，最后要审视组织文化，看组织的核心价值观是否促进组织的多元文化管理。

6.5 组织的外部传播过程

组织的生存与发展，需要一个良好的外部环境。由各种机构、团体以及公众所组成的组织外部环境，为组织提供了生存和发展所必需的资源。良好的外部环境会使组织生存相对轻松简单，而变幻莫测的外部环境则增大了组织发展的成本，甚至使组织处于危难之中。一个小小的快餐店的顺利运转，就可能受到政府规章、卫生检查、同行竞争乃至顾客喜好等各种外部因素的影响，因此企业的公关广告活动的重要性日益凸显。

1. 外部环境类型

组织对外传播活动的展开首先需要识别外部环境。对一个生产型企业来说，大体上面临以下四种外部环境。

（1）授权型：如政府，管理机构，审查、颁发许可证的机构等，主要负责组织的职权分配并管理其运作。对一些大型公司来说，政府的宏观调控对企业发展非常关键，因此政府传播是对外传播的重要内容。

（2）功能型：这一部分在绝大多数组织环境中所占比重最大，包括向组织输入以及获取组织输出的所有组织和个体，如供应商、雇员群体、职业中介机构、顾客群体、财政机构等。比如一家医院的功能型环境包括患者、雇员、医药公司、当地医护学校、保险公司等。

（3）规范型：为组织确立规范，并代表与组织有着相似利益的公众，如行业协会、贸易协会以及竞争者等。

（4）普通型：是指除以上部门外可能影响或被影响的其他组织成分，如媒介组织，可能影响潜在的消费者和其他环境，当地社区也是组织外部环境的重要组成部分。

对组织来说，最重要的是辨别环境成分是支持性的还是敌对性的。特别是当组织在危机中要面对各种各样的公众时，这种区分尤为重要。

2. 外部传播实现的功能

为实现组织目标，组织成员必须时时与外部环境中的各种实体进行互动，特别是在整合营销的管理思路下，应当使组织的全体成员，在与外部接触的每一个点上，都能发挥传播作用。总体来说，外部传播要实现以下三种重要功能。

（1）协调组织间的关系。要在环境中生存发展，组织之间必须形成持续的相互关系。这种组织间的关系错综交织，从而形成组织系统间相互连接并且交换信息和资源的"超系统"。在以上我们介绍了组织环境中的各种相关组织，构成了组织环境的主体，因此要特别注意发展和维持组织间的合作关系。组织间的交流既包括物质的交流，如资金、商品或人员的交换，又包括信息的交流，两者相辅相成。比如两家公司派出代表商议合力开发当地市场，这其中既包含物质的也包含信息类的交流。

（2）创立和维护组织形象。组织不仅仅只是适应环境，而且要竭力对环境施加影响，也就是要通过自身的言行和存在来塑造环境。这种对环境的塑造通常包括创立和维护组织形象，以在大众头脑中形成"一个描述性、评价性、令人产生倾向性心理的印象"。形象专家们设想的影响力是一种从组织到大众再到立法者，最后再回到组织的循环。比如一家制药公司，它极力向公众展现的，是它为满足公众的健康需要而不懈努力的积极形象。它希望这一积极形象能得到公众的认可和青睐，从而有助于得到较为优惠的产业政策。特别需要指出的是，组织形象并不完全取决于组织有目的的创建活动，组织环境中的成员会根据各方面的信息，特别是组织以外的信息形成对组织的认识。因此从事公共关系活动的组织成员需要切实把握组织的公共形象，而不要陷于自我感觉中。当组织面临危机时，其公共形象变得更加至关重要。在这方面有许多经典案例。

（3）为顾客提供服务。是最微观层次上的组织对外传播，但却是最普遍也最重要的。我们目前正处在"服务型经济"的环境中，而公众对服务越来越关注，要求也越来越高。服务性传播可以有多种表现形式。超市店员要努力表现殷勤周到；汽车销售商则侧重于操作指导；而银行理财则更强调个性化服务。服务形式对顾客的满意程度和行为会产生很大影响。当顾客对服务有所期待时，对期待的满足是必需的。如果服务超出他们的期待，会使他们惊喜，从而提高对产品的忠诚。但是，当服务低于他们的期待时，比如在听取售房人员介绍时，感觉信息不全或者受到控制，那就会倍感失望。对组织内部成员来说，顾客期待也许会增加他们的情感付出以及相伴的压力，如果再加上裁员和不切实际的工作要求，可能会导致问题的恶化。

3. 组织边界沟通者

很多组织内的角色被要求同组织环境外部的人员进行大量广泛的传播，比如推销人员和采购人员负责产品或服务的内外沟通。职业公关人员负责管理组织与公众之间的沟通，市场营销和广告人员也同样起着沟通组织与环境的作用，人事部门则通过招聘活动与外部环境沟通。接待员、警卫以及负责安排约会的秘书等，也在组织与外部环境之间发挥缓冲作用，特别是在危机状态下，这些人员就代表组织承受外界压力。比如危机中组织会指派发言人来对付媒体和公众，以保证组织内部的正常运转。除缓冲功能外，组织边界沟通者还需要从环境中寻找和收集信息，并代表组织，向外界提供有关自身的信息，以形成或影响他人对组织的认识和行为。其中，尤以建立和发展组织形象为基本任务。

6.6 其他影响组织传播的因素

1. 组织传播的媒介选择

一百多年来，现代媒介技术的发展使组织中的传播方式日渐丰富。人际传播从面对面谈话，到电话交谈，从手写书信到电子邮件，再到今天的手机短信和 MSN 网络沟通。组织内的群体传播，从文件、备忘录、信函，到电视电话会议以及计算机远程会议、局域网、信息管理系统以及集体决策辅助系统。一般说来，我们总是采用那些最经济、最方便的传播手段。但实际上，除了经济、方便等特性外，不同的传播方式和传播媒介还有许多其他特点会产生影响。一个管理者如果要提醒员工注意即将举行的会议，那么他会选择哪种媒介？如果他要解雇一名员工，或者解决两位下属之间的冲突，那么他的媒介选择会和前面一致吗？因此专家认为，组织传播的媒介选择应当使媒介特性与传播的任务特性相一致。对媒介特性的考察除了速度、覆盖范围和使用价格外，更重要的有四项指标，即反馈性、多元讯息性、自然语言性和个人性。能够满足上述所有或多个标准的媒介被称为丰裕媒介（rich media），反之则被称为匮乏媒介（lean media）。在处理诸如辞退员工或调解矛盾这样的复杂问题时，需要使用丰裕媒介以达到沟通效果，而处理像通知开会这样的传播任务时，则应使用丰裕度低的匮乏媒介，以降低传播成本，提高传播效率。

2. 正式与非正式的组织传播

在组织中，讯息的传递可以分为正式和非正式两种。正式的讯息传递遵循组织内部结构逐级上传或逐级下达，一般以文件、命令、决定、规范或报告的形式出现。如请示汇报、公函往来、会议制度、责任制度等。正规传播要适当。过多则陷入文山会海，过少则使人缺乏信息，无所适从。

非正式传播是组织正规传播网络以外的信息交流形式。非正式传播形式多种多样，如组织成员私人会餐，工作时间以外的私人交谈，几个人凑在一起聊天，非正式群体的娱乐活动，都是非正式传播。非正式传播不限于普通成员，领导者以个人身份参加的交流活动也属于非正式传播的范围。非正式的传播可以在任何时间、任何地点以人际互动的形式进行，它取决于组织中的人际关系。在正式传播之外发挥其独特作用。

(1) 使成员有归属感、安全感和相互认识。
(2) 使成员能够公开地、友好地讨论他们所关心的问题，减轻压力。
(3) 保持成员的自尊和一定程度的自由。
(4) 有助于正式的讯息传递。
(5) 为人际传播和群体传播提供非正式的信息网络。
(6) 提供社交机会。
(7) 为管理层的决策提供实际的信息。
(8) 产生未来的领导者。

组织中非正规传播通常在很大程度上具有"群体传播"的性质，可以用群体传播的某些原理对它加以说明，但它与群体传播又不完全一样，它是作为正规传播网络的辅助系统而存在，而不是独立存在于特定范围内的传播渠道。

3. 雇员表现与办公室政治

无论在何种组织中从事何种职业，雇员们会逐渐表现出一种职业化的倾向。在强调敬业精神和职业道德的同时，雇员们会有不同的工作表现。

操纵型（Manipulators）雇员追求控制人或事。他们总是采用聪明的办法获取所需。比如找替罪羊、推诿或躲避（告病，装没看见等）。王琼在一年前的一次广告活动中失败，当新雇员来时，她鼓动他们再次尝试，如果成功，她就可以分享，如果失败，她也可以挽回一点面子。

自私利用型（exploiters）雇员为个人的获利寻找一切机会，他们善于以假乱真，常常表现为一个先进分子，实际上处处找机会、争第一，并且四处兜售个人成功。

劝诱型（hustler）雇员常常以个人魅力劝人妥协，他会说："这事我只和你一个人说，因为我只信任你。"

敬业型（professional）雇员很自信，也信任别人。他们能客观地接受他人的评价，也能给他人客观的评价。他们善于让大家分享权力和责任，喜欢建设性的工作，相信别人的能力，能发现别人的需要并激发他们，并能分享别人的成功喜悦。

我们绝大多数人都可能有以上几种表现，每一种表现都有被适当应用的可能。但是为了促进传播的有效性，应尽量追求敬业精神。组织中的有效传播最重要的是相互的人际信任和高昂的士气，各级领导也极力关注下属的自我感受和自尊要求。

除雇员表现外，办公室人事关系之复杂人所共识，称其为办公室政治毫不过分。一些很有才干的人因为不能很好地处理这些问题而失败。真正的敬业者应当能适应办公室政治，建立有效的权力基础从而使每一个人都充分发挥。对此专家们提出一些建议。

(1) 在他人面前树立无威胁的形象。学会有效地讨论甚至争论，突出你意见中有利于组织发展的内容。
(2) 通过提出矛盾来减轻对立。有时可以公开征求意见，减少抵触。
(3) 尽量和有权力的一方结合。获得管理层的赞同能获取权力并使意见被接受。
(4) 发展联络人，使信息最充分地流动，并加强和重要人物的联系。
(5) 用短期目标换取长期的变化。通过为一些人解决小问题，可以增强"信用度"，加强权力基础，从而在以后的重大问题上换取支持。

（6）趁热打铁。当一项建议获得成功后，可以趁机提出另一项建议。

（7）做必要的背景研究。为使建议成功，充分的调查研究、充足的信息，能增强可信度和说服力。

（8）使用"中性伪装"。为使意见得到通过，可以寻找一项没有异议的建议，找出两者间的联系。

（9）步步为营。从小处开始，一步步走向大的目标，避免极端选择。

（10）适时而退。如果发现建议很难通过，及时公开表示退出争论或竞争。即使自己认为很对，也需要在今后找机会再度尝试。

小 结

组织传播主要包括组织内传播以及组织的对外传播。关于组织传播的研究有近百年的发展历史，其关注的焦点，从古典学派针对任务完成的由上而下的传播，发展到人际关系学派注重社会性的横向传播，再到人力资源学派强调创新的全方位团队式传播。组织内传播的过程，既包括社会化、行为控制、决策以及冲突管理等基本过程，又包括"心力交瘁"以及多元化管理等新兴传播过程。组织的对外传播过程主要由采购销售人员、公关广告人员、人事招聘，以及接待、保安等组织边界沟通者来承担。对外传播的主要任务，包括协调组织间的关系、创立和维护组织形象、提供服务等。除此之外，组织传播的媒介选择、雇员表现以及办公室政治等，也是组织传播关注的内容。

推荐阅读

1. （美）凯瑟琳·米勒：《组织传播》（袁军等译），北京：华夏出版社，2000。
2. （美）保罗·阿根狄等：《企业沟通的威力》（李玲译），北京：中国财政经济出版社，2004。

观察与思考

1. 考察某组织，画出该组织的结构流程图，标出其中信息传播的一般方向。

2. 对某组织中的成员（领导及一般雇员）进行访谈，询问他们对组织的比喻（机器、家庭、系统、文化、社会）及其解释，进一步分析隐喻背后的组织文化特征。

3. 你和你的同事在工作中是否感到"心力交瘁"，试分析压力源（工作量大小，工作难易程度，晋升，是否觉得丧失个性或缺乏成就感，办公室政治及其他压力等），讨论并评估各种缓解压力的策略办法。

4. 检查自己的工作范围，看看你平常会有哪些工作属于组织对外传播的范围。

第 7 章

语言与传播

北大的老校长胡适先生讲过一个故事。说从前有一个裁缝,辛辛苦苦地省下钱来,送他儿子读书,他自己仍旧做工。有一次,儿子寄信回家要钱,裁缝不识字,请隔壁一个杀猪的看信。那个屠户也只认得几个字。便念到:"爸爸,要钱,赶快拿钱来!"裁缝听了很生气,以为儿子从小学念到中学,从中学念到大学,还不知道一点儿礼貌。后来有一位牧师来了,问裁缝为甚生气。裁缝把原委告诉他,牧师说:"拿信给我看看!"牧师看了信,便说到:"你错了!这信上明明写着:'父亲大人膝下,我知大人辛苦,老是不敢多用钱。不过近来有几种必不可少的书籍和物件要买,我的鞋子也破了,我的袜子也穿了,希望大人能寄给我半镑钱,我很感激;倘若能寄一镑的话,那更感激不尽!'"裁缝听了,很高兴,并且问牧师说道:"信上真的是这样写的吗?如果是这样,我立刻就寄两镑钱去。"①

这个故事说明,为了实现沟通效果,怎么说有时候比说什么更加重要。实际上,语言的使用远非该说和不该说那么简单。我们要理解什么是语言,语言如何产生意义,语言如何受到文化的影响,以及语言和行为的关系,以便探讨如何更有效地使用语言。

7.1 符号化与人类传播

作为人的社会活动,传播是如何把人和人连接起来的呢?简单地说,人们是由于一些他们共同感兴趣的符号(sign)聚集在一起的,因此传播就是一种符号化的行动,是借助于符号而产生意义及意义共享的行动。我们可以按照传播的符号性质把传播活动简单地分为言语传播或非言语传播。在实际生活中,大量的传播活动总是同时包含言语行为和非言语行为(verbal & non-verbal behavior),之所以加以区分,只是为了研究的便利。

现代科学的发展证明,符号化是人类区别于动物的重要标志。就信息传播而言,动物之间也存在各种各样的信息传递现象,如蜜蜂会跳舞,兽类动物会利用排泄物或分泌物来做记

---

① 潘平、明立志编:《胡适说禅》,北京:东方出版社,1993 年。

号、划地盘，萤火虫会发光，海豚发出超声波，很多鸟类会鸣叫等。但动物的活动，一般不超出本能或对信号的条件反射的范畴，与人类能动的符号行为不可同日而语。除了借助于大量和具体事物相联系的信号（signal）外，人类还创造出大量能脱离具体事物的抽象的符号（symbol），语言就是由人类所创造的结构严密的符号体系。

传播学中关于符号的研究来自符号学（semiotics or semiology）。符号学有两大主要来源：一是美国哲学家皮尔斯（C. S. Peirce，1839—1914）创立的现代符号学（semiotics）；二是由瑞士语言学家索绪尔（F. de Saussure，1857—1913）所倡导的结构主义符号学（simiology）。从符号学的角度看传播，关注的不是传播的过程，而是传播意义的产生。"符号就是具有某种意义的记号。"①

1. 符号的指称性

皮尔斯强调符号的指称性，认为符号是对非其本身的客体的指代。如果用一种事物（X）来指代或表述另一种事物（Y），那么X便成为一种符号。一束玫瑰，也许意味着爱情的表达；一束白菊，却代表着对死者的祭奠。我们可以把钱叫做钞票或者货币，也可以称为"赵公元帅"、"孔方兄"，甚至"阿堵物"，但所有这些说法都不是事物本身，而是对事物的特定指代。这种符号和事物之间的指代关系在人的头脑中建立，就形成了符号意义。所以符号化的过程，就是借助于人的头脑，而在符号与事物之间建立联系、形成意义的过程。

英国语言学家奥登和瑞查兹（Ogden & Richards）经常与皮尔斯有书信往来，他们在皮尔斯理论的基础上，提出了语义三角图（见图7-1），清晰地阐明了符号（symbol）、指称物（referent）与思想（thought or reference）三者之间的关系。

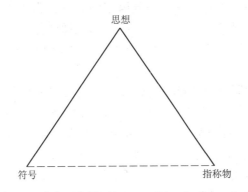

图7-1　意义三角图（Semiotic Triangle of meaning）

在图7-1中，三角形的三个顶点分别是思想、符号和事物（指称物）。符号和指称物之间是虚线，表明二者之间没有直接关系，而是通过思想联系起来的。符号，包括词语，都是对事物的指代。意义不是符号（词语）所固有的，而是使用符号的人赋予他们的。只有当人们把符号与特定的指称对象联系起来的时候，符号才有了意义。回想一下海伦·凯勒学习第一个词的情景吧。安妮老师将她的手浸在冰凉的流水中，同时用手在她湿淋淋的掌中拼写"水"。写着写着，刹那间，她脸上闪耀出顿悟的光辉。②由此可见，符号化过程，实际

---

① （美）施拉姆，波特：《传播学概论》（陈亮等译），北京：新华出版社，1984年，第67页。
② （美）海伦·凯勒：《假如给我三天光明》（李汉昭译），北京：华文出版社，2006年，第190页。

上是在符号与事物间建立联系的刺激—反应过程。同样的道理,产品广告和品牌推广活动,可以理解为借助于各种语言、形象、声音等符号,在消费者头脑中建立其对相关产品的刺激反应,以达到告知和说服的目的。

需要注意的是,所谓符号是对事物的指代,是有特定范围的。一方面,在任何一个社会都有一定数量的含义是普遍共有的,否则社会交往就不能顺利进行,因为符号互动只能在共同体验的范围内进行;另一方面,符号本身所具有的抽象性,可能导致对符号的编码和解码不在同一个意义空间内进行,从而产生传播失效。比如在一副关于日本立邦漆的广告中,对中国龙的使用却招致了很多人的误读和强烈反对,这其中反映出对符号意义在文化理解上的巨大差异。所以说,共有的只是符号(形式),而不是含义。

2. 符号的结构性:能指和所指

作为哲学家的皮尔斯关心人们如何通过符号理解外部事物,而作为语言学家的索绪尔则更关心符号(词语)之间的关系。索绪尔将群体语言(language)区分为整体语言(langue)和个体语言(parole)。整体语言是一种社会作用的产物,是由"社会成员之间通过的契约而确立的一整套符号"。某个词语经个体语言,进入整体语言,这意味着这个词语得到集体的认可,因此才成为语言事实。整体语言具有社会约定俗成的性质、社会心理的性质,它反过来给个体语言提供了用以构成其言语的要素,以沉积的方式存在于每个人的大脑中。

索绪尔将语言符号看成是一种带有意义的"二元"现象,即能指(signifier)和所指(signified)之间随意性的结合。能指是物质性的听觉印象,而所指则是能指所指代的头脑中的概念,这一头脑中的概念对共享同一种语言的同一文化的全体成员具有大致相同的含义。比如不同语言都会有对"树"的说法,听觉印象即能指各不相同,但概念所指却大体相似。有时他也会把能指称作符号,因为它运载某个概念,但只有把概念和听觉印象结合起来才成为整体语言。

不同的能指可以指向同一个所指,比如我们可以用"和平"一词指代一种无冲突的社会状态,也可以用"鸽子"、"橄榄枝"等作为和平的象征,或者用其他一些安居乐业的生活场景来展示"和平"。同一个能指也可能由于时间或者空间上的差异而具有不同的所指。比如"同志"一词过去是革命队伍中的一种称谓方式,现在则常常用来指代同性恋者。爱人在中国指合法配偶,但在日本则特指没有婚姻关系的"情人"。在广告活动中我们最常使用的方法,是能指有意识地有序变换,以突出指向所指,即品牌产品。

费斯克发现索绪尔的能指—所指说与皮尔斯的符号—客体意义之间的相似性,并且将索绪尔后来关于符号意义的意指化(signification)过程形象化为图7-2。

意指化就是将能指与所指的结合与现实相联系的过程,也就是我们为世界赋予意义以理解世界的方式。索绪尔研究符号意指化的新方法,是从使用这一符号不意味着什么的角度来确定意义,也就是从同一系统中不同符号之间的关系来寻找意义。比如,"男人"不同于"动物",也不同于"人类",不同于"男孩"或者"男主人"。再比如,香奈儿公司选择法国明星凯瑟琳·德纳芙(Catherine Deneuve)作为香奈儿5号的代言人时,就是将她作为一种符号,通过"她非其她"的美丽形象来定义该香水特定的、成熟的法国传统的高雅形象。比如她不是苏珊·汉普歇尔(英国味儿太浓);她也不是忒姬(太年轻,太过时髦,因而变幻不定);她也不是碧姬·芭铎(过于粗俗的性感)等。

图 7-2 符号意义的意指化过程①

根据这一意义模式，所指是头脑中的概念，用以分割现实并进行分类，以便于人们的理解。任何所指，也就是符号的意义，并不是由现实或经验的特点所决定的，而是由符号系统中相关所指之间的界限所决定的。一类事物和另一类事物之间的界限是人为的而非自然的。男人和男孩之间并非真有界限，而是人为设定的。因此所指是人造的，取决于人们所属的文化或亚文化群体，是群体成员用于相互交流的语言或符号系统的一部分。意义更多是由符号和符号之间的关系来确定，而不是由符号与外部世界的关系来确定。符号与系统中其他符号之间的关系，决定了意义。

3. 符号的分类

皮尔斯将符号区分为三类：图像符号（icon）、标志符号（index）、象征符号（symbol）。"每一个符号都是由其客体所决定的，方式有三：一是具有客体的某些特征，因此我称之为'图像符号'；二是客体本身或者和客体有实际联系，因此我称之为'标志符号'；三是按照一定的习惯，肯定可以被解释为指代某物，因此我称之为'象征符号'。"②

图像符号（icon）和它的指代物相类似，最常见的是图形，但也可以是声音、气味等。比如人物照片，厕所门口标示男女的图形。贝多芬的交响乐《田园》中包含了许多自然之声的图像符号，还有许多香水含有激发性欲的动物气味，也属于图像符号。

标志符号（index）和它的指代物之间有直接的既存关系，也有的称为信号（signal）。有些是自然中的一一对应关系，比如"燕子低飞要下雨"，还有些则是人为约定，比如军事演习时对信号弹的数量、颜色所代表的含义有一个事先规定；未曾谋面的人第一次见面之前，也会有一个指认标志。

象征符号的意义来自习惯、约定或者规则，而不是和客体之间的相似性或直接联系。比如所有的数都是象征性记号，语言符号也都是象征符。作为语言学家的索绪尔，只关心词语类象征符号，但是他的学生却认识到，符号的物理性质（也就是所谓能指），与它所关联的概念（所指），可以通过一种图像的或任意的方式相联系。所谓图像的方式是指能指和所指之间有相似性，包括音似或形似，比如拟声词；而在任意关系中，能指与所指之间仅仅通过使用者之间的约定而发生联系。这两种关系实际上与皮尔斯的图像符号和象征符号相对应。

4. 符号互动论

符号互动论（symbolic interactionism）又被译为象征互动理论，主要是社会学领域内的一场理论运动，是由美国社会学家 G·H·米德首创，而由赫伯特·布鲁默（Herbert Blumer，1900—1987）在1969年命名的一种理论。该理论认为，传播和意义具有相当显著

---

① （美）约翰·费斯克：《传播研究导论：过程与符号》（许静译），北京大学出版社，2008年，第37页。

② 同上，第40页。

的社会性。社会生活是由互动过程——而非结构——组成的。互动建立、维持和改变了某个社群或文化中的特定成规——角色、模式、规则和意义，而意义在社会群体之间的互动过程中得以创制和维持。人们通过其所属群体共享的符号意义来理解其体验，而语言则是社会生活中最重要的部分。人们的行为是以它们对所处情境的阐释和主观理解为基础的。与所有的社会性个体一样，每个人的自我都是一个有意义的客体，通过与他人进行的社会性互动得到定义。

米德特别强调了语言符号在形成人的心灵（mind）、自我（self）以至人类社会（society）中的作用。他认为，人的心灵既不是内心的心理世界，也不是大脑，而是以人的语言符号为媒介，与他人以及周围世界的接触。个人同他人及环境相互作用，这种社会行为方式"内化"为心灵（mind），即自我认识。语言作为一种人类相互交往的工具，其含义必然在一定程度上是社会共有的，因此米德最感兴趣的，是研究一个社会或一个群体如何发出意义，语言的社会意义是什么，人们如何借助于语言符号进行社会互动。比如美国的法庭系统，是建立在法官、陪审团、律师、证人、书记员、记录者之间互动的基础之上的。他们用语言来交流和互动，法庭要对所有参与者的行为作出反应，此外没有任何意义。

早期的互动主义分为两个学派。一是由赫伯特·布鲁默领导的芝加哥学派，继承了米德的研究，主张对人类的研究必须采取与对事物的研究完全不同的方式。研究者要完全融入研究对象的体验中去，与对象产生共鸣，并尝试理解每个人的价值。他们避免量化研究，而强调生活经历、自传、个案研究、日记、信件以及间接采访，强调传播研究中对参与者进行观察的重要性。如霍华德·贝克（Howard Becker）对吸食大麻者的研究发现，吸食者在与其他"瘾君子"交流的过程中学习了三个方面的内容。一是如何"正确"地吸食，因为一开始都达不到"神魂颠倒"的状态，而需要别人告诉他们应该怎么做；二是如何定义"神魂颠倒"，也就是要别人告诉他们如何分辨吸食时的感受；三是学会把这些感受定义为"快乐"和"值得期待"的，因为许多"新手"在刚开始时并不感到快乐，而是通过"老手"的循循善诱才感受到的。这一研究说明，包括吸食大麻在内的"社会事物"都是社会互动的产物，其意义是在社会互动中产生的。

另一个是以科学取向为特征的衣阿华学派，由曼福德·库恩（Manford Kuhn）和卡尔·考奇（Carl Couch）为代表，他们以量化的方式对自我概念（self concept）具体化，开创了"二十项陈述法"（TST）等测量方法。

将符号互动论大大推进的是戈夫曼（Erving Goffman）的《自我在日常生活中的表现》。他把社会比作舞台，人们都是台上的演员，通过表演给观众留下印象。因此自我就成为表演中的某个人物，也是一种戏剧化的效果，是从所展现的场景中发散出来的。根据戈夫曼的理论，一般人在好朋友和在父母面前的行为是完全不同的，在教授面前和在联欢会上展现的形象也是完全两样的，因为参与的各种场合决定了人们扮演什么样的角色，如何来表演。人们首先要了解处于同一情况下其他人的信息，再提供关于自己的信息。这一信息交换的过程通常以间接的方式进行：观察别人的行为，然后再构建自己的行为，以期给人留下深刻印象。因此自我展现（self-presentation）实际上就是印象管理（impression management）。[1]

---

[1] 参见（美）斯蒂芬·李特约翰：《人类传播理论》（史安斌译），清华大学出版社，2006年，第170-179页；另见（美）戈夫曼：《日常生活中的自我呈现》（冯钢译），北京大学出版社，2008。

7.2 语言传播的功能

语言是用于思想和情感交流的结构化的符号体系。我们对这些符号体系的掌握程度表明我们的语言水平。词语是发出的声音或记录下的声音符号,我们共同承认它们代表一些事物。语法规则保证使用语言的人按照同样的方式组织词语表达意见,而修辞规则使我们学会如何表达得更清楚、更有重点、更符合传播的愿望。词语符号通过语法和修辞而结构化和系统化,由此形成完整的语言符号体系。

世界上有多少种语言?法国科学院定为2 796种,而国际辅助语协会估计为2 500~3 500种。世界上使用汉语的人占人口的25%,以英语为母语的人虽然只占全世界总人口的8.4%,但英语却是世界最通用的语言。除了自然语言,还有一些人造语言,如世界语、电脑程序语言等。

语言传播有三种主要功能。

一是命名(labeling),就是给各种事物、人物或其他现象贴上各种标签。音韵史研究中有一种观点认为,口语最早就是从用不同的声音为周围事物命名开始的。一旦我们将一种名称与环境中的某种人物或现象联系在一起,那么原先混沌一片的世界就变得清晰可知了。我们可以依据名称对万事万物进行归纳和分类,并进一步把握它们的性质和规律。我们每一个人都会有至少一个名字,很多人有网名、笔名,甚至艺名、绰号等。在每个名字下面,都活跃着一个生动的自我,反映着自我的各类相应特征和价值意义。

正名也是中国古代最重要的说服术之一。所谓"名不正则言不顺;言不顺则事不成;事不成则礼乐不兴;礼乐不兴则刑罚不中;刑罚不中则民无所措手足"(《论语·子路》)。在广告活动中,品牌推广显然是最为重要的内容。它不仅意味着要让公众注意到某个企业或某个产品的名称,而且要使消费者熟悉品牌形象,了解品牌性质和品牌意义。要使某一品牌得到消费者的普遍认同,当然需要借助于各种符号化的传播策略和手段。

二是互动沟通(interaction)。《圣经》上有一个关于巴别塔的故事:"那时,天下人的口音、言语,都是一样。他们往东边迁移的时候,在示拿地遇见一片平原,就住在那里。他们彼此商量说:'来吧!我们要做砖,把砖烧透了。'他们就拿砖当石头,又拿石漆当灰泥。他们说:'来吧!我们要建造一座城和一座塔,塔顶通天,为要传扬我们的名,免得我们分散在全地上。'耶和华降临,要看看世人所建造的城和塔。耶和华说:'看哪!他们成为一样的人民,都是一样的言语,如今既做起这事来,以后他们所要做的事,就没有不成就的了。我们下去,在那里变乱他们的口音,使他们的言语彼此不通。'"于是,耶和华使他们从那里分散在全地上;他们就停工不造那城了。因为耶和华在那里变乱天下人的言语,使众人分散在全地上,所以那城名叫巴别(就是"变乱"的意思)。①据《圣经》说,这就是今天世界各地使用不同语言的由来。

人类生活具有社会性,我们总是要依靠群体的力量来完成个人所不能完成的事。在广告营销活动中,我们要面对不同的个人、群体和组织展开行动,这其中,无论是意义的沟通理

---

① 创世记11:1-9(中文和合本)。

解,还是行为的协调,都主要借助于语言来实现。

三是信息的传递(transmission)。信息传递是人类文明史上最重要的语言功能。口语的产生便利了信息在一定时间和空间范围的传递,而文字的记录功能更使得信息传递可以外化于人体,而成为长久的历史记录,并跨越空间障碍。语言的传递功能,极大地促进了人类文明的进程。今天,媒介技术的发展使人类拥有了更为先进的记录和传播手段,图像传播、多媒体传播甚至流媒体传播也更为常见,他们在很大程度上改变了人类文化的基本形态。

7.3 语言传播的特性

语言传播的过程,就是用语言创造意义的过程。任何语言都有双重系统:一个是语音系统,又叫外部系统,是语言的存在形式;另一个是语义系统,又叫内部系统,是语言的具体内容。两方面相互联系,没有不具有内容的形式,也没有不通过一定形式表达的意义。语言的使用是为了促进有效沟通,但语言也常常成为传播的障碍。这是因为,语言传播中存在着一个将传播的目的、意愿或意义转化成语言符号的编码(encoding)过程,而语言符号具有一些基本特性,因此我们需要了解语言的一般特性,以避免语言的误用对传播的阻碍。

1. 抽象与具体(abstraction & concreteness)

抽象就是省略细节而进行概括分类,这是语言符号最本质的特征。无论多么具体的表达,都带有一定程度的抽象。语言越抽象,同实际事物的距离就越远,其中的实际图像就越模糊不清,因此也就越容易产生歧义和误解。语言学家早川(S. I. Hayakawa, 1906—1992)曾设计了一套"抽象之梯"(ladder of abstraction)图表,并以"奶牛贝茜"为例来说明人类的思维和谈话能够进行的各个水平,如图7-2所示。

- 财富——财产的程度,包括贝茜的价值以及更多。
- 财产——农场财产与其他可出售物的共同特征。
- 农场财产——用以代表牲畜与农场中其他可出售物共有特征的符号。
- 牲畜——更高一级的抽象,代表奶牛与猪、羊等共有的特征。
- 奶牛——用以概括贝茜以及所有其他我们所感知的奶牛的"奶牛式"特征的符号。
- 贝茜——用以确定我们所感知的客体的名称。
- 我们所感知的奶牛。
- 科学所知的微观和次微观奶牛。

图7-2 抽象之梯①

从图6-2来看,人们在这个抽象的梯子上爬得越高,贝茜的具体特征就被舍弃得越多,最后彻底消失在抽象的含义中。人们可以讨论一头特定的牛,也可以给这头特定的牛编一个代码,让它区别于已知的其他牛,还可以沿着抽象的梯子向上走,把它和更多其他的东西编入同一个代码,比如牲畜或者财产、财富等。人类语言的抽象性能够把不同数量的信息编入一个单一符号代码(single code)中。这种抽象概括的办法,一方面大大加快了信息处理,比如用"牲畜"一词可以涵盖农场中所有的奶牛、猪、马、羊和鸡、鸭等等;但另一方面,

---

① 改编自(美)威尔伯·施拉姆,威廉·波特:《传播学概论》,北京大学出版社,2007年,第82页。

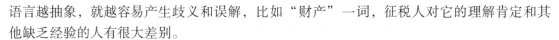

语言越抽象，就越容易产生歧义和误解，比如"财产"一词，征税人对它的理解肯定和其他缺乏经验的人有很大差别。

语言虽然具有一定的抽象性，但抽象程度却有高有低。如果在一个言语讯息中只有高度抽象的概念，那么讯息内容就很难为人理解；而如果事无巨细，都一一道来，那么这种停留在低层次抽象的具体而微的讯息又往往使人不得要领。因此我们认为，最有效的沟通应当避免固定层面的抽象（dead-level abstraction），要沿着抽象的阶梯有上有下，所谓"深入浅出"，以适应传播对象的理解能力和兴趣。

2. 歧义与模糊（ambiguity and vagueness）

歧义与模糊都属于言语表达不够清晰准确因而妨碍理解的现象。歧义可能因为语言中常见的一词多义现象而导致的语义不确定，但也有可能是由于特定的话语策略。比如两个政治家在谈论某市财政计划时，一个认为要对该计划做彻底的考察；另一个则强调在保持该计划完整的同时稍做改变，很久之后人们才发现，原来两个人的观点是一致的，只是措辞不同而已。

模糊是指表述不够精确和清晰。比如在问卷设计中，对于何为低中高收入，何为城乡居民，何为老中青及未成年人等，都必须有明确的界定才便于调查。

在广告中经常出现"故意不精确"的做法，像不完全表达、隐含性表达等，以利于广告销售。比如"轻松牌清洁剂清除炉灶更轻松"这句话并没有清楚说明，该清洁剂和什么产品相比、在什么方面更有优势。再比如"德士古公司的煤气化过程可以意味着你无须对环境担忧"，这里的"可以"并不意味着"一定将"，而"无须担忧"也并不意味着"产品不会污染环境"，而只是说你可以不用担心而已。对这样一些鼓吹性表达，消费者需要仔细辨别和评判。

3. 指称意与延伸意（denotation and connotation）

语言的意义也受到特定词汇的指称意和延伸意的影响。指称意（denotation）是指一个词所代表的具体的含义，一般是词典中确定的含义，而延伸意（connotation）则是在词典之外、在特定的语境下，从原词义中延伸而来的含义。比如"病毒"一词，原先就是指"由一个核酸分子（DNA 或 RNA）与蛋白质构成的非细胞形态的营寄生生活的生命体"，但是后来常常用来指网络上的病毒式软件，即"在计算机程序中插入的、破坏计算机功能或者破坏数据、影响计算机使用并且能够自我复制的一组计算机指令或者程序代码"，而"病毒式营销"也并非真的以传播病毒的方式开展营销，而是在互联网上通过门户网站和社会化媒体，借助于互联网用户的口碑宣传网，使相关信息像病毒一样快速复制和扩散，迅速传向广大受众。当具有延伸意义的词被广泛使用后，也会逐渐进入词典。比如英语中"gay"这个词，原意是"欢乐、愉快"，后来渐渐被用于指同性恋者，并且被收入词典。类似的现象很常见，它说明语义发展的时间性、社会性和开放性，需要我们与时俱进地去把握。

4. 不当归类（undue identification）

所谓"物以类别"，其实是利用语言的抽象概括对事物进行分类，以利于识别和进一步的研究把握。类别化思维（categorical thinking）是一种自然的思维方法，它存在于我们的头脑中，影响我们的观察、思考和语言表达。但分类方法是否得当，很影响我们对语义的把握。比如同一个女孩子，是被称为乡下妹子？农民工？还是夜总会的坐台小姐？指称的不同，隐含的情感意义也有很大差别，但其实是因为分类方法有不同。

在语言使用中，最常见的一种简单归类是刻板印象（stereotyping）。Stereotype 原指铅字印刷时用的固定字模，后来指"关于社会群体成员的性格特征的成套的社会共享观念"。由于语言的分类特征，有些人在不了解某个人的具体个性时，常常将其归入某类人，然后通过对这类人群的刻板印象来进行认知和判断。比如认为所有犹太人都很聪明；黑人都爱好音乐、无忧无虑但是懒惰；日本人很勤劳但是很狡猾；英国人有绅士风度，但因循守旧等。利用刻板印象能快速处理相关信息，但得到的常常是片面而肤浅的认识。刻板印象还可能产生"晕轮效应"，比如认为带牛津口音的人英语一定很好、运动员出身的人文化成绩肯定很差等。

还有一种简单分类是排斥中间层次，非此即彼的二元对立式的思维方式。这种方式认为，凡事只有两种可能，语言的鲜明表达形式加强了这种趋势，如夜与昼、黑与白、对与错、好和坏等。但实际上，夜与昼并不能表达出日夜循环过程中各种不同阶段的状况，在黑与白之间还存在着大量的深浅不一的各种灰色。如果我们在日常生活中忽视语言陷阱，轻易陷入非此即彼、非好即坏、非对即错的简单分类和判断，就容易造成思维的简单化和极端化，从而对语言传播造成不良影响。

5. 言语风格

影响语义的另一个因素是言语风格，也就是个人如何选择、组织和使用语言。瑞士语言学家索绪尔最早强调了集体语言（langue）和个体言语（parole）之间的区别。语言符号具有社会性，其意义是约定俗成的。语言传播要按照一定的语法规则和修辞规则来进行，具有社会共享性。但是，就使用语言的具体个人或群体来说，由于生活环境、职业背景、受教育程度、性别年龄以及个人经历的不同，人们对语言的使用却存在着语言表达习惯和风格上的差异。言语即个体语言是个人实际的说话行为，是语言的"表层"，是自由和创造力的结合。因此传播学不仅要研究语言的结构特征，更要研究语用特征以及言语表达的个人风格特征。

一些个人特点会影响我们选择简单词还是俗语或是成语、轻描淡写还是浓彩重墨、长句还是短句等。自信、主动的人比被动的人会用更多的词汇、更多变换句型，还会用大量表达感受的动词。根据西方学者的研究，一般女性的语言特点是提问较多、解释较多、多用副词，关注人胜于事物，比如多用"你、我、他"等人称代词。相反，男性说话比较直接、公开，多用连接词和长句型。语言特征的性别差异因此影响到人们相互间的信任和权威。英国撒切尔夫人就任首相前，曾专门进行了有针对性的语言训练，以增强其话语权威性。有调查表明，言语风格带有职业特征。在保险公司中较为优秀的经理，谈话风格比较开放和准确；而医护人员比较关注他人，不乐于争吵。

风格既受说话者影响，又受听众的影响。你有没有想过为什么和有些人很难交谈而和另一些人却比较容易？传播者之间存在着个人差异，而我们倾向于根据特定的传播风格作出肯定或否定的判断。如果了解了自己的风格，还可以适当调整，以适应受众和信息的需要。事实上我们会随心情变化或环境变化，有意无意改变我们的语言风格，而深入的了解有助于增进效果。我们应当注意把握他人和自己的传播风格，以便更好地与人交流和沟通。特别是，当我们理解了自己的传播风格，就容易适应别人的传播风格。针对特定的听众，我们可以剪裁我们的语言或者我们的讯息。我们对别人的第一印象常常来自他怎么说而不是说什么。事实上人际交往的最初几分钟就决定了这种交往是否继续下去，因此对语言的研究不仅在于对句法结构等语言特征的关注，而且在于对言语风格以及对语言的社会应用的关注。

7.4 萨丕尔—沃尔夫假说

前面关于语言符号的研究强调了语言的指代性，把语言看成是认识事物的工具。但是萨丕尔—沃尔夫假说（Sapir-Whorf hypothesis）却认为，人类是沿着他们的本族语言所奠定的方向来剖析大自然的，因此语言不仅作为学习的途径，而且起着对学到的东西进行取舍的过滤作用。语言一方面充当我们观察世界的透镜，另一方面又将我们从感觉经验中抽象出来的意义加以分类存档。现实世界在很大程度上，是无意识地建立在群体的语言习惯上的。我们对事物的认识和理解，首先来自群体的语言习惯所倾向的解释。

沃尔夫（Benjamin Lee Whorf, 1897—1941）在大学里的专业是化学，他毕业后到一家保险公司负责消防。在工作中他发现，人们对词义的主观理解会影响他们的行为。比如很多人知道汽油桶中有易燃物，因此总是很小心地不在汽油桶前面停留，更不会在汽油桶周围抽烟。但是在空汽油桶前，很多人却毫不在意地抽烟和驻足聊天，因为他们并不知道，空汽油桶中的分子化气态汽油其实比汽油桶中的液态汽油更易燃，因此危险性更大。由此可见，影响人们行为的，不是语言的准确意义，而是人们对语言含义的主观把握。出于语言研究的兴趣，沃尔夫师从语言学家萨丕尔（Edward Sapir, 1884—1939），专门研究美国西南部印第安人中霍比人使用的语言。

萨丕尔和沃尔夫通过研究发现，霍比人的语言与欧洲标准语有很大的不同。欧洲人说"一块肉"而霍比人只说"肉"，欧洲人说"一杯水"而霍比人只说"水"。原来霍比语中没有不可数名词的概念。霍比人不说"炎热的夏天"，是因为在他们的概念中，夏天不是热的，而白天才是热的。霍比人对名词和动词的区分也与英语不同。像闪电、波浪、火焰、喷烟等这些持续时间很短的词只能是动词，而名词则用来代表持续时间较长的事物，如人、山、房子等。霍比语中有一个名词，可以表示除了鸟以外全部会飞的东西。因此，霍比人实际上用同一个词来称呼飞机、飞行员和昆虫。

因此"萨丕尔-沃尔夫假说"认为，"人类不仅仅只生活在客观世界中；也不像通常认为的那样，只生活在社会行为的世界中；而是受制于某种特定的语言环境。人类在很大程度上受到已经成为所处社会表达工具的那种特定语言的支配。认为一个人不使用语言就能基本适应现实生活，或者说语言不过是解决传播方面具体问题的辅助手段，纯粹是一种幻想。"沃尔夫认为，"任何语言都是与其他语言不同的一种巨大模型系统。不同之处在于，每一种语言都由文化规定了形式和类别。人们不仅根据这些形式和类别进行交往，而且用以分析现实，注意或忽略某些关系和现象，梳理自己的推理并建构自己的意识。每一种语言以不同的方式人为划分对现存事物不断涌现和流动的意识。"[1]

从现有的研究中可以知道，不同文化的语言影响了我们的感知、分类和世界观。在爱斯基摩语中，关于雪有很多不同的表达词汇，比如"半融化的雪"、"正在飘落的雪"等。而在阿拉伯语中则有大约 6 000 个表示"骆驼"的词，在汉语中，也存在大量表示亲属关系以

---

[1] Whorf, Benjamin L. "Language, Mind, and Reality," in Language, Thought and Reality. Edited by John B. Carroll. New York: Wiley, 1956. Pp. 246—270.

及死亡的词汇。在非洲祖鲁族的语言中，存在着 39 种表示绿色的词。这是因为，在现代公路建设以前，在热带草原上行走的人，需要仔细辨别树叶的绿色、灌木丛的绿色，以及岩石上的苔藓、绿色的湖泊和河流甚至鳄鱼身上的绿，以辨明方向。除了各民族的语言外，科学家们也创造了大量的科学词汇。非科学工作者如果参加学术会议，会觉得是在听一种陌生的语言，仿佛科学家们在用一种异文化的世界观来观察世界。可以说，语言形式在某种程度上的发展，来自于某种文化处理特定信息的需要。由特定需要而产生的语言形式，通过学习被植入人脑，影响了人们对世界的看法。

曾有一项关于跨文化心理的实验。实验者在房间里摆了许多种颜色的积木，然后让分别来自非洲和来自欧洲的孩子们根据颜色将积木分类。结果发现，来自不同文化群体的孩子对积木的颜色分类有很大不同。后来实验者让那些仅有简单分类的孩子重新进行颜色分类的学习，结果表明他们也能进行更为复杂的颜色分类，而他们最初的分类之所以简单，起因于他们母语中关于颜色的表达非常有限。在早期另一项针对日本妇女的调查中发现，当用英语询问妇女们未来的愿望时，很多人的回答是做老师，而当同样的问题用日语问时，很多人却选择了"家庭主妇"的答案。这也说明，在不同语境下，人们的思想观念会有所不同。

萨丕尔和沃尔夫通过对霍比人时间观念的分析，强调了语言对人类世界观的不同影响。由于语言的差异，霍比文化中的时间观念——如何思考和认知时间、如何对时间采取行动等——与欧洲文化截然不同。在英语中，人们使用三种时态——过去时、现在时和将来时，但霍比语却没有相应的时态，其动词方式跟持续的时间和顺序有关。霍比人会花很长的时间来准备，因此他们对"准备"的体验就随着时间的拖延而逐步积累起来，在此他们强调的重点不是时间本身，而是随着时间的流逝积累起来的体验。欧洲人显然不会如此重视"体验"，而是会用记录的办法，把过去发生的事情客体化。

萨丕尔—沃尔夫假说揭示的是语言和文化之间特别密切的关系。在一种文化中成长起来的人，使用那种文化的语言，自然也会用那种文化中的共同观念来处理信息。我们在使用语言认识外部事物的同时，语言中所包含的文化观念会潜入我们心中，影响到我们对外部事物的认识，或者说，我们对事物的认识，不是简单地通过语言标签而获得的，而是在很大程度上经过语言这面文化之镜过滤，是文化的投射。

萨丕尔—沃尔夫假说又被称为"语言相对论"（linguistic relativity），它强调语言结构决定了某个文化群体成员的认知和思维习惯。我们看待外部世界的方式是由我们的语言所塑造的。现实事物不是通过工具性的语言符号被简单地命名和识别出来的"客观真实"，而是通过语言"表现"出来的"文化事实"。这样一来，要实现语言传播的效果，就不仅仅是追求用词的准确和抽象程度的高低，而在于对文化差异性和语言结构特征的理解和把握。

7.5 新闻报道方式与客观性

1. 新闻中的三种陈述方式

关于新闻的客观性有很多争论，语言学家早川（S. I. Hayakawa, 1906—1992）探讨了新闻报道中的三种陈述方式。

① 报告（report）是一种可以证实的陈述。比如"昨晚北京最低气温零下 6 度"，"昨晚

CBA 季后赛，马布里独得 52 分"等，都是可以证实的消息。

② 推论（inference）是在已知情况的基础上陈述未知情况的说法。比如，看见"某人涨红了脸，提高了嗓门，一拳打在桌上"，那么由此得到"他生气了"的推论，是有事实基础的，可以将推论与所观察到的事实一同报道。或者像"新闻秘书说总统将在周四到医院检查"之类的说法，虽然是关于未来的推论，但也是可以证实的，因此可以算新闻报道。

③ 判断（judgement）是对事件或人物做出对、错和赞同与否的态度表达，因此更多是一种意见反映而不是新闻报道。比如在一些法治新闻报道中，过多采用夹叙夹议的手法，使得立场偏向影响了对事实的报告，会使新闻的客观性体现不足。

绝对的新闻客观性或许不可能，但记者在新闻写作中，应尽可能坚持对事实的报告，有意识地避免主观判断和偏向，提高新闻报道的客观性和公信力。

2. 客观性研究

用内容分析的方法考察新闻报道的客观性和偏向，是大众传播的研究传统之一。1969 年，时任美国副总统的阿格纽（Spiro Annew）发表著名的得梅因（Des Moines）演说，批评电视主持人、评论员和执行导演在电视新闻制作中的偏见和"诽谤"。之后，新闻学教授丹尼斯·劳里（Dennis Lowry）对阿格纽演讲前后的广播网新闻进行了两次随机抽样调查。他以早川教授有关报告、推论和判断的分类为基础，将有关总统施政方面的报道分成九类：交代来源的报告、未交代来源的报告、指明的推论、未指明的推论、交代来源的喜爱判断和不喜爱判断、未交代来源的喜爱和不喜爱判断以及其他。统计分析的结果证明，在阿格纽演说之后，新闻中交代来源的报道比例大幅增加，但是在演说前后，新闻报道中都几乎没有判断，只是在演说之前，未指明的推论所占百分比较高。可见批评者一直反对的，可能是未指明的推论。

赫尔曼（E. S. Herman）运用内容分析法，研究 1984 年《纽约时报》对萨尔瓦多大选的 28 篇文章和有关尼加拉瓜大选的 21 篇文章，结论是"虽然尼加拉瓜选举的基本条件远比萨尔瓦多的选举更符合自由选举的标准，但美国的新闻报道却表明，萨尔瓦多选举是民主得胜的结果，而尼加拉瓜的选举则由于桑定（Sandinista）的强硬态度和极权主义的控制，成为丢脸的选举试验"。[①]

7.6 提高语言传播能力

除了对语言基本特性的一般性探讨外，从业人员也许希望有一些更具操作性的技巧。以下是一些专家学者的建议，但并非放之四海而皆准的真理。

① 尽量保持谈吐清楚，使用能为听众所理解的词语。
② 关注听众的态度，观念和个人经历。
③ 对一般听众避免使用术语或俚语。
④ 避免归类用语，如"你们这帮人"，"你们这些家伙"，"这些北佬"等。

[①] 转引自（美）沃纳·赛佛林/小詹姆斯·坦卡德：《传播理论：起源、方法与应用》（郭镇之译），华夏出版社，2002 年，第 101-102 页。

⑤ 少用习惯用语，如"说真的"、"老实说"、"明白吗?"、"嗯……"。
⑥ 根据场合和对象使用适当的语体。
⑦ 避免模糊和含混不清，辞不达意。
⑧ 不要在一个问题上绕来绕去，工作用语应遵循 Kiss 原则——Keep it simple and short。
⑨ 避免"我的麻烦"（my trouble）。过多谈论自己的成绩和问题显得粗鲁和自私。
⑩ 要以他人为中心，学会做倾听者。喋喋不休者什么也学不到。

◇ 小　结

本章主要考察语言与传播的相关内容。符号化是人类传播区别于动物传播的根本特点。符号是对非其本身事物的指代，是能指和所指的结合。人类的符号不仅包括和事物一一对应的信号，而且包括能脱离具体事物以进行抽象思维活动的象征符体系。语言是人类最重要的符号系统。语言具有命名、协调和传递功能。语言传播应关注语言符号的抽象与具体、歧义与模糊、分类不当以及言语风格等特性，以避免语言的误用所造成的传播困扰。相对于语言的指称性，代表语言相对论的萨丕尔—沃尔夫假说则强调，语言的文化特性会影响我们对外部世界的感知、分类和各种认识。我们对事物的认识，在很大程度上是经过语言之镜过滤的文化投射。以内容分析方法考察对新闻报道的客观性是传播研究的传统。对语言的研究应有助于我们提高语言传播的效力。

◇ 推荐阅读

1.（美）沃纳·赛佛林/小詹姆斯·坦卡德：《传播理论：起源、方法与应用》（郭镇之等译）北京：华夏出版社，2002，第5章。

2.（美）斯蒂芬·李特约翰：《人类传播理论》（史安斌译），清华大学出版社，2006，第170-179页。

3.（美）戈夫曼：《自我在日常生活中的表现》（冯钢译），北京大学出版社，2008。

观察与思考

1. 分析一个你所熟悉的产品或企业品牌，看看你能从中挖掘出多少含义。

2. 选择一段广告片，识别其中除语言外的各种符号，如音乐、形象、颜色、环境等，并分析其意义。

3. 词义会因哪些因素而变化？试举例说明。

4. 为什么说"共有的是符号而不是含义，含义始终是属于个人的"？语言的指称理论和"萨丕尔-沃尔夫假说"分别强调了语言的什么特性？对于我们理解语言和传播的关系有什么帮助？

第 8 章

非语言传播

著名京剧表演艺术家盖叫天在扮演西楚霸王一角时就进行了精心的设计。因为他个子矮小,与楚霸王给人的印象差别较大,因此他穿上了一双加厚的厚底靴,把身子垫高,又设计了一顶一尺半高的特制霸王冠,戴在头上,使身子又加高了一大截。他还按照门神的打扮,参考历代天地人三皇和孔夫子的服饰,做了一件内套胖袄的霸王装,穿起来整个体形显得异常魁梧,十分气派。脸谱化妆上也有创新,不勾花脸,而是揉成紫膛脸,画两道竖直浓眉,再戴上黑扎短髯。这样一来,尽管他眼睛生得小,但两眼一睁,与面目化妆相映衬,却显得格外明亮,炯炯有神。为和人物形象相协调,他又为霸王设计了一根"丈杆"大枪,光枪头就有一尺多长,又宽又厚,枪杆漆成黑色,看上去很有分量。霸王出场,先叫两个小兵把它抬出来,以示枪很沉重,然后霸王单手持枪一个漂亮的亮相,真乃威风凛凛。①

在日常生活中,人们对自己的非语言行为也是十分关注的。比如在赴一个重要约会之前,你可能会对自己的举止打扮做精心的准备。在结识一个陌生人的时候,不等双方交谈,你就会悄悄打量对方,并做出一个初步判断。在争取一次谈判成功时,我们会考虑从时间、地点到环境布置、程序选择等一切方面。通常情况下,人们只对少部分的非语言行为有所了解和关注,而专家的研究则大大拓宽了人们对无意识的非语言行为的传播作用的认识。

非语言传播是不以自然语言为工具和手段,而以人的身体动作等多种非语言方式为信息载体发生的传播行为。人类进化了大约一百万年,可是对非语言传播手段的正式研究从 20 世纪 60 年代才刚刚开始。美国的戈登·修易斯指出,人体至少可以作出 1 000 种姿势。伯德惠斯特说,仅人的脸就能作出大约 25 000 种不同的表情。梅瑞宾研究发现,在信息传递的全部效果中,只有 38% 是声音(包括音调、变音和其他音响)传达出来的,而语言(词语)只占 7%,其他 55% 的信息是靠无声的手段传达的。伯德惠斯特认为,人们即使在面对面交流时,有声信号也低于 35%,而 65% 的交流信号是无声的。他计算,一个人平均每天只用 10 分钟讲话,平均每句话仅占 2.5 秒,其余大部分时间,都利用非语言手段向外发出信息。总之,非语言传播在我们传播活动中起着十分重要的作用。需要强调的一点是,没有

---

① 许祥麟,陆广训编著:大综合舞台艺术的奥秘——中国戏曲探胜.北京:高等教育出版社,1990。

任何一种非语言行为可以被孤立地理解。语言和非语言行为彼此配合，相辅相成。要全面理解非语言传播过程，就需要理解非语言发生的情境，以及它同个人所有的语言、非语言行为模式的关系。

8.1 非语言传播的定义和特点

非语言传播就是除语言传播之外的一切交流形式。

有意发出并被感觉为有意的	有意发出而不被感觉为有意的
无意发出而被感觉为有意的	无意发出而不被感觉为有意的

严格地说：非语言传播具有社会共知的含义，被有目的地或被解释为有目的地发出，被有意识地接收，并有可能由接受者反馈的、除使用言辞本身以外的人类属性或行动。非语言传播一般包括有四种情况：有意发出并被感觉为有意的；有意发出而不被感觉为有意的；无意发出而被感觉为有意的；以及无意发出而不被感觉为有意的。前三种都被认为是非语言交流。

与语言相对应的非语言交流的特点如下。

作为信息传播的两大传播手段，语言传播和非语言传播有许多共同点和相似之处，它们都是符号化行为，都可以指示事物、传达感情、交流信息、表达人际关系等，都受某些规则、规范的指引，都带有文化特征，都可以是有意或者无意的行为等，但是它们之间的不同点也十分明显。

结构化与非结构化：语言交流结构严谨，有正式的语法规则帮助人连贯地理解别人说的是什么，但是非语言交流几乎没有规定交流的正式结构。绝大多数非言语交流是无意识发生的，难以预见事件发生的先后次序。由于没有正式的规则，同样的非言语行为，在不同时候，可以有不同的含义。所以我们一定要注意所有能得到的暗示，以便正确理解非语言符号所传达的信息。

信号与象征符号：由于非言语交流没有特定的结构，该系统也很少有确定的象征符号。在一些文化中，点头表示同意，而在另一些文化中，点头则表示不同意。聋哑人通用的手语是一种特殊的符号体系，属于语言范畴。即使聋哑人，也会作出无确定意义的、独特的非言语信号。大量的非语言符号带有信号特征，是和一定的具体事物一一对应的，只在特定范围内有意义。相对来说，语言信息比非语言信息更容易受到注意，更便于学习。而大量的非语言行为在我们的意识之外，并带有很强的情境特点和情感色彩。比如，某人一个人自习的时候咬指甲，并不一定表示焦虑，但如果在考场上咬指甲，就很有可能被监考老师判断为紧张焦虑，这就是因为情境的作用。在看到两个人大声说话时，我们常常要根据他们的面部表情来判断究竟是在讨论问题还是在吵架。

连续性与非连续性：语言交流以非连续的单元为基础，是阶段性的，其各部分可以分离。话说完了,文章写完了,传播过程就结束了。言辞有肯定的起点和终点。非语言交流则是连续的,传受双方自始至终处在传播过程中,面无表情也是一种表情,没有关系就是一种关系。对于有意识的传播一方来说,传播主体的表情、眼神、服饰、姿态、时间和空间距离都在传播特定的信息。激烈讨论完了以后,也许不再开口,但冷眼凝视、怒目圆睁和挺直的体势,却暗示了至少在非语言方面,分歧远未烟消冰释。

多通道与单一通道:语言传播只通过一个通道进行,接收者或者通过听觉感受语言声音,或者通过视觉逐句阅读。语言符号只能一个接一个地依次出现,在时间的线条上顺序展开,而不可能从空间上一齐涌现,因此语言传播存在着表意的时序性。非语言传播则通过多种通道,同时作用于人的视、听、触、嗅等多种感觉器官,使人接收多种信号,产生多种感受。各种非语言符号和信号相互交叉、互为补充,形成多层次传播。我们在教室听讲,要比单纯听录音效果好得多,因为我们在听到声音的同时,还看到演讲者的动作、表情,从而使信息的清晰度和精确度大为提高,印象也深得多。

但是人体通过多通道接收,却通过单一通道——大脑思维进行处理。有时接收到的信息会不一致甚至相互矛盾。当语言信息和非语言信息互相矛盾时,人们一般会倾向于相信非语言信息。比如,如果板着面孔说对不起,往往会激起对方更强烈的反应,因为一般认为非语言信息比语言信息更难以欺骗,所以专家们重视对非语言信息的分析。成功的骗子常常在语言欺骗的同时辅助以非语言暗示。

8.2 非语言传播的功能

非言语讯息经常伴随语言讯息出现,并对语言讯息起着重复、补充、替代、强调、否定、调节等作用。以下分别考察。

重复。在相互交流中我们同时使用语言和非语言,比如说"对"的时候伴之以点头,说"不可能"的时候伴之以摇头。这时的非语言讯息起重复作用,因为它们表达的是和语言讯息同样的作用。人们常常不自觉地使用重复性的非语言讯息,因为它是语言行为的很基本的部分,是自然发生的。重复也可以单独存在,以强调或阐明语言信息。

补充。非语言暗示,如声调、面部表情、手势或人与人之间的距离等,常常用作补充语言讯息,以添加、阐明或加强其意思。"补充"表明该行为不能单独传播所要传播的信息。补充性的非言语信息,以增加另外的识别力或消息的办法,来改变语言信息的意思。比如话说到一半,然后用摆手、点头、摇头等加以补充。补充性非语言信息经常用于强调感情或态度,比如在广告片中,模特仅仅说出某饮料的名字,然后喝一口,做出规定表情,来传达广告所要求表达的或满足或惊讶或振奋之类的表情。

替代。就是用非语言讯息替代语言讯息的作用。要是周围环境阻碍了语言交流,在不能听或说的时候,就使用替代法。比如在安静的教室,或者人声鼎沸的赛场,想要离开的人不得不借助更多的非言语信息表达含义。在目前广告中也大量使用非语言讯息来替代言语信息的说明和劝诱,如韩国比较流行的感性广告,只在片尾有一句短短的表达感受的话。对于替代性的非语言传播,重要的是能够识别,并以群体中、文化中大多数人的相同方式解释。否则误解就容易产生。像中国式的招呼人过来的动作,在美国会被理解成招呼狗。在拥挤的时候，美国人习惯于用手拨开人群，而中国人则习惯用胳膊撞，这两种行为在对方的文化中都会被认为是不礼貌的。当我们在另一种文化中使用本文化的非语言讯息时，常常会导致误解。

强调。主要用于强调口语信息中的特别之处，比如在演讲中配合使用挥手、握拳、上身前倾等动作。有些强调方法也许被当作补充的一种形式，其区别在于非语言行为置于何时。比如熟练的演讲者会在演说的重点前后停顿一些，从而突出重点。

否定。有时候，非语言信息和语言信息相互矛盾，比如送给对方一件礼物，对方可能用言语表示感谢和喜欢，但面部表情却十分勉强，这时你会倾向于相信他的非言语信息所传达的勉强含义。有时我们在见到一个陌生人时，会有一种说不出来的哪不对劲的感觉，或许就是因为他的言语信息和非言语信息有矛盾冲突的地方，而让人迷惑不解吧。因此在与客户打交道时，要特别注意非语言信息和语言信息的一致性，不要忽视每个细节。

调节。常用于协调人与人之间的对话。在小组交流中，发言人常常会根据听众的反应调整演讲内容。讲话的人有时降低语调，暗示一个讲话意思完了。听众如果缓慢地安静地点头，可能是鼓励演讲者继续下去。有人如果想发言，就会很快地点头，迎接演讲者的目光。在两人谈话中，对方碰碰你的肩膀，意思可能是想让你听他说话。下次听某位朋友谈话时，可以观察一下他或她说话时是如何点头的，你们怎样相互让对方知道下面该谁开口了。

8.3 非语言交流中的三种暗示

由于非语言符号的相对不确定性，人们常常需要结合场景中的前后呼应关系，以及对行为动机和行为反应的可能性进行相应的判断，才能准确识别非语言讯息。在特定的情境下，一系列非语言信息的相互作用会形成一些常见的被称为"暗示"的"定型见解"，这些定型见解虽然不能被认为是绝对真实的，但却常常是被广泛接受的。

1. 接近暗示

接近暗示与非语言行为的直接性有关。简单来说，接近暗示认为，人们一般会接近所喜欢的人或物，而躲避不喜欢的人或物。早在婴儿时期，孩子们就会伸向或爬向他们觉得有趣或有吸引力的、色彩鲜艳的物体，而不会去接近他们不感兴趣或讨厌的物体。差不多所有孩子都生来就对甜食感兴趣，因此家长们不得不警告他们不要理睬拿糖果的陌生人。

由接近暗示派生出若干具体的非语言行为。你对某人有好感，可能会有更多目光接触和凝视，聚会时就会靠近他坐，或者不自觉地采用和他相同的姿势。你可能比较愿意去触摸一个你愿意接近的人，或者比较愿意被那人触摸。

愿意接近某人或物并不限于实体上的含义。想想某个你觉得亲近的人吧，你可能认为这人好说话，对某些问题的看法给你留下好印象。这就含有"精神接近"（mental closeness）的意思。接近暗示也不只限于非语言行为，在语言交流中也可随时找到接近暗示的例子。比如使用"这里"、"这个"和"这人"，而不是"那里"、"那个"和"那人"，趋向于暗示某种心理或身体的接近。

2. 激发活动暗示

我们对日常环境中的各种刺激常常视为当然，然而在特定环境中，某些独特、激动人心和突出的环境或成分，却可能引起人的情绪反应，甚至改变人的行为表现。这种因环境而发生的改变，就是激发活动暗示。初进迪厅的人可能会因为那里的灯光、快节奏的音乐以及现代装饰风格而激动、兴奋，也可能突然不知所措。在足球赛场上，很多人表现得会和平时判若两人。

激发的水平可以从以下三个方面来测量：面部和声音表情方面改变的总量、说话的速度以及说话的音量。一个声音（音高和音量）变化丰富的人，通过面部表情流露情绪的人和说话声音又大、速度又快的人，就可能是被高度激发了的人。高水平激发在世界杯比赛现场、歌手演唱会，大型游乐场以及政治集会中非常常见。

3. 力量暗示

力量暗示常被认为属于交流中统治与服从关系的范畴，表明通过非语言交流展现支配或服从的程度。换句话说，在某种场合某个人占优势的行为，会导致人们觉得这个人强有力。当你想象一个强有力的人时，头脑中会产生什么形象？是矮小、佝偻、面色苍白、表情紧张，还是高大挺拔、外表轻松的人？很明显，"力量"往往和"庞大"联系在一起。力量的另一内涵就是"无畏"，所以想显示自身力量的人往往不是用紧张而是用放松来表现。力量暗示同样也会用许多非言语的行为来表现，比如面部表情、身体姿态、目光眼神和动作等。

8.4 与身体相关的非语言传播

非语言传播包括除语言传播以外一切传播行为，因此用于传播的非语言讯息的表现形式多种多样，要注意的是，各种非语言的讯息不是单独存在的，他们有时相互作用，有时相互矛盾，对这种非语言讯息的考察可以增强我们对传播符号的敏感性。以下就对一些比较重要的类型逐一考察。

1. 面部表情与眼神

人的脸会带给我们大量最重要的信息。通过观察人的脸，可以知道他的性别、年龄以及个性特征。我们建立人际关系时，经常依据对方的面部表情来判断。面部是最原始的感觉和情绪的非语言传播者，面部表情往往传播出情绪的性质和本质，身体则暗示情绪的程度。研究表明，很多人都能很准确地判断面部表情。表情变化只需八分之一秒或五分之一秒。急剧变换的丝微表情只能用高速摄影机才能捕捉，但却更准确地反映人的真情实意，随后便被根据需要作出的表情所掩盖。

研究显示，面部表情常常和特定的情绪相关。哈佛大学的一项利用照片所进行的研究表明，各国的人对七种基本情绪——如快乐、悲伤、惊奇、害怕、生气、厌恶以及感兴趣等——的判断非常一致。但是进一步的研究却表明，脸上的表情线索只是部分可信。通过控制脸上的肌肉，我们藏起不适当的或不被人接受的反应，因此面部表情带有文化特征。比如女子更多地展露情绪，而社交压力常常使男子抑制表达，特别是像悲伤等负面情绪的表达。尽管女人笑得更多，但儿童对男人和女人笑的反应却不同，可能儿童认为男子只有在高兴或觉得有趣的时候才笑，因此笑得更真诚，而女子的笑却常常带有社交性。

研究者把人脸分成三部分：眉毛与前额、眼睛、嘴。扬起眉毛表示什么？惊讶，恐惧，还有吗？皱眉表示紧张、焦虑或沉思；前额出汗表明不安或竭尽全力。除眼睛外，面部所有部位的肌肉都可以有意识地控制，而眼睛则会作出自发的或毫无掩饰的反应。因此有人说："眼睛传递的信息至少和舌头一样多。"曾有一项研究，在一个超市大楼的一角安上一个巨大的眼睛图片，之后发现超市里的偷窃行为居然大大减少。

不同的眼睛移动表明不同的情感。低垂表明谦逊，瞪眼表明冷淡，圆睁表明疑惑、天真、诚实、攻击；不停眨动表明不安；如果对某事感兴趣，眨动的次数会减少，瞳孔会放大。因为人不能有意识地控制瞳孔大小，因此，真实感受和情绪往往在人眼深处流露。瞳孔大的人被认为欢乐，有吸引力，因此封面女郎在拍照时常常利用光线来控制瞳孔的大小。眼睛不仅用来传递信息，而且经常起控制交流的作用。人们往往在讲话前避免目光接触，以减少分心，而将注意力集中在话题上。在拥挤的电梯里，人们通过避免目光接触来保持社会距离。目光注视的直接性和时间长短也存在文化差异。美国人用直视对方眼睛的方法表示自己的认真，而日本人常常只是看对方的鼻子上方以示礼貌。

2. 体态与手势

人类历史上关于身体之美曾有不同的标准。"楚王好细腰，宫中皆饿死。""三寸金莲"成为中国古代妇女受摧残的象征。如今，电影、电视上的男女明星展示出各种各样的美丽标准，刺激着现代整容业的发展，也反映出现代文化的特征。对个人身体的认识常常影响到自信心和自我观念，对他人体形外貌的判断也常常反映出各种偏见，比如肤色、头发颜色以及胡须等。除个性特征外，姿态还与文化背景、情绪以及接近暗示有关。

体态语最早的研究者埃克曼和弗里森把身体动作分为五大类。

符号式：一般对发出者和接受者而言都有准确含义，但却常常限定在一定的文化范围内。你能做出代表以下含义的动作吗？"同意"，"不知道"，"好热"，"自杀"，"没差"。

图解式：语言表达时配以身体动作，能减少表达困难，比如小孩子或者说外语的人，他们的动作就比一般人多。在强调空间、形状和节奏时，我们也常常配以比较多的图解手势。言谈中，有意识地加强手势和动作表现，会显得更为生动和有说服力。

调节式：帮助我们调节与他人之间的互动，包括点头、打手势、变换姿势以及用以表示交流的开始和结束、何时发言或改变话题等。

心情展示：是反映我们情绪强度的那些行为，它常常以我们所感觉的身体紧张总量来"衡量"。比如将要上场的拳击运动员，常常会保持挺直的姿势，每块肌肉都绷得紧紧的。除姿势外，紧握拳头还是松开双手，快步走还是拖沓着走，也能揭示情绪。研究发现，当隐藏情绪或说谎时，人们常常重视对面部表情的控制，而双腿的抖动等细节更能揭示出真相。

适应式：为自己方便或舒服而使用的无意识的习惯行为。一般认为适应式与一些消极情绪有联系，比如有人用撩头发、扶眼镜、摸衣角动作消除紧张、焦虑等负面情绪。有时在公开场合下，人们会采取一些简化的适应形式，比如一个人可能私下挤粉刺，但在公共场合他就只摸一摸或揉一揉长粉刺的地方。所以在交流中常常很难发觉和分析适应式背后的原因。有时，适应式也会集中于物体，比如玩手中的笔。

3. 触摸

对触摸行为也有许多考察。按照赫斯林体系，触摸可以分成五大类。

一是功能—职业性的，如医生检查身体，被触摸者一般被当作一件东西或非人看待，以防止夹杂任何亲昵或性的信息干扰。

二是社交—礼节性的，如社交中常用的握手、亲吻和拥抱。这些行为都遵行一定的文化标准,是社会关系的体现。

三是友爱—热情的触摸。我们的社会非常注意友谊及两性触摸的区别。想象一下,当两个朋友在机场见面时,他们可能会两臂紧紧拥抱,相互搂着腰走,但等到穿过通道和拥挤的人群,他们就不再有身体的接触了。因为这种触摸是要让人群知道双方彼此的关系特征,在彼此单独在一起的时候,一般地说触摸会明显减少。

四是情爱—亲密的触摸,会有不同形式,如抚摸对方的脸。但如果不是恋人关系,恐怕会让人感觉不舒服。

五是唤起情欲的触摸,这是触摸发展的最高阶段。对大多数人来说,这种触摸引起的刺激是令人愉快的,但有时也会使人产生害怕和焦虑。这个范畴的触摸首先会被看成是一种肉体诱惑力的表现。

触摸会传递出许多类型的信息。对动物的研究证明了对动物生长发育的重要性。比如如果新生的吉娃娃幼犬没有被狗妈妈舔过,特别是会阴部位(外阴和肛门之间),那它很可能死于泌尿生殖系统的功能失调。对人的考察也发现,缺少触摸可能是育婴堂的孩子死亡率高的一个重要原因。很多老年人强烈的孤独感和失去外界对身体的触摸有很大关系。在触摸缺乏的情况下会产生一定的替代物,如喂养动物、吸手指、抽烟、抱自己、抚摸衣物等。不同文化对触摸有不同的规范,性别、年龄、种族、宗教等都对触摸传播的用法和习惯有很大影响。触摸在人际交往中常常传递出一定的关系地位和情绪态度信息,很多人都承认,触摸传播的信息有时比谈话还重要。

4. 衣着服饰与随身物品

衣着有一种传播价值,它渗透到社会一切领域,因此不可能不传递社会信号。当今社会,衣着的保暖和遮羞功能退居次要,而着重提供衣着者本人的各种信息。无论标新立异者还是声明不注重服饰者,人们的衣着对他们的社会身份,以及他们对生活于其中的文化态度,都做了具体而明确的注释。从穿戴中人们看出你的年龄、性别、收入水平、身份地位以及其他个人信息。衣着是常用的表现自我以及对别人形成固定看法的一种强有力的非语言交流信息。服装不仅与个人信息有关,也与场合及时代特征高度相关。在大众传播时代,经由媒介传播的各种时尚信息影响了我们的判断标准和行为选择,也影响了我们的传播。

衣着作为文化身份的象征贯穿于整个人类社会历史过程。在古代中国,对不同身份地位的人的衣服颜色有严格规定。在古代法国,贵族以下的阶级不得穿能盖住臀部的紧身衣或鞋尖长于两英寸的鞋。即便在今天,服装品牌也用来充分显示个人的社会地位。很多公司都对员工的服装有比较严格的规定,保守的银行业常常要求员工穿正式的套装,而新兴的IT产业人员则以高档牛仔裤为时尚。军队、警察、法院等部门都要求统一着装,以强化其职业的权威性,增加服从。而在监狱、医院等地的统一着装要求则意味着让人们更明确其特殊身份。

关于着装与个性有大量的社会调查。有研究表明,在穿着方面关心节约的妇女是谨慎、聪明、灵活而可靠的。在衣着选择方面顺应习俗的妇女经常强调经济、社会和宗教价值而忽视美学价值,他们表现出社交谨慎、墨守成规和顺从等特征。在衣着意识方面得分高的男性表现出对权威的谨慎和恭顺,而对衣着的实用性比对美更关注的男性则经常不轻易表达感情,不太爱交朋友。关于着装者的社会印象调查则显示,女性受欢迎的程度常常与他们的衣服有关,而男性的衣服改变最不为他们的朋友所关注。对老师着装效果的调查则表明,穿非正式衣服的老师被认为友好、灵活、更富于同情心、公平和热情。而正规服装传达的则是老师有组织力、有学问和胸有成竹。其中穿正规服装的男老师与同样穿正规服装的女老师相比，仍被认为更有学问一些。

随身用品也传递出许多信息。有一项研究表明，一个餐厅的女招待比别的女招待头上多戴了一朵花，结果用餐的人平均多给她超过 26 美分的小费，其中女人们平均增加了 39 美分的小费，远高于男人们平均增加的 15 美分，由此可见妇女们对花有更强烈的反应。还有一项研究让四个穿不同衣服的男子在大街上让 153 个成年人站住，然后要求他们做下列三件事当中的一件，如拾起一个手提包，为某人放一枚硬币到停车计费器里，或者站在公共汽车站牌的对面。结果证明，穿制服的测试者得到较多的顺从反应，其中很多人都选择了放一枚硬币到停车计费器。可以理解为什么很多人下了班依然愿意穿制服，因为借此他们可以获得他人更多的顺从。

8.5 副语言

曾有一个实验，让四男四女以不同的发声方式朗读英文字母，结果本来毫无意义的字母也能传达出喜、怒、哀、惧、紧张、傲慢等很多感情。这说明，不但口语中的语词内容能传递信息，伴随语言的其他声音要素和发声也能传递信息，这些被称为副语言或类语言（paralanguage）。比如，"我今天晚上要去剧院看戏"，这句话如果是一条短信，仅仅是交代了一下晚上的活动安排，但如果用口语表达的话，也许会暗示出说话人的感受，比如看戏是乐趣呢还是应付差事。声音暗示常常可以达到许多目的。医生和专业人员常常要用声音暗示来评价人的生理和心理状况，雇主也可能通过电话交谈来判别申请工作的人的性格特征和生活背景特征。

副语言可以分为声音要素（音型、音质，音速、音量、音调等）和功能性发声（哭、笑、呻吟、叹息、咳嗽、停顿等）两大类。虽然副语言中的副字暗示其在语言传播中的从属地位，但副语言现象绝不是无关紧要的，它常常会把语言内容推到第二位，而成为人际相互作用的决定因素。有时候怎么说比说什么更重要。20 世纪 60 年代美国学者梅拉比安和费里斯通过一些实验证明：全部感觉=7% 的言语感觉+38% 的声音感觉+55% 的面部感觉。以此证明副语言的重要性。学者马克尔进一步证明，听者会根据言语内容进行好坏和喜欢与否的判断，但经常根据声音暗示进行可否相信和能否胜任之类的判断，而且以声音暗示下判断时，往往比以内容下判断时偏差要大。研究表明，副语言在暗示情绪和个性特征，以及在个体学习、说服和欺骗等方面都有效果。

声音可以暗示情绪。例如，陈强在圣诞夜遇到两个刚从晚会上回来的朋友。他们说话很快，有些句子结结巴巴，理解他们言语的内容比理解他们非言语的内容花的时间要长，但是他还是很快就明白了这两位非常兴奋。因为副语言的信息透露了他们的情绪而言语信息阐明了这种状态的原因。关于声音暗示与情绪有很多的研究。理论假设声调影响好坏评价，而音量影响情绪的强度和活跃水平，也就是说人们会根据说话人的声调音量变化来判断他是平静还是兴奋。大声量、高声调和快速度常常被用于表达兴奋或者愤怒这些活跃的感受；而低调、慢速和相对平静则常用于表达失望、无聊等消极感受。自我控制力强的人对别人的情绪表达特别敏感，在有意表达情绪方面也有高超能力。

声音与社会经济地位等人口特征相关。曾有一项研究，以父母社会经济地位和本人受教育程度和职业为依据，选择不同社会背景的人，将他们朗读新闻杂志同一段落的声音录下来，然后在一个言语传播研究生班上播放录音，结果证明学生们对录音者的社会经济地位的辨认是高度精确的。后来一些研究却证明，声音暗示有时会不切实际地影响听者对讲话人社会经济地位的看法。还有一些暗示如身高、体重和性别以及教育程度、方言区域等也可以从声音中获得。但这种判断应该小心得出。

人们也常用声音来判断个性特征，因此存在许多定型见解。比如男子说话带呼吸声被认为是艺术型性格、年轻；而女子如果带呼吸声则被认为是长相漂亮、有女人味，但是浅薄。女子声音细弱被认为不成熟，而男子声音细弱则被认为无足轻重。带喉音使男子显得年纪大、成熟而老练，但却使女子显得懒惰、丑陋和粗心。男人声音紧张被认为年纪较大、不合群，而女子声音紧张则被认为年纪轻、易动感情，智力差。对说话清晰、有活力的人无论男女都评价积极。所有讲话的人在加快说话速度后都被认为活泼、外向，在增加声调变化后则被认为性格有活力和有爱美倾向。因此，洪亮的声音、富于变化的声调和多变的讲话速度，会让人有积极的感受。还有一些研究是关于声音与焦虑情绪的。很多进行咨询的人往往表现出讲话重复、口吃、遗漏、停顿以及使用"恩"，"啊"等词填补语空的现象，因此表现出更多焦虑情绪。

语言风格与说服力也有很大关系。讲话速度快，说服力则较强，也容易引起态度的改变。而听者对讲话速度快的人的智力、知识和客观性都有较高评价。还有一些研究比较对话风格和演讲风格的效果差异。与演讲风格相比，对话风格声调变化范围小、速度和声调更保持一致，音量也较小，得到的评价是更可信赖、受过更好的教育、更懂行，演讲风格也更有吸引力。演讲风格则常被描述为意志坚强、热心工作、自信和果断。副语言常常影响人们对可信度的判断。一个讲课声音单调的教授，会使大多数学生认为他能力不足。讲话人声音紧张、有鼻音等也会造成可信度下降。还有一些研究企图从声音中发现一些欺骗暗示，因此有了声音测谎技术的长足发展。

除了对各种声音因素和功能性发声的研究外，关于停顿和静默也有很多研究。多数时候，短暂停顿或者较长的静默具有衬托或强调口头语言的作用。在用词语表达思想有困难时，停顿就较多也较长，而整个谈话速度的变化，基本也就是停顿数量的变化。沉默并不是讲话的对立物，而常常是用以衬托讲话的环境。沉默也能造成人际距离。消极的情绪和积极的情绪都能引起沉默，而沉默常常是最强烈的情感——爱、怒、惊、惧的语言。沉默既用于表达尊重和崇敬，也表达一种心理的距离。在社交场合，沉默可以用无言来惩罚违规者，沉默也是拒绝迎合他人的好方法。

选定某一天观察一下自己，看看你使用沉默都传达了哪些信息。

8.6　距离、环境与空间学

人类学家霍尔创造了空间学（proxemics），他在《无声的语言》一书中提出，每个人都有一个环绕身体的看不见的个人空间范围圈，这个个人空间范围圈就是他感到必须与他人保持的间隔距离。人和关系不同的交往对象保持的距离是不同的，根据人际距离可以区分四种区域。

（1）亲密区域，0～18英寸（0～46厘米），属于亲爱的人、家庭成员、最好的朋友，在此区域中，可以有身体接触，如拥抱、爱抚、接吻等，话语富于情感，并排斥第三者加入。

（2）熟人区域，18英寸～4英尺（46厘米～1.2米），同学、同事、朋友、邻居等在此区域内交往，由于距离有限，在此区域内说话一般避免高声。

（3）社交区域，4～12英尺（1.2～3.6米），在此区域人们相识但不熟悉，人们交往自然，进退也比较容易，既可发展友谊，又可彼此寒暄，纯粹应付。

（4）公共区域，12英尺（3.6米）到目光所及，与陌生人距离，表明不想有发展，在此区域人们难以单独交往，主要是公共活动，如作报告、等飞机。

实际上，个人空间最重要的特性是它的可变性。它既和性别、年龄、个人内在情绪和外在表现以及个人身份地位等人口特征有关，也和相互关系、文化规范等外在因素相关。与空间距离相联系的是人们在公共场合的位置选择和区域划分。关系亲密的人会选择相邻而坐，而关系紧张的人则可能会选择或者相互躲避或者对峙的位置。在机场候机厅等场所，没有交往意图的陌生人之间一般会保持尽可能大的空间距离。

空间感也表现在区域划分上。"三只熊"的童话暗示了一种对个人领域的高度重视，在现实当中，领域可以按其对使用者的重要性而分类。

个人区域对个人来说当然是最为重要的区域。家或者家中的个人卧室以及家庭主妇们的厨房，独立办公室或者共用办公室中个人办公桌的周围，还有赛车主的赛车，都可能被看成是最重要的领域，而不许别人侵犯，否则就可能使人感到不安甚至难以容忍而产生激烈的反应。次级区域虽然不是使用者独占的财产，但往往与个人有关。在自习室惯用的书桌，住所附近咖啡馆里常用的座位，健身公园里常站的角落等，这些领域如果被其他人侵占，也常常会让使用者产生不满。公共区域是向所有人开放的区域，比如停车场、海滩公园和其他没有标明所有者的场所。公共区域可能会被一些人暂时甚至长期占据，因此形成一个无形的边界。当然，对公共领域的占用不受法律保护，而只有在别人尊重那些划分标记时才有效。即使是公共区域也有一个使用者的范围划分，比如人民可能要奋起保卫自己的国家。还有当外来移民进入一些社区，常常会被当地居民视为侵犯而加以抵制。

8.7　时间观

时间在传播中的作用是不容忽视的。约会时提前到达、准时到达还是故意迟到，表示的含义非常不同。收到邮件后是立刻回复还是拖延时日，效果也很不一样，不同文化背景的人对时间的感受可能存在很大差异，由此也会产生很多传播的问题。

人类学家霍尔最早发现，美国人的时间观和世界上其他地区的人的时间观有很大差异。时间在美国文化中被看成商品，是一种被珍视和利用的实体，因此有"时间就是金钱"这样的说法。时间意味着速度和效率，也意味着财富，因此美国人在和别人进行完一次谈话后，甚至会说"谢谢你的时间"。当美国人看到很多国家的人民如此地不在乎时间时，就会因此而对他们的低效率和慢节奏感到惊讶和不满，同时生出许多文化优越感。对美国人来说，"长时间"可以指从两天到20年不等，而在南亚文化中，长时间却可以指几千年甚至永恒无限，因此美国人未免显得太匆忙了一些。

美国人的时间观总是面向未来的，未来永远比过去和现在美好，人们要制订出各种计划以迎接美好的未来。但是在许多文化中，比如中国或者英国，人们可能更重视传统和历史。而在特鲁克岛的语言中没有时态之分，人们会把过去的事也看成是刚刚发生的，对多年以前别人对自己的冒犯、欺侮和损害，比如多年以前的谋杀案，那里的人会永远牢记不忘，好像是才发生的事。

在北美文化中盛行单一时间制，就是说一个时间只能安排一件事情，而在拉美或中东等国则存在"重叠时间"制，个人在同一时间内可以安排好几种活动、好几个约会。不少美国人和拉美或阿拉伯人交往时常常发生传播失效，原因常常是双方在对时间的强调、时间的划分等方面存在很多差异，而美国人对时间表的高度重视也常被误解为缺乏礼貌、体谅和友善。

观察一下自己，你一天中看钟表、问时间或以任何方式涉及时间的行为有多少次？你有没有发现与你有不同时间倾向的人，双方相处有什么问题吗？

8.8 提高非语言传播能力

非语言符号的可变性和多义性常常使我们难以确定意义，从而难以达到预期效果。对非语言信息的理解常常需要依据特定的情境。这不仅包括传播发生的场合、传播双方的相互关系，而且和民族差异、时代背景等存在很大关系。

除情境因素外，在理解非语言行为时，我们也需要注意各种影响传播的主观偏见和心理定式。当我们和别人交流时，我们的所作所为是对环境刺激的情感和生理反应。我们的言语行为较为明显、可被清楚地识别和认知。但是非语言行为更有自发性、模糊性、流动性，常常超出意识而难以控制。因为非语言信息常常在我们的意识之外，在我们还没有准确识别出相关信息时，我们可能已经做出相应判断了，而我们的判断可能就建立在各种定型见解上。定型见解可以帮助我们迅速处理信息，减少不确定性从而减轻认知焦虑，但定型见解本身可能就包含有很多人云亦云的偏见，如果这些偏见影响到人和人之间的相互理解、相互包容和相互协调时，可能就会起到阻碍交流的反面作用。

和言语行为一样，非语言行为也受到文化的影响，反映出我们在社会化过程中所获得的文化特征。在跨文化交流中，我们对交流行为的理解常常因对方陌生的非语言行为而受到限制。从打招呼到情感表达，我们常常会感觉不舒服，而原因在于对方的非语言行为。因为我们对非语言的认识是不自觉的，所以我们常常不知道为什么感觉不好。人类学家霍尔把非语言看成是文化的隐藏成分，其之所以是隐藏的，是因为和言语行为不同，它是存在于交流的语境或情境（context）中的。除了言语行为，非语言行为为我们提供了大量有关交流语境的暗示，从而和言语行为一起帮助我们解释交流的全部意义。

总之对非语言符号的关注和考察，应当以增强人际交流的敏感性，促进人际沟通为最终目标。

小 结

非语言传播可以泛指除语言之外的一切传播活动。和语言传播相比，非语言传播是非结构的、信号的、连续的和多通道进行的。非言语信息经常伴随语言信息，并对语言信息起着重复、补充、替代、强调、否定、调节等作用。非语言传播的形式多种多样，本章着重讨论了与身体相关的非语言形式以及副语言、空间与时间观等几方面的内容。非语言符号受文化和情境的影响，其可变性和多义性常常使我们难以确定意义，从而难以达到预期效果。在交流中，我们还应当注意避免各种主观偏见、心理定式对传播效果的影响。

推荐阅读

1. （美）霍尔：《无声的语言》，北京：中国对外翻译出版社，1995。
2. （美）马兰德罗等：《非言语交流》（孟小平等译），北京：北京语言学院出版社，1991。

观察与思考

1. 非语言符号和语言符号有什么区别与联系，二者在传播活动中关系如何？
2. 在某个场合（公共汽车、校园内、排队时）与一陌生人谈话几分钟，然后问他是否愿意花几分钟参与一项实验，如果他愿意，问他对你的最初印象，要强调对你的个人外表、非语言行为和交谈质量做一个诚实的评价。第一印象是否准确？你对他的描述有什么反应？你对自己创造的非语言印象有什么认识？
3. 与某同学对话，可以任意选择话题，先在3.6米处停三分钟，然后到2～3米处停三分钟，然后在0.5～1.2米处停三分钟，最后在0.5米内停三分钟。讨论：你对在不同距离与同伴对话的感受；你们的对话内容会因距离的改变而改变吗？在某种距离内，是否有特定的话题不合适？哪种话题最适合这各自的距离？
4. 与陌生人打电话，根据其声音判定他的年龄、身高、体重、种族、性别和来自的地区。重复几次以确定声音要素如何帮助，妨碍或不影响对个人背景和人格特征的判断。
5. 如何提高非语言传播的能力？

第9章

大众传播的媒介化发展

施拉姆将1456年古登堡（J. Gutenberg，1400—1468）发明印刷术作为大众传播（mass communication）的开始，因为"从技术上说，古登堡所做的以及自他以后所有大众媒介所做的，就是在传播过程中放入一台机器，以此复制信息，从而几乎无限地扩大了个人分享信息的能力"。①如此说来，大众传播突出表现为一种媒介化传播。借助于媒介技术，传播可以超越时间、空间和人际关系的局限，在更大的范围内实现。

美国学者巴兰和戴维斯（S. J. Baran & D. K. Davis）指出，传播革命之后，人们对传播技术的使用已经发生了很大的改变。一个比较可行的办法是，把经由媒介的传播看作处于一个连续统一体（continuum）上，从一端的人际传播延伸到另一端的大众传播形式。比如电话位于人际传播一端，可使传播随时随地发生并由个人操控，而奥运会开幕式电视转播则位于连续统一体的另一端，人们被动接受，受众对传播的控制仅限于看还是不看，或者用多少注意力来看。②

从传播研究的角度来看，探讨人类发展的意义更深远的一种方法，是以一套新的"时代"定义来说明人类在交流、记录、再现和传播信息的能力上的连续发展。随着人类的进化，人们的传播能力也在进化。这种能力越精巧，人们就越容易发明、借鉴和积累一整套经验和知识来帮助生存。正如新的物种形式的出现存在明显的转折点，人类传播能力的发展也存在相当突然的飞跃。人们用所掌握的传播系统贮存、交流和传播信息的程度的高低，标志了人类历史甚至史前变革的几大转折。传播是通过一定的媒介、手段或工具来进行的。根据人类传播方式或媒介发展的历史脉络，我们可以把迄今为止的人类历史分成几个阶段：口语传播时代、文字传播时代、印刷传播时代、电子传播时代、网络和数字传播时代。人类传播的历史是传播系统的复加过程，而不是简单地从一种系统转向另一种系统。各个时期人们的日常生活，深受他们一生中存在的传播系统的影响，一个社会的传播过程的性质，实际上与

---

① （美）威尔伯·施拉姆，威廉·波特：《传播学概论》，北京大学出版社，2007年，第12页。
② 参见（美）斯坦利·巴兰，丹尼斯·戴维斯：《大众传播理论：基础、争鸣与未来》（曹书乐译），清华大学出版社，2004年，第10—11页。

该社会人们日常生活的每一个方面都关系重大,传播"革命"贯穿于整个人类的发展过程,每一次"革命"都提供了可以给人类思想、社会组织和文化积累带来重大变化的方式。

9.1 口语及文字传播时代

语言的产生是真正意义上人类传播的开端。根据考古发现,距今 4 万到 9 万年前,现代人类获得了说话的生理能力。口语使人们可以结合成更大的群体,有组织地处理复杂的难题。通过口头语言进行信息编码的能力,提供了一个更有效的方式来收集、处理和扩散有用的信息。口语除了使人与人之间的沟通更加有效外,也极大地促进了人类的思维能力。对语言规则的掌握,极大地提高了人类概念化和推理、计划的能力。口头语言也为人类提供了一种传承文化的能力。口语传播不仅在空间上扩展信息,而且在时间上维系社会,并使文化得以产生、维持、修补和转换。

在口语表达时代,开始出现大规模、多家庭的农业社区。社区中有多种形式的讲故事和宗教仪式演出。早期的此类活动是人人参与的,表演者和观众之间没有区分。但随着社区的扩大和其他一些技术,比如舞台的出现等,受众的参与程度逐步下降,而一些专门的表演者和群体记忆的表达者,如祭师等,则被区分出来。他们的活动类似于今天的广播,公共传播也由个人即兴发挥日益转向结构化和标准化的公开演出。对于古代帝国的统治者而言,向分散在各处的受众表现出故事、表演和宗教仪式的连续性,对维持文化认同性和紧密性从而维护其统治权力的合法性来说至关重要。在今天,各种各样的广播、电视、电影、文艺演出和其他公开表演活动,在娱乐大众的同时,也将有意义的政治、宗教和文化讯息融入其中,因此依然起着维持文化认同和社会整合的作用。

口语传播形式虽然有很强的针对性和感染力,但在穿越时空时却具有不稳定和不可靠性。就像古老的荷马史诗,当故事代代相传时,我们永远无法知道其中多少是真实的,又有多少经过后人有意无意地增删和演绎。借助于人脑记忆的口语讯息显然是有限的、难以精确保存的。实际上,在口语时代,口语并不是唯一的传播手段,各种各样的信号和符号手段的使用,最终导致了人类书面语言的产生。

如果说口语的产生使人类彻底摆脱了动物状态,那么文字的出现则使人类进入了一个更高的文明发展阶段。文字是在结绳记事以及原始图画的基础上发展而来的。历史上很多文明都经历过结绳记事的时代。据记载,美洲的印加古国就曾设有专门的结绳官,他们掌握着一整套复杂的结绳规则和技巧,日复一日地将重要事情用结绳符号记录下来,并根据需要向人们发布和解释有关信息。我国易经上曾有"上古结绳而治,后世圣人易之以书契"的记载(《易经·系词下》),日本历史上也曾经有"绳文时代"。根据考古学的发现,从旧石器时代晚期开始,人们就将简单的图画刻在岩壁或各种石器上,以传递意义。到新石器和铜器时代,已经发展出一种图画文字。

根据考古资料的推定,文字大约产生于公元前 3000 年左右的两河流域。在那些擅长农业和商业的文明古国里,人们通过在石头上涂上符号,或在松软的泥土里按出符号,来定期记录有关河流的季节变动、收获、货物交易、税收以及国家训令等信息,从而逐渐形成了完整的符号体系。

以文字为代表的早期文献记录技术对人类传播的发展产生了根本性的影响。首先，文字克服了口语的转瞬即逝性，能够把信息记录和保存下来，使人类的知识和经验的积累不再单纯依靠大脑的有限记忆力。其次，书面信息的交换不需要发送者和接受者同时在场，削弱了情境要求，允许人对信息内容进行更加独立和从容的审视，从而使思维进一步深化。最后，文字打破了口语传播的地域限制，能够把信息传递到遥远的地方，从而使中央政府能管辖更广大的区域。

为便于文献的存储传递，人们又不断发明出越来越轻便的文字承载技术。古埃及人很早就发明了莎草纸，它们可以被成卷地制造出来，用于创制很长的文献。从早期的石壁、石器、陶器、青铜器，到甲骨、竹简和木简，再到汉代蔡伦发明的纸张，中国文献记录的材料，不断趋于轻便和廉价易得。公元8、9世纪，阿拉伯人在与中国通商的过程中掌握了造纸术，并迅速地用来制造宗教经典和各类书籍，在本民族中广泛传播。13世纪，阿拉伯人又把中国的造纸术传到了欧洲。但这种以破布、麻头、树皮为原料的廉价纸张，并没有战胜在欧洲长期流行的牛羊皮纸。直到一个多世纪之后，一场黑死病使当时欧洲人口的三分之一也就是2500万~4000万人口在20年间相继死去。堆积如山的服装、被褥和其他布制品毫无他用，因此造纸技术开始迅速传播，以至于到古登堡的印刷术发明之前，大量浆纸过剩，价格被压得很低。欧洲文艺复兴运动很快就掀起了对书籍文献的巨大需求，与此同时，"古登堡革命"使人类进入了印刷时代。

9.2 印刷传播时代

我国是印刷术的发源地。在唐代，雕版印刷术的使用就十分流行。宋代庆历年间，毕昇发明了泥活字印刷。但毕昇的发明似乎仅见于沈括的《梦溪笔谈》，而没有得到社会的普遍应用。直到400年后的1456年，德国人古登堡印出了第一批金属活版印刷的书——200册《圣经》，史称"古登堡革命"。古登堡最主要的革新有四项。一是铸字技术。以前的活字要么刻进木头，要么刻进金属里，两种方法都很困难，而且缺少精度。但是古登堡却能很快地铸造出许多金属型的、耐用而且完全相同的复本。二是铅、锡和锑的合金铸字配方。这种合金能防止金属氧化，并能承受印刷机的巨大压力。实际上，从那时开始，热金属印刷机就一直使用同样的合金。三是机械印刷机。它从造酒的压榨机改装而来，便于大规模的印刷。四是印刷用的油墨，可以用多种方式上彩。到公元1500年，200个欧洲城市里已经有了1100多家印刷商，生产出1200万本书、35000个版本。

在印刷术产生之前，书籍最初并不被认为是主要的传播工具，而是被当作知识的储存体。主要以宗教和哲学为内容的书籍，被一页页装订起来，用厚重的封面保护，存放于教堂藏书楼或图书馆中，或是在讲台上被大声朗读。印刷术的普及渐渐导致了书籍内容的变化，出现了更多世俗的、实用的和通俗的作品，特别是本土语言的作品。

印刷术和出版业的持续发展导致了书面语言的标准化。在书籍和期刊大量生产以前，拼写和句子结构经常取决于个人的偏好。但是印刷商坚持统一的格式，从而使字典和语法规则也被普遍使用。后来印刷逐渐成为重要的商业类别，很多印刷匠变成了出版商，也出现了一些受商人资助的"专业作者"，使书籍成为商品。

报纸的产生可以追溯到古罗马恺撒时代每次开会后挂在议事厅外墙上的独一无二的《每日纪闻》（Acta Diurna）。但是现代意义上的典型报纸却是在印刷术发明200年后才出现。报纸起源于依靠定期邮路、主要与国际贸易和商业有关的"新闻信（newsletter）"。早期报纸具有定期出版、以商业为基础和公开销售等特征，因此被广泛运用在信息、记录、广告、娱乐消遣和街谈巷议等方面。除早期官方报纸外，早期商业性报纸塑造了大部分新闻机构的特点，即不与任何单一的信息源挂钩，而是由出版商汇编而成，向匿名的不特定的读者提供服务而不是作为宣传的工具。报纸的关心时世、讲求效用和世俗性的特点，实际上满足了一个新兴阶级——以城市为基础的商人和专业人士的需要。

报纸的发展也经历了不同的历史时期。被称为"观点纸（viewpaper）"的政党报纸曾长期存在。这些报刊以政论为主，其发行对象主要是政治组织的成员和受其影响的部分群众。虽然其发行量都在数千份以下，因此不能称为真正意义上的大众媒介，但它们确实在社会变革和社会生活中发挥了重要作用，特别是在英国资产阶级革命、法国大革命以及美国独立战争中。在北美独立战争期间，许多著名的革命理论家如潘恩、亚当斯等，都曾利用报纸进行民主思想启蒙，鼓舞人们反抗英国殖民统治，从而赋予报纸以"争取民主自由的阵地"这一特殊地位。西方资产阶级民主政治体制的变化发展促成了新闻学的传统，使报纸一开始便成为公众辩论、党派抗争和政治评论的场所。等到其他主要媒介出现时，这一政治变革已大体完成。至少在美国，电影和广播媒介在其形成时期都未能发展像报刊发展时期所具有的那样的政治兴趣。这些变化因素在其他国家，例如中国，显然具有不同的关联方式。

报纸成为大众媒介的标志性事件是1833年本杰明·戴在纽约创办《太阳报》。在当时美国的工人日均工资75美分而一般报纸售价6美分的情况下，《太阳报》每份售价1美分，因此也被称为"一分钱报"。两年之内，《太阳报》号称发行量超过1.5万份，因此成为美国最大报，也是第一份大众报纸。除价格低廉外，《太阳报》开始采用一种新的、"通俗的"新闻形式——包括犯罪、性和人情味报道等活泼形式——吸引大量低收入、低教育的人群。"一分钱报"重新给新闻下定义，使其适合社会上受教育较少的阶层的口味、兴趣和阅读能力。而在以前，"新闻"通常意味着报道真正重要的社会、商业和政治事件以及具有普遍意义的其他事件。与此同时，《太阳报》还积极采用工业时代的新技术，如蒸汽驱动印刷机等，以削减成本并增加印数。

在大众报刊发展的早期年代，一分钱报带动了媒介产业的发展，奠定了一种重要的体制化方式，即把广告商、媒介经营人和受众连接起来，形成一种功能系统，生产特定类型的大众传播内容。这一方式以19世纪末20世纪初黄色新闻为极端表现。随着媒介产业的成熟，后来普利策等传媒大亨开始倡导"严肃新闻"，促进了新闻人员的职业化、新闻的专业化和行业伦理，使报纸真正扩散到整个社会，并在日常事务中开始发挥越来越重要的作用。但是今天，商业化报纸已经成为许多国家主流的报纸形式，它们不断追求企业规模以实现利润；高度依赖广告收入，并使"严肃新闻"受到冲击。

和西方相比，中国近代报刊的起步却姗姗来迟。在中国大陆上最早出现的近代报刊是由西方传教士19世纪初开始在澳门和广州等地创办的宗教性刊物。随着西方列强的政治、经济、文化与军事势力的不断侵入，外国人在华办报活动在19世纪70年代至90年代达到高潮。由美国商人美查等人1872年在上海创办的《申报》是当时最有影响的中文报纸之一。1873年创办的《昭文新报》是由中国人自己创办的第一份报纸，但是从内容形式及社会影响看，由政论家王韬于1874年在香港创办的《循环日报》，才真正称得上国人自办的第一张近代化报纸。

在内忧外患日益深重的情况下，为拯救民族命运而不懈斗争的志士仁人，都把报刊当作政治斗争的武器和号角。从"维新变法"到"辛亥革命"直至"五四运动"，政治活动家们以及各种政治党派都纷纷创办报刊作为舆论阵地。他们利用报刊评点时局，展开论述，抨击国内外的黑暗势力，鼓吹自己的政治主张。中国共产党早就明确地把新闻工作看成是党的耳鼻喉舌，是宣传工具。改革开放以后，对新闻媒介的作用有了新的认识。

9.3 电子传播时代

1837年摩尔斯发明了电报。1844年第一条电报线路开通，而摩尔斯发出的第一条电报的内容是："上帝，你究竟创造了什么！"电报之所以被视为奇迹，是因为在此之前，信息的流通要通过交通工具来进行，因此并不比人的流动和物体的流动更快。电报当时主要被用于铁路和报纸两个行业。当1858年横跨大西洋的海底电缆宣告竣工时，来自遥远地方的新闻报道，不断增加了人们的期待和亲近感。

以电报为基础的国际通讯社成为全球媒体的第一种重大形式。英国路透社、法国哈瓦斯通讯社和德国沃尔夫通讯社相继成立，并于19世纪70年代建立"环形联盟"（Ring Combination），瓜分世界新闻市场。19世纪末期美联社和合众社也加入该联盟。电子媒介开始逐步使分离的国家邻近化，到今天，"地球村"的概念已经普及。

1895年法国的卢米埃兄弟发明了电影摄影机。作为一种新的娱乐工具，电影提供各种故事、戏剧、音乐、幽默、特技以及宏大场面，是真正的大众媒介，满足了普罗大众的"休闲"需要。虽然电影史上娱乐居于主流地位，但是在战争期间电影也曾被广泛用于社会宣传。在第一次世界大战中，美国公众信息委员会曾动员电影界加入了一场"向美国观众兜售战争"的全面运动。经过20世纪初的不断实验和改进，电影迅速完成了从无声到有声的过渡。到1929年，彩色电影也实验成功。20世纪三四十年代，电影进入鼎盛时期，成为最受欢迎的大众娱乐形式。

电影史上最重要的转折点：一是"第一次世界大战"以后电影"美国化"促成了电影文化的同质化，使电影媒介的定义观念趋向整合；二是电视夺走了很大一部分电影观众，特别是一般家庭观众。电视也转移了电影发展起来的社会纪录片潮流。在今天，尽管电影的直接观众减少了，但电影与其他媒介，特别是书籍、流行音乐以及电视本身的融合，使电影仍然在文化中占据核心地位。而电视媒介的"小众化"，实际上使电影中艺术流派的发展在政治或艺术自我表现上获得了解放，尽管在许多国家仍然存在对电影的检查和控制机制。今天实际上仍然有很多人在家庭中通过电视、录像、有线电视和卫星电视等观看节目，因此我们可以说，电影是大众文化的创造者。

1899年，意大利人马可尼将无线电报带到了美国，但是将无线电转变成广播媒介的主要是业余无线电爱好者。他们先是通过无线电技术进行双向信息交换，然后开始偶然播放音乐和新闻。1920年，美国西屋公司收购了工程师康拉德的"播音室"和发射台，在匹兹堡创办了世界上第一家商业无线电台KDKA，并首次播出了美国总统竞选的消息。

最初办广播的，是一些无线电收音机的生产经营者，还有很多重视"新媒体"的报纸出版商。但是昂贵的投入让这些最初经营者纷纷退却，直到20世纪30年代初，美国全国广播网开始建立，它们反映了美国人宣传一整套特定的社会价值以团结全国人民的愿望，但实际上却主要是为广告主提供大规模的全国听众。当时广播网的节目内容，定位于吸引具有购买力的白人中产阶级的兴趣，创造一个全国性的大众市场和销售产品。这一结果使得后来整个美国民族、种族和宗教歧视明显增强，并在60年代公开凸显出来。但是30年代发展起来的商业模式，为后来的广播电视网奠定了基础，它们创造了现代消费社会的奇迹，并实际影响了全球越来越多的国家和地区，有力地挑战了欧洲的"公共服务广播体系"。

相对于美国"让市场自由决定"的原则，西欧国家在同一时期发展出一种公共服务广播系统。那是一种由法律所规定，普遍由公共基金（通常是家庭支付的广播使用费）所管理的系统，具有广泛的编辑和营运独立权，其运作的一般原则是通过满足社会与人民重要的传播需求，来为公共利益服务。其基本目标包括：接收与传送的普遍性；提供各式各样的品位、利益和需要，满足所有的意见与信念；为特定的少数人群提供服务；关注国家文化、语言与认同；服务政治体系的需求，在具有冲突的议题中，保持平衡与不偏不倚的角色定位；特别关注不同定义下的"质量"。以BBC为代表的公共服务体系，特别强调媒体独立于政府之外，并服务于社会公共利益。

第二次世界大战以后，电视的发明和普及开辟了大众传播的新时代。从表面上看，电视只是广播和电影这两种媒介在技术上的结合，但是它所产生的社会影响却远远超过历史上任何传播媒介。尽管电视事实上主要是一种娱乐媒介，但是还是有许多人把电视作为重要的新闻与信息的来源。电视也被冀望成为另一个教育者。电视上频繁露面的主持人常常被观众视为朋友，因而使电视体现出亲密性和准社交性质。实际上，电视的影响是难以胜数的。电视不仅改变了人们的生活方式和习惯，而且改变和影响了人们的思想观念、文化趣味乃至社会政治生活。人们把社会的进步、经济的繁荣和政治的变革归功于电视，同时社会上的矛盾冲突、困惑与烦恼、犯罪与暴力，以及道德的降低和败坏归咎于电视。对电视的研究已经超越了技术本身甚至内容本身，而扩展到人类思想和生活的各个方面。

9.4 新媒体数字传播时代

1946年，第一台模拟计算机出现在美国宾夕法尼亚大学。这种真空管计算机不仅体积大、造价高，而且使用困难并且不可靠。20世纪50年代末调制解调器的出现解决了计算机与电话的兼容问题。60年代末美国军方开始了网络实验研究。1971年英特尔公司推出的第一台芯片电脑，宣布了一个"集成电子新时代"的到来。随后推出的一代又一代个人电脑，体积越来越小，功能越来越强大，应用也越来越广。到80年代初，互联网开始民间化。随着计算机友好界面以及马赛克等网络技术的发展，在线网络日益流行。

从20世纪60年代以来沿用至今的"新媒体"一词，涵盖了通讯卫星、光缆电视、移动电话、计算机以及国际互联网等一切新发明的信息传播技术。新媒体最根本的特征是数字化。通过数字化，所有的文本都能够转换成二进制编码，并可以采用同样的方式进行生产、分配和储存，从而实现所有既有媒介之间的整合，也使人类传播的能力大大提高。卫星、光缆和数字电视技术使传送的容量大幅增加，电视频道可以从原先的几个、十几个猛增到上百个。计算机和网络的发展更是极大地拓展了海量信息的快速传递、存储和检索。私人媒介制作，包括数码照相机、摄像机、打印机和各种编制程序等，也扩展了媒介的世界，并且在公共传播与私人传播、专业领域与业余领域之间建立了联系。手机作为最便利的移动用户终端，正在成为各种媒介的聚合点，力争实现全部的媒介功能。

新媒体技术多种多样并且处在持续变化中，但其总的发展趋势是媒介技术的聚合和人性化。学者赖斯认为，新媒体虽然可能有共有的渠道，但仍可以根据其使用、内容和情境等加以区分。

① 人际传播媒介：如电话，包括移动电话和电子邮件等。总体来说，其内容是个人的且易逝的，此外，通过人际传播建立与强化人际关系，要比传递信息更为重要。

② 互动操作媒介：主要包括计算机游戏和视觉以及虚拟真实的装置。与传统媒介相比，主要区别就在于互动性以及对使用过程的控制，而不是对使用目的的满足。

③ 信息搜索媒介：以互联网为典型。互联网被视为一种具有空前容量的、实在的、易接近和使用的图书馆与资料来源，但是使用的动机以及搜索内容多种多样。除网络外，手机也逐渐变成另一种信息搜索的渠道。

④ 集体参与式媒介：包括互联网中的 BBS、社区论坛以及维基百科等网络运用形式。其目的是为了共享和交换各类信息和意见并发展活动。除互联网外，电视电话会议等也属于此类媒介。

总之，除海量信息传递外，新媒体与传统大众媒介相比，具有更多互动性、社会参与性、私人性与自主性的可能。

新媒体的发展也导致了一些相关概念和理论的产生。首先是关于"信息社会"的概念。1969 年，日本出版了林雄二郎的《信息化社会》一书以及日本经企厅经济审计会的报告书——《日本的信息化社会：视点与课题》。美国社会学和未来学家 D·贝尔 1973 年出版的《后工业社会的到来》，以及 A·托夫勒 1980 年出版的《第三次浪潮》，使"信息社会"的概念产生普遍影响。1967 年，美国 GNP 的 25% 来自信息商品和信息服务的生产、处理和分配；另有 GNP 的 21% 来自于由公司机构从事的、纯粹属于国际用途的信息生产和服务。到 1970 年，美国劳动力的近半数属于信息产业的从业者。因此 1977 年美国商务部报告证明，美国经济以信息为基础。根据国际经济合作与开发组织（OECD）的调查，1982 年，几乎所有发达国家，信息产业的劳动力都达到总劳动力的三分之一以上。今天，信息社会已经成为现实。

一般认为，信息社会尽管从农业社会和工业社会发展而来，但却具有与前两者明显不同的特点。一是社会经济的主体由制造业转向以高新科技为核心的第三产业，即信息和知识产业占据主导地位；二是劳动力主体不再是机械的操作者，而是信息的生产者和传播者；三是交易结算不再主要依靠现金，而是主要依靠信用；四是贸易不再主要局限于国内，跨国贸易和全球贸易成为主流。

信息社会也反映出新传播技术的全球化倾向。建立在电讯传播基础上的新技术使用者之间的网络、范围和联系，并未如同旧媒介一样，遵循着国家疆界的路线而行。其结构和运作方式是全球性的，促进了语言（尤其是英语）方式、程序和使用习惯的统一，并且其中媒体经济利益化的趋势非常明显。对全球化传播存在着许多争论。

另一个伴随概念是网络社区（virtual community）。社区的概念长期以来在社会理论中占据重要地位。按照德国社会学家 F·腾尼斯（Ferdinand Tönnies，1855—1936）最早提出的社区的定义，社区是指那些由具有共同价值取向的同质人口组成的，关系密切、出入相友、守望相助、疾病相抚、富有人情味的社会关系和社会团体。但是随着工业化、都市化的发展，社区的地域和血缘联结纽带日渐松散了。社会，即由目的和价值取向不同的异质人口组成，由分工和契约联系起来的团体，逐渐取代了社区。面对面的人际互动减少了，社区生活离散化了。传统上大众媒介因其"非人化"的"社会"性特征而招致批评，但新媒体的出现却被认为是建立社区的积极方式。以网络为中介的虚拟社区，可以由任何数量的个人，以自愿选择或是对某些事物的反应为基础，通过网络而形成。虚拟社区可能具有真实社区的特征，也可能具有另外的优点，如开放性和可接近性。而一个虚拟社区形成的典型条件，似乎包含了少数人（如同性恋群体）的身份认同，成员实体上的分散以及某种强化的爱好等，这些可能是大众媒介或直接的实体环境所不能提供的。但是网络社区中真实性和义务感的缺乏，削弱了"社区"这一术语的固有意义。虽然网络社区可能为跨社会和跨文化传播提供了新的机会，但也可能间接地强化社会与文化的藩篱。

新媒体是否有助于一种更为平等与自由的社会产生呢？围绕这一问题同样存在着乐观与悲观两种看法。乐观者认为，新媒体能绕过现存制度化渠道，降低人们对各种垄断性信息源的依赖，并最终实现解放。在即将来临的"影像乌托邦"中，普遍接近和使用文化信息的情景将会出现。而悲观论者则认为，"信息高速公路"的主要获益者仍然是大公司，社会和信息鸿沟将会扩大而不是缩小，并导致"信息下层阶级的出现"。信息科技并非完全自由，相反，因为它的高度渗透性、社会影响力和市场化潜力，新媒体可能面临更多管制风险，而新媒体本身也可能成为新的社会控制工具。

9.5　媒介系统

媒介系统是指一个国家或社会中所有的大众传播媒介所构成的一个体系。在媒介系统中，存在着不同形式的媒介，如报纸、期刊、广播、电视、电影、唱片、网络及电信传播等。这些媒介形式相互之间实际上并没有正式的关系。媒介系统是媒介历史成长的结果——一个接一个的新技术发展，使得既存媒介要对此进行调整和适应。除媒介形式上的差别外，还存在大量媒介企业运作的差别。比如电影媒介，除了影片的生产外，还包括影院发行、光盘出租或销售、电视播出等。报纸和广播的运作主要依据地理来划分。日报可以是全国性大发行量的报纸，也可以是都市类商业报纸。杂志也可以区分为大众杂志和各种行业杂志。由于媒介集团化的发展，我们常常需要以媒介集团为单位考察它们跨地区或跨媒介的经营方式。在历史发展中，这些媒介系统的组成部分可以依据一套国家媒介政策原则来进行组织，从而导致某种程度的整合。国家也会设立相应的管理机构，如国家新闻出版广电总局，此类机构构成了媒介系统的另一要素。另一方面，媒介系统也被其受众和广告客户等看成是一个连贯的信息传播系统。媒介间产品（信息及广告）可以相互替代，如广播新闻可被电视新闻或报纸新闻所取代，广告也似乎可以从一个媒介转移到另一个媒介，由此就造成不同媒介之间和同种媒介之间的竞争和垄断加剧。媒介的垄断性程度越高，就越容易被看成是一个单一系统。

在媒介系统中，除媒介组织形式的多样性外，那些从事"大众传播"工作的职业群体也存在多样性。从电影巨子、出版巨头、编剧、制片人、导演、演员，到书刊作者、记者、编辑、音乐人和DJ，再到广告人、公关人员等，不胜枚举。不仅如此，上述群体中的大多数又可以根据媒介类型、组织规模或地位，从业类型等进行分类。

尽管存在多样性，我们还是应该把媒介生产置于一个共同的分析框架中，图9-1是麦奎尔描绘的一个媒介组织的层级结构框架。从这个框架中可以看出，媒介生产既受大众传播者个人角色以及特定媒介组织常规的影响，又会受到超组织的媒介产业机构以及其他社会力量包括国际因素的影响。

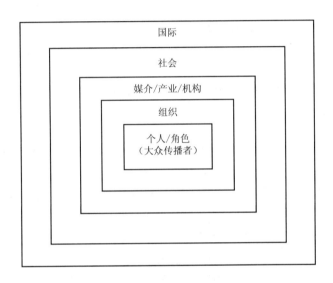

图9-1 大众媒介组织：分析的层次①

9.6 媒介即讯息——麦克卢汉的媒介决定论

许多学者都从不同角度对媒介技术的作用进行了研究，其中最有影响的是加拿大学者马歇尔·麦克卢汉（Herbert Marshall McLuhan，1911—1980）。他曾先后出版了《机械的新娘》（1951）、《古登堡群英》（1962）、《理解媒介：人的延伸》（1964）以及《媒介即讯息》（1969）等著作。他去世之后又出版了与他人合著的《地球村》（1980）一书。在这些著作中，他提出了三个著名的观点："媒介即讯息"、"媒介：人的延伸"和"热媒介与冷媒介"。尽管麦克卢汉的理论曾引起很大争议，但他确实使人们关注媒介技术特性对人类传播的影响。

---

① 转引自丹尼斯·麦奎尔：《麦奎尔大众传播理论》（崔保国、李琨译），北京：清华大学出版社，2006年7月，第205页。

1. 媒介即讯息

1964年麦克卢汉提出的"媒介即讯息"的观点震惊了全世界。他认为，媒介最重要的影响来自于它的形式而不是它的内容。"正是传播媒介在形式上的特性——它在多种多样的物质条件下一再重现——而不是任何特定的信息内容构成了传播媒介的历史行为的功效。"①

媒介效果的影响并不是体现在有意识的意见和观念层次上，而是在感觉比例和知觉类型的下意识层次上。所谓感官比例，是指我们各种感觉器官的平衡作用。原始人重视所有的五种感官——嗅觉、触觉、听觉、视觉、味觉。但是科技，特别是传播媒介，使得人们只强调一种感官超过其他感官。从口语转向书面语和印刷，视觉被突出强调，并且从整体感觉中分离出来。它影响了我们的观察，如注重细节等，也影响了我们的思考，使思想变成单一线形的、连续的、规则的、重复的和逻辑的。视觉的分离也产生出情感的分离，使感觉、表达和体验情感的能力下降。印刷媒介带来专业和技术的分化，同时也造成了疏离感与个人主义。就社会层面看，印刷媒介使国家产生，并导致民族主义的高涨。以电视为代表的电子媒介却扭转了视觉空间的感觉分裂，人类重新部落化，个人与环境合为一体。

2. 媒介——人的延伸

在麦克卢汉看来，技术性的工具，如车轮或字母，都变成了人类感觉器官或身体功能的巨大延伸。每一种新的媒介技术都具有令人着迷的力量，因为它们把各种感觉分离，而在部落中，人的各种感觉大体上是以完美的对称存在的。当任何一种感觉或身体功能以技术的形式具体化时，官能的分裂和各种感觉之间比例上的变化就出现了。印刷术的发明，巩固并扩大了视觉在应用知识方面的新作用，而电子技术扩展的不是我们的眼睛，而是我们的中枢神经系统。"我们的个人生活和团体生活变成了信息加工过程，因为我们已经把自己的中枢神经系统放在我们之外的媒介技术中。""就我们这个星球而言，时间差异和空间差异已不复存在，我们正在迅速逼近人类延伸的最后一个阶段——从技术上模拟意识的阶段。""我们的时代渴望整体把握、移情作用和深度意识，这种渴望是电子时代自然而然的附属物。"

3. "热媒介"与"冷媒介"

这是麦克卢汉就媒介分类提出的一对著名概念。他本人对这组概念并没有明确界定，人们只能根据他的叙述加以推测。"热媒介"传递的信息比较清晰明确，接受者不需要调动更多的感官和联想活动就能够理解；而"冷媒介"的内容含义不太明确，需要受众的更大参与。"热媒介"如照片、印刷物、电影和无线电广播等，极其明确地把一种单一的感觉加以扩展，留下需填补的空间很少。但电视却是"冷"的，因为"电视形象需要我们每时每刻以一种强烈的感觉上的参与'填补'网点之间的空间。这种参与是极其能动的和有接触感觉的，因为触觉是各种感觉的相互影响，这要超过皮肤与物体的单独接触"。对麦克卢汉来说，触觉代表着人类所有的感觉的综合，即部落人的长期失落的"感觉总体"。于是电视就成为现代社会重新恢复心理统一的实用工具。

麦克卢汉的很多理论并不是严密的科学考察的结论，而是他所谓的建立在"洞察"基础上的思辨性推论。他关于技术是人的生物性而非社会性的延伸的观点也招致许多批评，但他对于媒介技术特性的重视和对新媒体时代的预言，至今依然发人深省。

---

① （美）D. J. 切特罗姆：《传播媒介与美国人的思想》，北京：中国广播电视出版社，1991年，第185页。

9.7 消失的地域——梅洛维茨的理论

1985年美国学者梅洛维茨（Joshua Meyrowitz）发表《消失的地域：电子媒介对社会行为的影响》①（*No Sense of Place*）一书，将麦克卢汉的理论与社会学家戈夫曼的"社会脚本"理论结合起来，探讨电子媒介对人类传播的影响。他认为电子媒介影响社会行为的原理并不是什么神秘的感官平衡，而是因为重新组合了人们交往的社会环境，从而带来了新的行为规则和对"恰当行为"的认识变化。

按照戈夫曼的理论，人们的行为规则和社会交往方式是受到特定的场景——传播发生的地点及观众——所限定的。社会场景形成了我们语言表达及行为方式的基础。当人们进行特定的交往时，首先需要确定场景，然后根据场景要求采取适当的行动。每一个特定的场景都有具体的规则和角色。我们适应社会生活的方法之一是学习我们文化中的场景定义。在一种文化内，几乎不需要有意识地思考就能适应绝大多数的场景。因此多数情况下，我们关注自己的决定，而很少注意场景给我们的选择所作出的限制。实际上，被分割在不同场景（或不同的场景集合）中的人们会形成不同的价值观念、社会身份和社会行为。但是梅洛维茨认为，电子媒介如电视，使得人们的社会场景发生了很大的改变，所以对人的社会行为有很大的影响。他以三项研究来证明电子媒体对人的社会行为的影响。

一是男女气质的融合。传统认为，男性和女性角色是由生物性质所决定的，但后来的研究则有力地证明，传统上男女性别角色的差异更多是由社会化，即不同的培养方式和角色期待所导致的。梅罗维茨则要证明，男性气质与女性气质融合的最新趋势与电子媒介使用后男性与女性信息系统的融合有关。传统上，女性属于家庭，而外部世界属于男人。男女性活动的场景是截然分开的，因此在生活的许多领域中并没有真正的人类经验，而只有女性经验和男性经验。男人和女人由不同的标准来衡量并用不同的需求来检验。但是电子媒介特别是电视的普及，使男性和女性的社会场景或者信息系统产生了融合。女性被告知，她们在办公室以及家庭中的进攻性可以被接受；而男人被告知，他们可以哭，可以公开表达内心的恐惧和对孩子的爱。男女性的融合，不是女人更像男人，而是两种性别的成员变得类似。这一研究证明，电子媒介将许多不同类型的人带到相同的"地方"，于是许多从前不同的社会角色特点变得模糊了。

二是成年和童年的界限模糊。传统上儿童总是处在被保护同时也被隔离的状态。儿童的社会化受到家长和学校的严格控制，总是循序渐进地发生的。但是现在，儿童和成年之间的界限也变得模糊了。许多儿童穿着很"成熟"，而成年人却穿得像个"大孩子"。儿童和成年人的语言和词汇的差异也在消失。社会公认不适合与儿童讨论的话题越来越少，儿童也越来越多地犯下"成年人"的罪行。但是梅洛维茨认为，不存在"儿童电视"类的东西，因为电视的特点决定了电视内容不像书籍内容那样能把儿童与成人世界隔离开。电视暴露给孩子几个世纪以来成年人一直不让孩子知道的许多话题和行为，允许孩子"参加"成年的交

---

① （美）约书亚·梅罗维茨：《消失的地域：电子媒介对社会行为的影响》（肖志军译），北京：清华大学出版社，2002年。

往，并促使孩子去问那些没有电视他们就不会听到或看到的行为和语言的意义，如钱、死亡、犯罪、性和毒品。儿童接受社会化讯息的旧顺序被打破了，他们在老师教给他们理想之前，就对"真实"生活了解太多，因而迅速成人化了。因此电子媒介对儿童的影响，不仅仅在于具体的讯息，而在于提供大量的"成人化"的场景结构，从而打破了儿童与成年的社会隔离。顺便提一下，波兹曼在《童年的消逝》[①] 一书中也谈到类似观点，他并且认为，"童年"这个概念本身就是伴随着工业化以及印刷媒介的发展而来的"历史性"的概念。

三是政治英雄降为普通百姓所体现的权威变化。领袖的形象需要神秘感以及对公众印象的小心控制。传统上的政治英雄更接近一种社会角色的扮演，他需要和观众隔离，需要私下操练以及前台的适时表演。但是通过电视，我们看到他们对许多不同类型的听众演讲，然后对家人"私下"打招呼。电视对政治家的各种行为表现太多了，而他们正在失去对自己形象和表演的控制。现场演讲中演讲人的紧张和错误常常被听众有礼貌地忽略，但电视上，政治家们会看到自己口吃、出汗甚至紧张地舔嘴唇等永久的镜头，甚至思考几秒钟也可能被看成是犹豫不决、虚弱或衰老的象征，因此电视使政治家的公众评价降低了。有调查表明，美国选民对总统的正面和负面的观点通常是按照总统个人的形象而不是他的政策立场来表达的。总之，在特定的社会场景中存在着特定的社会角色扮演和角色期待，而电子媒介却打破传统的场景界限，产生了新的场景、新规则和新的角色行为。

和麦克卢汉一样，梅洛维茨的理论仍然强调媒介的技术特性而不是媒介讯息内容对人类传播的影响。所不同的是，他认为人的社会交往行为不仅仅取决于感知，而且取决于特定的交往场合。电子媒介恰恰是通过改变人们的交往场合的方式来影响人类传播的。实际上，媒介本身就构成了某种人类社交场合。印刷媒介依据其编码的复杂程度而将人隔离开来，形成专业壁垒，并使非常少量的人成为知识权威并行使权力。电子媒介则可以打破不同专业之间的隔绝，使更多的知识具有可接触性。电子媒介通过融合许多过去不同的知识场景，打破学科界限，开始新的对话，并形成了交叉学科领域的发展。

9.8 媒介素养运动

随着现代传播技术的发展，各具形态的媒介不断涌现，并以各种方式影响着人类的信息处理能力。在新媒体时代，相对于传统的读、写素养（literacy），媒介素养（media literacy）即有效地理解和运用媒介的能力，越来越受到重视，媒介素养运动应运而生。

1933年，英国学者E. R. 利维斯和D. 桑普森（E. R. Leavis & D. Thompson）发表文化批评论著《文化和环境：培养批判意识》(Culture and Environment: The Training of Critical Awareness)。他们认为，新兴的大众传媒在商业动机的刺激下所普及的流行文化，往往推销一种"低水平的满足"，这种低水平的满足将误导社会成员的精神追求，尤其会对青少年的成长产生各种负面的影响。因此，教育界应以系统化的课程或训练，培养青少年的媒介批判意识，使其能够辨别和抵御大众传媒的不良影响。1970年代后，随着人们接触大众视听媒介的机会和时间不断增加，从丹麦和英国开始，欧洲、大洋洲、北美以及东亚等地的发达国

[①] 尼尔·波兹曼：《童年的消逝》（吴燕莛译），桂林：广西师范大学出版社，2004年。

家和地区逐渐开展媒介素养教育，皆在培养媒介多元的观点，使学生具有识别媒介世界与真实世界的差异的能力。

美国学者斯坦利·巴伦结合前人的研究，确定了媒介素养的7个基本要素[1]。

① 能够意识到媒介产生的影响。如果忽视媒介对我们生活所产生的影响，我们就会面临被它诱惑并被它左右的危险，更不用说对它的控制或引导了。

② 能够理解大众传播的过程。如果我们知道大众传播过程的组成部分以及它们之间是怎样相互联系的，我们就可以预知它可能提供的服务。

③ 具有分析和讨论媒介信息的策略。如果我们要理解媒介信息的含义，就必须具备理解含义的方法（比如，理解电影的意图和影响以及录像的基本原理，如摄像机的角度和灯光；或在报纸上刊登照片的策略）。否则，含义是为我们制造的，但对媒介内容的解释却取决于含义制造者而不是我们。

④ 理解媒介内容是一种文本，能够为我们的文化和生活注入智慧。与现代文化一样，媒介信息信息高度控制着传播，塑造着我们对文化的理解和洞察能力。

⑤ 具有享受、理解和欣赏媒介内容的能力。媒介认知并不意味着去过一种乏味的生活，好像媒介中不存在任何有价值的东西；或总是怀疑媒介效应的危害和它对文化的破坏。我们通过在中学和大学里的学习来提高对小说的理解和欣赏能力，我们对媒介内容也同样可以做到这样。享受、理解和欣赏媒介内容也包括从不同角度接触媒介以便得出不同程度意义的多点切入的能力。

⑥ 对媒介职业工作者的道德和伦理义务有所理解。对媒介表现要做出有水平的判断，就必须对媒介所处的竞争环境有所了解，还必须了解有关媒介操作的法律和道德规范是什么。

⑦ 发展恰如其分的、行之有效的制作才能。传统认知推断，会阅读的人也会写字，而媒介认知也有同样假定。有媒介认知的人都应该提高自己的制作才能以便能够制造出有用的媒介信息。

除了专业的媒介产品制作职业外，大多数职业现在都启用某种媒介形式来发布信息、加强表达效果或保持与客户和顾客的联系，因此提高媒介素养是十分重要的。

目前，媒介素养教育得到联合国教科文组织（UNESCO）的大力倡导和支持，在世界上很多国家得以传播。英国最早开展媒介素养教育，其媒介教育主要包括媒介运行机制介绍、媒介的编码—解码规则及真实性辨别、信息传播技术的使用、媒介与受众关系以及其他相关议题的讨论。澳大利亚是世界上第一个通过法令使媒介素养教育成为从幼儿园到12年级教育组成部分国家。其媒介素养教育的总体目的在于帮助学生形成现代社会中必要的社会技能，使他们能够客观、批判地对待现代传播形式。他们还为此制定了不同阶段的课程大纲。比如对12年级学生的预期课程目标是：理解所选媒体特征，理解一些媒体文本的建构模式，理解媒体文本中价值系统和背景怎样构建意义、外部压力对媒体产制的影响，利用交流技巧展示对媒体文本的批判性评价，应用媒体操作技能展示对媒体建构的理解等。美国的媒介素养教育，一方面坚持"保护主义"，帮助学生抵御不良健康媒体讯息；另一方面则从艺术修养角度切入，培养媒体素养，形成批判性思维。美国的媒介素养教育课程重视实践操作与理

---

[1] 参见（美）斯坦利·巴伦：《大众传播概论：媒介认知与文化》（刘鸿英译），北京：中国人民大学出版社，2008年，第58-68页。

论学习的结合。此外还根据各州的实际情况增加媒体素养教育试验点，将媒介素养教育与防范暴力、毒品、酒精、香烟、色情或性教育相结合发展课程，或将媒体素养融入到各个学科的课程中。亚洲开展媒介素养教育较早的国家是日本。20世纪60年代开始日本有学校试行"屏幕教育"，内容包括电影评析和电视评析，目的是帮助儿童了解大众传播的特性和现实，培养他们对大众传播的正确态度。还有"儿童与公民电视论坛"等民间团体通过筹办会议、组织专题研究等形式大力倡导媒介素养教育，在图书出版、教师培训和课程设计方面日本也领先于亚洲其他国家。

值得注意的是联合国教科文组织自1970年以来为推动媒介素养教育作了积极的努力，如设计国际性的媒介素养教育方案，对国际媒介素养教育状况和趋势发表相关研究报告。近年来积极推进媒介素养教育的一个主要的国际性非政府组织是"国际教育媒介理事会（International Council for Educational Media）"，其代表来自30多个国家。另一个"视听传媒教育欧洲协会（The European Association for Audiovisual Media Education）"是1989年在欧洲共同体委员会和欧洲理事会的赞助下成立的，作为欧洲各国媒介素养教育组织的交流与协调机构开展活动。此外，"国际天主教广播电视和音像协会（International Catholic Association for Radio, Television and Audio-Visuals）"等机构也倡导并举行各类有关媒介素养教育的活动。

1997年中国社会科学院卜卫在《现代传播》发表《论媒介教育的意义、内容和方法》一文，参照英国、美国和我国台湾地区的媒介素养理念与实践，依次对媒介素养教育的概念、意义、内容和方法作出系统阐述，并引用台湾学者吴翠珍对电视素养内容的分类，作为假设大陆媒介素养教育内容的依据之一。此后，大陆媒介素养教育研究论文日渐增多，但媒介素养教育的社会推广仍有待开展。

◇ 小 结

传播是通过一定的媒介、工具或手段来进行的。对媒介技术发展的系统考察有助于我们认识不同媒介的特性及其对人类传播的影响。语言的产生是真正意义上的人类传播开端。口语增进了人类沟通，促进了人类思维，使人类文化得以传承。文字使记忆更准确，使传播内容脱离主体而广泛传递。印刷术的发明导致了书籍生产和使用的变化，并促进了语言的标准化。报刊等印刷媒介经历了不同的历史发展时期，在中西方社会政治发展中都发挥了重要而不同的作用，并发展成为第一种大众传播媒介。从电报的发明，到电影、广播和电视的普及，电子媒介的发展形成了叠加的大众传播网络。借助于现代传播技术的大众传播体现出向广大匿名受众大规模、单向传输的特点，而媒介企业的工业化运作模式时常与社会服务的功能角色冲突，由此导致各种对媒介制度与媒介规范的探讨。20世纪70年代以来以卫星通讯和计算机网络为代表的新媒体传播，增强了传播的交互性和使用者的自主性。数字化过程可以整合以往一切媒介，使媒介资源丰富起来，并更具人性化。

有许多学者从不同角度探讨了媒介技术对人类传播的影响。麦克卢汉以"媒介即讯息"的口号来强调媒介技术特性本身对人类传播的重要影响。他强调媒介是人体的延伸，媒介变化改变了人类感知平衡和文化体验，而不同媒介的相互协作将实现"地球村"的美好理想。梅洛维茨试图将麦克卢汉的思想与社会学家戈夫曼的理论综合起来，他认为以电视为代表的电子媒介改变了以往人类社会互动的场景，从而导致了人类传播行为的改变，如以男女气质的融合所反映的社会身份变化,以成年和童年的模糊为代表的角色转换,以及政治英雄降为普通百姓所体现的权威变化。

伴随着现代传媒日新月异的发展,传统的对读写能力的培养扩展为媒介素养教育,在越来越多的国家得到推广,并且从最初的社会运动形式发展为法制化的公民教育的重要组成部分。中国的国民媒介素养教育有待开展。

推荐阅读

1. (加)麦克卢汉《理解媒介:论人的延伸》(何道宽译),北京:商务印书馆,2000。
2. (美)约书亚.梅罗维茨:《消失的地域:电子媒介对社会行为的影响》(肖志军译),北京:清华大学出版社,2002。
3. (加)哈罗德·英尼斯:《传播的偏向》(何道宽译),中国人民大学出版社,2003。

思考与练习

1. 选择同一条重大新闻,对比一下报纸、广播、电视和网络新闻门户网站的相关报道,看不同媒介对同一事件的报道有什么不同吗?其中是否体现了不同媒介的技术特征?
2. 在网络传播时代,你如何理解"媒介即讯息"?
3. 电子媒介如何改变了我们社会活动的场合从而改变了我们的传播行为?梅洛维茨的理论对你有什么启发?
4. 如果请你对高中生的媒介素养进行测量,你会选择哪些方面进行考察?

第 10 章

大众传播的组织化生产

媒介技术是由人创造和使用的，创造和使用媒介的人是社会传播中最为活跃的一部分。技术的发展促进了社会的进步，也促成了一批媒介组织，如报社、出版社、电台、电视台和网络媒体等。它们以组织化生产的方式进行传播活动，大众传播的产品一般来说主要是由这些专业媒介组织制作的。媒介的技术特性决定了信息传递的数量和质量以及时空范围，但媒介组织的特性则决定了媒介信息产品和媒介文化的特征。

10.1 大众传播过程

1. 施拉姆的大众传播模式

一般所谓的大众传播过程，就是指借助于媒介技术进行的面向广大人群的传播过程。典型的大众传播模式，是被设计出来向许多人传播的。施拉姆的大众传播模式（见图 10-1）显示了从人际传播模式走向大众传播模式，以及将大众传播看作是社会的一个组成部分的趋向。

媒介组织（media organization）是大众传播过程的中心，它执行着与人际传播模式中的传播者相同的功能，即编码、释码和解码。媒介组织每天收集大量新闻信息和其他信息，经记者、编辑等加工整理成媒介产品，发送给受众。媒介组织根据技术的不同（印刷、电影、电视、互联网及移动互联网等）而分成不同的类型。而在每个类型中，又存在着各种生产经营上的差别。但媒介产品都是在特定的公共空间进行专业化生产，并接受一定的外部管制。

媒介讯息（media message）主要是由媒介组织进行标准化生产、可大量复制的各种文本和图像、故事和观点以及花样繁多的媒介奇观的混合物，通常被称为媒介产品（media product）或大众文化（mass culture）。大部分媒介讯息本质上是一种商品，主要是媒介市场的交换价值与媒介消费者的使用价值合二为一的产物。这正是媒介讯息与其他形式的人类传播内容有所差异之处。

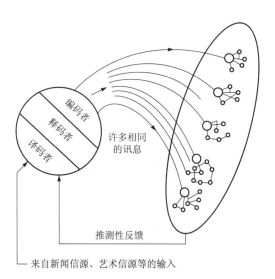

图 10-1　施拉姆大众传播模式图①

大众受众（mass audience）是指大众传播过程中媒介信息的接收者，它起源于古希腊或古罗马城市都会中在特定地点观看大规模表演的实体人群（auddience），具有公共性和特定的行为规则。由于报纸、电影或广播等传播媒介可以到达（reach）分散各地的人群，布鲁默（H. Blumer）通过和其他社会群落特别是小群体（group）、集群（crowd）和公众（public）相比较，而最先将大众（mass）定义为现代社会中的新型社会群落。②小群体成员相互认识和了解，具有共同的价值观和长期稳定的关系结构，相互影响以达到某种目的。集群是在特定空间临时聚集的人群，可能具有某种高度的认同和相同的情绪，但其道德和社会组成通常缺乏结构和秩序，其行动常带有煽情性、情绪化和非理性的特征。公众通常是围绕着公共生活中的议题而形成的分布广泛且持久的个体集合，其主要目标是促进某种利益、意见或政治改革。以理性讨论为主，常由消息灵通人士组成，是民主政治的重要成分。大众主要指电影、广播以及大众报刊所到达的阅听观众。其数量庞大，分布广泛，具有匿名性和异质性，彼此间缺乏互动，也缺乏自我意识与认同，无法以一种组织化的集体行动来达到共同的目标，其消费倾向与政治行为易受大众媒介的引导和操控。

在传统的大众传播过程中，由于作为信息传播者的媒介组织和受众之间存在着社会差距和地理距离，因此传播者和受传者之间的传播关系不可避免地属于单向或非个人的。比起接受者来，传送者通常具有更大的权力、威望或专门知识。二者之间的关系不仅是不对称的，而且通常具有操纵性。对受众的研究常常从媒介组织的立场出发，视受众为"市场"，进行以"收视率"为代表的受众结构分析和媒介效果调查等"控制"研究。

在施拉姆的大众传播模式中，受媒介组织讯息影响的广大受众虽然由个体组成，但绝大部分个体却分别属于不同的初级群体（primary group）和次级群体（secondary group），他们会受到群体的影响，在群体内对讯息进行再解释。施拉姆强调群体对个人的影响，因此不同

---

① 麦奎尔：《大众传播模式论》（祝建华译），上海：上海译文出版社，1987年，第46页。
② Blumer, H. (1939) "The mass, the public and public opinion", in A. M. Lee (ed.), New Outlines of the Proincples of Sociology. New York：Barnes and Noble.

于视大众受众为"许多孤立个体的聚合"这一传统看法。在以互联网为代表的新媒体环境下,出现了许多在线联系和在线聚合的现象,如豆瓣网上各种讨论群体(discussion group),微博上各种话题公众(topic public),还有围绕种种突发事件而出现的网络集群(online crowd)现象。尽管"非个人化"、"匿名性"和"规模庞大"等词汇常用于描述大众传播现象,但实际经验却是媒介用户以个人化、小规模等方式与社会生活相融合,围绕媒介而产生的社会互动,常常以友善的方式而非疏离地呈现来帮助人们参与社会生活。受众由许多彼此重叠的、以地区或共同兴趣为基础的社会关系网络所组成,如各种粉丝群(fans)或地域群体等,而媒介则以不同方式和这些网络相结合。受众研究应当更多以受众为中心,从受众视角来评估媒体表现,探讨受众的媒介使用动机和意义。

2. 威斯利和迈克内利的大众传播模式

1957年威斯利和迈克内利提出更为理论化的模式。如图10-2所示。

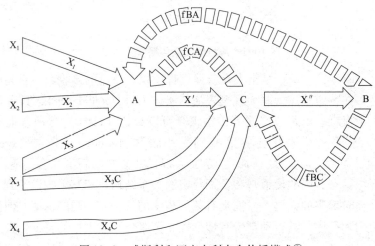

图10-2 威斯利和迈克内利大众传播模式①

在传播者(A)和接受者(B)之间存在一个大众传媒(C)。X代表社会环境中的任何事件或事物。A被描述为一种"鼓吹者"(agitator)角色,指的是某些个人或组织,他们有某些关于X的消息要向全体公众发布。他们可能是政治家或广告客户或新闻来源。"鼓吹者"一词中含有"有意图的传播者"这一含义。C指媒介组织或者其中的个人,他们根据自己所理解的受众兴趣和需要的标准,在诸多的A中进行选择,以进入通向受众的信息渠道。他们也可以直接在X中进行选择,向B(受众)进行传播。C角色中暗含的一个作用是,它是B所需要的代理人,同时也为A服务。B代表受众或"行为"角色,既可以指个人,也可以代表群体,甚至代表一个社会系统,对信息的需求或对环境的意向都可以归因于他们。X′是传播者A为进入信息渠道而作出的选择,X″则是媒介组织为向受众传递而加工过的信息。fCA是从媒介流向鼓吹者的反馈,可能会鼓励或者限制A试图进行的有意传播。fBA是从受众流向A的反馈,例如,可能是对某政党的投票或者对某产品的购买。fBC则代表受众对媒介的反馈,可能是通过阅听率或专门的受众研究得来的。随着时间的推移,这种反馈指导着C以后的选择和传递。X_3C等代表社会事件直接进入传媒,如记者现场报道等。

---

① 转引自(英)丹尼斯·麦奎尔等:《大众传播模式论》(祝建华等译),上海译文出版社,1987年,第39页。

这个模式显示，大众传播是进行选择的若干阶段，包括：① 由专家或"鼓吹者"在环境的各个侧面作出的选择；② 由大众传播者在各种鼓吹者中作出的选择；③ 由大众传播者在现实世界的事件或事物中作出的选择；④ 由受众成员在传播者所传递的讯息中作出的选择。另外要强调的是，单独一个C不可能对受众B的信息获得实行垄断。B可能与A有其他直接的联系，也可能直接经历X，如物价上涨、天气变化等。

围绕媒介组织C作为一个联结现实、鼓吹者和受众的中介，后来的研究者提出一系列的问题，比如那些扮演C角色的大众传播者具有什么相关特性？各个C之间相互独立的程度如何？C在针对X和A时运用了什么样的选择标准？受众B的需求得到怎样充分的解释？有关X的讯息在通过传播链的C位置时，会以什么样的方式发生变化？也就是说报道的事实与实际发生的事实之间有什么样的差距？诸如此类的问题都是关于传播的根本性问题。

总之，以往关于大众传播的定义，都强调由专业化的机构，利用技术设备，为大量的、异质而分散的受众来传播象征性内容。但是新媒体传播技术的发展，增强了信息传达的便利性和传播的交互性，个人或者非媒介组织都可能利用新媒体技术进行社会联络，向广大的社会公众，直接、公开地发布消息、发表意见。传受身份可以互换，传受双方的差距得以缩小，大众传播也更具人际性和对话性质。

10.2 传媒组织的基本结构

1. 媒介基本结构

与对其他传播现象的分析一样，对大众传播的研究也侧重于对其结构和功能的把握。施拉姆提出媒介的基本结构模式反映了媒介的标准结构与功能。从中可以看出，大众媒介机构以一种工业生产的方式，吸收内容来源，在媒介机构内部进行加工，生产出报纸、杂志、书籍、电视节目、电影等各种信息产品，发送给受众。如同生产其他社会产品的机构一样，媒介机构受到各种力量的支持和控制。见图10-3。

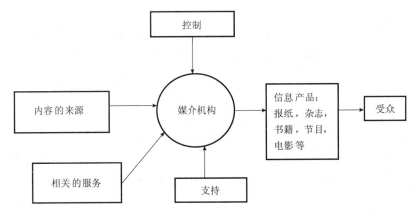

图10-3 媒介的基本结构①

---

① （美）威尔伯·施拉姆，威廉·波特：《传播学概论》，北京大学出版社，2007年，第124页。

以此基本结构模式为基础，施拉姆还进一步显示了1970—1980年代为支持美国广播电视事业而发展起来的各种事业（见图10-4）。其中既包括具有控制功能的媒介机构股东和代表政府控制的联邦通讯委员会（Federal Communications Commission，FCC），又包括提供节目来源、技术服务、广告代理、市场调查、公共关系、法律咨询以及雇员管理的各类服务机构，从而形成了规模巨大的广播电视事业。其他如印刷和电影等媒介在结构上也大同小异。

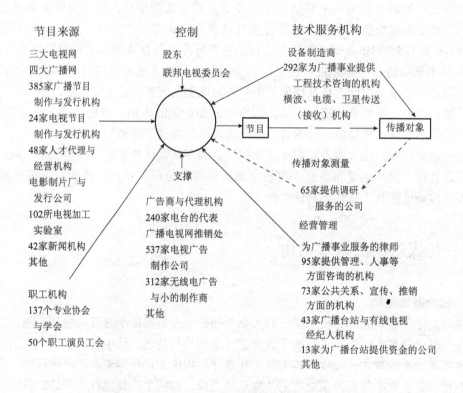

图10-4　美国广播支持机构的规模①

2. 媒介组织的外部影响力量

作为与社会相互关联的生产机构，媒介组织会受到各种外部力量的影响，如广告商、媒介竞争者、各种法律和政治控制、其他社会机构以及受众等。所有这些力量都不是相互分离或单独产生作用，而是相互重叠、融合和累积起来，形成对媒介组织的外部力量场。图10-5是麦奎尔关于社会力量场中的媒介地位的描述。从中可以看到，带有技术、管理和职业特征的媒介，一方面要将环境中带有持续信息和文化的事件制作成媒介产品，然后通过发行渠道传递给受众，以满足他们的兴趣和需求；另一方面媒介的生存又面临种种社会政治和经济压力。其中社会和政治的压力主要来自法律和政治控制、压力集团以及其他社会机构；经济压力则主要来自同行竞争者、新闻信息机构、广告客户、媒介所有者和行业协会等。

---

① 施拉姆：《传播学概论》，新华出版社，1984，第147页。

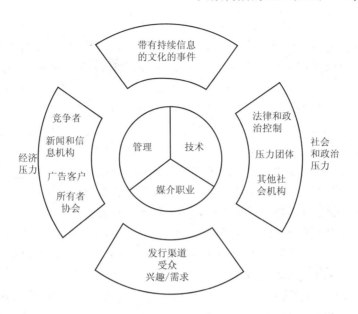

图 10-5　媒介组织所处的社会力量场①

10.3　传媒组织的基本特点

1. 媒介组织的公共性

对媒介的结构和发展动力需要政治、经济和社会文化的分析。任何商业企业都会受到外部社会的影响，而媒介组织并非一般的商业企业，而是在更大程度上受到公共性和公益性的制约。这种公共性或公益性表现为：第一，大众传媒是现代社会必不可少的信息生产者和提供者，在满足社会的普遍信息需求方面起着一种公共服务的作用；第二，大众传媒的信息生产和传播活动对社会的政治、经济和文化道德具有广泛而强大的影响力，这种影响力涉及普遍的社会秩序和社会公共生活；第三，大众传媒曾经是某种"稀缺"资源（如广播频率）的受托使用者，因此必须对社会和公众承担相应的义务和责任。历史上大众媒介曾经在公共生活中扮演重要的角色，媒介做什么或者不做什么都将对社会产生影响。尽管目前看来，绝大多数媒介组织都主要根据市场经济的指引来运作，但它的行动无法摆脱社会政治和经济的无所不在且持续不断的影响，这些影响可以反映在不同形式的法律法规以及各种鼓励、保证甚至限制媒介的各种管理机制中。

2. 媒介生产的经济特点

尽管"媒介在公共生活中扮演重要角色"的说法得到广泛认同，但是目前大部分的媒介组织仍然是在特定市场条件下运作的商业企业，也仍然会按照特定的市场逻辑来运行，并很可能在利润最大化的名义下加工生产满足一系列特定条件的商业产品。媒介生产具有一定

---

① 转引自丹尼斯·麦奎尔：《麦奎尔大众传播理论》（崔保国、李琨译），北京：清华大学出版社，2006 年 7 月，第 207 页。

的经济特点。

① 媒介系统中存在不同的媒介市场和收入来源。每一种媒体都会针对特定地区的特定人群提供特定的商品和服务以获取利润，但根本性的市场划分却在于媒介产品与服务的"消费者市场"和"广告市场"。媒体一方面通过对特定人群的产品销售获取一定的利润，但另一方面，媒体又依靠各种方式获取广告利润。其中通过媒介产品所获得的"消费者资源"，又可能作为媒介资源的一部分，以吸引更多广告。这就是媒介经济中的"二次售卖"现象——媒体通过媒介产品"培养"消费群，并继而将其卖给广告商以获取收益。比如报纸提供新闻以争取更多读者和订户，同时又根据其发行量确定报纸广告价格。广播电视节目的播出并不向观众收费，但收视率却在很大程度上决定着电视广告价格。还有相当多的免费报纸、促销杂志和商业电视等，只有广告收益而没有产品收益。

② 广告收入和产品收入的区别导致对市场表现的不同评估标准和方法。以广告收益为主的媒介，以消费者的数量和类型（他们是谁，住在哪里）以及特定讯息的到达率（如收视率）等来评价。这些指标对于吸引潜在广告客户和制定广告收费等级，显然是必要的。依靠消费者直接付费购买的媒介市场行为，则是以销售和服务收入来评估的。虽然实质性的满意度和受欢迎程度对这两种市场都有关，但是在依赖销售的消费者市场中更为重要。当媒介既依赖"消费者市场"，又依赖"广告市场"时，其中一个市场的表现可以影响另一个市场的表现。比如一家报纸的销量上涨后，既可以创造更多的报纸销售收入，也可能导致更高的广告费率。而从批评的角度来看，对广告收入的依赖性越高，媒介内容对广告商和商业的相对独立性就越低。在完全依靠广告或者赞助的媒介中，其表面上的内容和广告宣传或公关是难以区分的。

③ 同质化与多样性。两种收入差别导致对受众构成的期待有所不同。读者类型分散的报纸往往不如发行地区集中的报纸有广告吸引力，因为对某些广告商（如地方企业）而言，同质的受众市场会比异质和分散的市场（除非市场非常庞大）广告效益更高而成本更低，这也是一个特定地区的免费报纸能够存活的理由。所以说，以广告为基础的媒介，逻辑上会希望受众的媒介品位和消费模式比较类似。根据这种情况，人们普遍认为，为了单一的收入来源而竞争，会造成媒介内容的模仿性同一。英国学者汤史多（J. Tunstall）认为，北美电视网的"低品位"，正是由于其完全依赖大众消费广告作为收入来源。而英国的小报也同样在竞争一个低级的大众市场，从而造成了小报的同质化。小报的同质化导致了广告商选择市场的权力增大了，从而对报纸经营产生更大影响。而以英国BBC为代表的公共服务广播，不单纯依靠广告，而是靠观众交纳收看执照费的方法，避免了所有广播为单一收入来源而竞争的状况。但是，对广告的依赖未必完全会造成媒介产品的千篇一律，事实上不同媒体竞争同样广告，也可能有助于媒介市场的多元化发展。媒介多样性的好处在于，一种媒介可以精准地服务于小规模但却利润丰厚的特定市场，这就是互联网以及其他专业（非大众）频道发展的潜力之一。

④ 媒介成本结构的潜在不平衡性。和其他经济企业相比，大众媒介的特色之一就是"固定成本"和"可变成本"之间潜在的不平衡关系。固定成本是指土地、厂房、机械设备与配送网络之类的东西；可变成本则指原料、"软件"及劳力等。因为需要高额投资，传统的大众媒介经常具有高比例的成本结构，然后由销售与广告的收入来弥补。比如电视台虚拟演播室等设备的价格极其昂贵，电影制作的成本也有越来越高的趋势。典型媒介产品的特性

是"首次拷贝"的高成本价格。首次拷贝的电影和电视节目要承担所有固定成本,而追加拷贝的边际成本则会低很多。这就使得影视剧生产成为某种程度上的风险行业。投入越高,收回成本的压力就越大。这就需要某种程度的生产制度上的安排,如制播分离以降低成本压力,因为播送通常涉及高额的固定成本(如电影院、有线电视、卫星电视等)。媒体兼并也是降低成本提高利润的主要方式,但传统媒体做大做强会减少竞争、形成垄断,不利于媒介的多元化发展,也会对公共利益造成威胁。新媒体的固定成本似乎比传统媒体低很多,因此进入市场就容易得多,但是内容的生产成本仍然很高。因为消费者的品位是不确定的,所以就对媒介产品的适应性和独特性提出了很高的要求。媒介产品每天都必须推陈出新,也很少能够以完全相同的形式来重复销售。

10.4 传媒生产中的"把关"

把关(gatekeeping)这一术语,已经被广泛用于描述媒介工作中的讯息选择加工过程。社会心理学家勒温(Kurt Lewin)最早提出这一概念。在1943年发表的《食物习惯及改变方法的背后》(Behind Food Habits and Methods of Change)一文中,他考查战争期间家庭主妇们如何决定改变家人的饮食习惯,以说明在一个社区中如何实现广泛的社会转变。食物不会自动上餐桌,而是要经由一些"渠道",经历一系列的选择。在食杂店里,食物会被注意、被挑选、购买和运送回家,到家后还可能被放入冰箱或被加工成食物。在什么时间、如何被加工等,也要面临种种选择。每一个选择关口犹如每一道门,从一个"关口"进入另一个"关口"都是由"把关人"(家庭主妇或女仆)按一些原则来选择的。在这些门边是一些肯定或否定的力量。比如"太贵了"可能是决定购买的否定力量,而一旦购买了,"太贵了"又变成小心运送和仔细烹调的积极力量。食物在被选择之前有许多被放弃的机会,这取决于门边力量的性质和强度。1947年勒温在《群体生活的渠道》一书中再次提出,群体传播过程中存在着一些把关人(gatekeeper),只有符合群体规范或者把关人价值标准的信息内容,才能进入传播的渠道。

怀特(David Manning White)首先把勒温的"渠道"和"把关人"理论运用于传播学研究。他认为,一个新闻事实成为报纸上的新闻故事,也要经历许多渠道和把关,因此他请一家小城的日报编辑盖茨先生帮忙,收集1949年某一个星期所收到的所有电讯稿和他最终选用的稿件。结果表明,这位报社编辑共收到11 910条电讯稿,但是只用了1 297条。怀特还请编辑解释他不使用这其中90%稿件的原因,结果发现,这些选择是"高度主观"的。被放弃的稿件中,其中三分之一在于编辑个人对稿件内容的主观评价,特别是他认为是否真实,另外的原因或者是由于缺乏版面或者是因为有相近的故事。1950年,怀特明确提出了新闻选择过程中的把关模式,见图10-6。

这个模式说明,面对社会上存在的大量的新闻素材,大众传媒不是也不可能是"有闻必录",而是存在一个取舍选择的过程。在这个过程中,媒介组织形成了一道"关口",通过这道关口传达给受众的新闻,只是众多新闻素材中的少数。

怀特的把关模式只强调了新闻生产中编辑的把关作用,但实际上,在一个复杂的从原材料到最终产品的媒介生产过程当中,影响因素是多层次、多方面的。目前关于传播中的

"守门"研究至少可以从以下五个方面来进行。

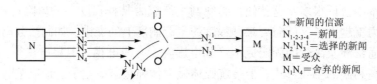

图 10-6　怀特把关图①

① 来自媒介工作者个人的影响。这类影响包括传播业者自身的特性、个人背景与经验、个人态度和职业角色。

② 来自媒介日常工作惯例的影响。媒介生产的各个阶段都涉及大量的工作，因此工作的常规化成为必要。比如新闻价值、客观原则以及记者对信源的依赖等，还有截稿时间及电视节目时长限制、出版物的版面要求等。

③ 媒介组织方式对内容的影响。多数媒介机构按企业模式运作却又经常有某些"理想"的目标，还有一些媒介则主要为了理想的社会或文化目的而生产，不为商业利润而经营，因此组织目标会影响内容选择。另外，组织可以决定一个人的去留，出版商或主编可以决定编辑方针，从而间接影响媒介内容。

④ 来自媒介机构之外的组织对媒介内容的影响。即如前所述的媒介组织的外部影响力量，如利益集团、广告商、政府等。

⑤ 文化价值观和社会意识形态。如同家庭食物选择具有文化性一样，新闻选择也受文化价值观和社会意识形态的影响。比如阿拉伯国家禁止关于同性恋的报道，在印度尼西亚，"共产党"一词被禁止使用。中国的新闻媒体也常常受制于"报道口径"。

今天，"把关"一词已经被广泛用于描述媒体工作中的选择过程。除了用来说明某个新闻故事通过重重门槛而进入新闻传播渠道的决策活动，把关还可以用来描述作家、发行人以及印刷和电视工作中的编辑与制作人的工作，甚至包括既有的媒介产品如何分配，如电影的配给与营销。把关就是决定社会中各种不同声音是否有媒介接近权的权力，因此也常常是冲突之源。

10.5　新闻

1. 新闻的呈现

尽管新闻在大众传播中占据核心地位，但"新闻是什么"仍是难以回答的问题。芝加哥学派的帕克将注意力较多地放在新闻报道的本质属性上，把新闻和其他知识类型，比如历史（也就是过去事件的记录）加以比较②。

① 新闻是有时间性的，是关于最近发生的或周期性的事件的。

---

① 转引自（英）丹尼斯·麦奎尔等：《大众传播模式论》（祝建华等译），上海译文出版社，1987年，第135页。
② Park, R. (1940) "News as a form of Knowledge", in R. H Turner (ed.) On Social Control and Collective Behavior. Pp. 32-52. Chicago：Chicago University Press, 1967.

②新闻是非系统化的,它处理个别的事件,通过新闻看到的世界是由一些不相干的单独事件组成的。

③新闻是稍纵即逝的,它只存在于事件还处于新近发生的时候,目的也仅在于记录,之后就会被其他形式的知识所取代。

④新闻作为对事件的报道,应该是不平常的,或者至少是意想不到的,新闻的品质要比事件真正的意义重要。

⑤除了出乎意料,新闻还应该具备其他"新闻价值",而这种价值总是与对受众兴趣的主观判断相关。

⑥新闻主要是定向传播和吸引注意力,而并非知识的替代品。

⑦新闻是可预测的。

对于最后一点,帕克解释说:"事件的发生是意想不到的,但是写入新闻的并不是完全意想不到的。……人们所害怕或所期望的事情就构成了新闻。"今天,人们对新闻的事实性、时效性、显著性、接近性以及人情趣味等属性,有一些基本共识。

2. 新闻的功能

美国学者舒德森(Michael Schudson)认为,在民主社会中,按照不同组合及侧重,新闻业通常承担着如下六项主要功能①。

①信息提供:新闻媒体可以向公民提供公正全面的信息,有助于他们作出合理的政治选择。

②调查报道:新闻媒体可以调查掌权部门,尤其是政府层面的权力。

③分析评论:新闻媒体可以提供连贯的阐释性分析评论、框架,从而帮助公民理解他们面对的复杂世界。

④社会同情:新闻业可以告诉人们他人的状况,以此来达到对他人生存状态以及人生观念的正确评价和鉴别,尤其是对那些情况不如自己的人。

⑤公共论坛:新闻业可以为公民提供对话的论坛,并使论坛能够促进社会中不同团体之间思想观念的碰撞、交流与沟通。

⑥社会动员:新闻媒体可以为特定的政治方案以及政治观念宣扬鼓吹,并借此动员人们以行动来支持这些方案。

3. 新闻采集

李普曼注重研究新闻采集的过程,因此"新闻并非社会情境的反映,而是介入性的、基于某个层面的报道"。新闻报道"像一道躁动不安的探照灯光束,把一个事件从暗处摆到了明处"。②曼汉姆(Manheim J. B.)提出新闻业遵循的两种主流的和两种附属的新闻收集模式:一种是"狩猎式",是将所有表面现象都当作有发展机会的故事,通通收集起来;另一种是"栽培式",也就是有计划地收集新闻,并且有效地使用熟悉的消息来源这种所谓的"路线"系统。另外两种附属形式分别是"调查式"和"冒险式"。③

---

① (美)迈克尔·舒德森:《为什么民主需要不可爱的新闻界》(贺文发译),北京:华夏出版社,2010年,第23页。

② (美)李普曼:《公众舆论》(闫克文、江红译),上海人民出版社1997年版,第283、287页。

③ 转引自(英)丹尼斯·麦奎尔:《麦奎尔大众传播理论》第5版(崔保国、李琨译),清华大学出版社,2010年,第252页。

新闻是一种聚焦于事件的话语表达，事件性新闻的媒体内容显然可以通过不同的途径和不同的形式获得，而对新闻采集影响最大的三个因素是：时间、地点和人物。

与新奇性和相关性相比，时效对于新闻而言是非常基本的。时间强调了一个事件可以变成新闻的典型特征，增加了该事件可能变成新闻的机会。现代科技则进一步强化了这一特征，并增强了新闻对传播科技的依赖。根据时间维度，新闻可以分类为"预先计划新闻"、"非计划新闻"以及"无所谓计划新闻"三种。"预先计划新闻"是新闻记者可以事先知道该事件的发生时间、地点，可以事先规划报道的新闻，比如奥运会、全国人大政协会议等。"非计划新闻"是指没有预期，而一旦发生就需要即刻发布的新闻事件，有时也称突发性新闻。这是新闻报道中最难的一类，它所占的比重虽然并不大，但是很可能成为重要新闻。第三类"无所谓计划的新闻"通常是没有特定时效的背景式的新闻，这些新闻可以保留起来，直到有篇幅空挡时才登上版面。大量公关新闻常常会趁着版面空挡之机出现。

地点对于新闻事件的重要性表现在两个方面。一是对受众而言，新闻发生地与其所在地区的关联性，影响了新闻的关注度，决定了新闻价值；二是对记者而言，地理接近性便于记者在场，从而提高新闻的可信度，并便于操控。李普曼特别强调新闻采集常规化中地点的重要性。在法院、警察局、医院、议会和机场等地，经常能找到"有价值的"新闻线索。这些场所常常和新闻单位的部门划分有关，比如城市新闻部、犯罪新闻部、政府新闻部等。这些新闻部门的划分则导致了一些"新闻点"的建立。在一个新闻点中，某个地点发生的事最有可能变成新闻。塔克曼（G. Tuchman）提出了新闻网（news net）的概念。星罗棋布的通讯员、具有强大新闻捕捉能力的记者与强大的电讯服务互相结合，保证所有潜在的新闻能够被发现。所以从新闻收集的常规工作来看，新闻很像一种借助于"新闻网"来抓取的"鱼"。如此一来，在新闻网中特定地点发生的事件，有变成新闻的更大可能性，正是因为它最容易被观察到。这也就不可避免地导致了对新闻事件的建构。新闻网还存在一个等级问题。全球通讯社、资深记者、自由撰稿人等构成了这个网的不同等级。在新闻网中的不同地位，决定了谁的信息比较有可能被认为是新闻，比如，资深记者和自家媒体记者的稿件总是被优先考虑。

"人物即事件"的说法，反映出绝大多数的新闻活动都是以人物为中心。媒体总是对与人有关的新闻事件非常感兴趣，即使有些活动仅仅是某人说说话而已。媒介也喜欢将抽象的主题"个人化"，好让故事看起来更为鲜明而具体，受众也会更感兴趣。媒体对于知名人士、影视明星和上流社会成员有特定的偏好，喜欢在这些人身上找寻有新闻价值的故事。一个人在某个领域的知名度越高，他变成新闻重要角色的机会也就越多。因此新闻记者总是要利用资源在知名人士身上挖出独家消息。有人在研究了美国主流媒介所引用的各种"消息来源"后指出，媒介的消息来源显然集中在一个相当狭小的范围中，这些消息来源是彼此之间有着关联的一群人，他们彼此佐证，塑造新闻的可信度。消息来源的高度相关性，会使得多元化观点很难在新闻报道中出现。新闻媒介也因此常被指责为带有偏见。

10.6 公共关系

现在很多机构实质上都把公共关系（public relationship）作为日常工作的一部分，有的还设有自己的公关部门。为避免公共关系一词可能带有的负面含义，许多公司和公共部门转而称为"公共事务"（public affairs）或"公共传播"（public communication）。

关于公共关系的认识总是有点混乱，美国"公关研究和教育基金会"考查发现了472个不同的公关定义。在此我们使用美国市场营销专家阿伦斯（Williams F. Arens）的定义："公共关系是一种管理功能；为了建立起良好的信誉，它关注个人和组织与其他群体（被称为公众）之间的关系和交流。"① 其中最重要的因素是管理（management）和传播（communication）。

巴伦（Stanley J Baren）将美国的公关发展分成四个阶段，即早期公关、公开宣传阶段、初期双向传播和高明双向传播②。早期公关包括各类"假事件"。1773年12月的"波士顿倾茶"事件是新大陆第一批成功制造的新闻"假事件"（pseudo-event）。乔治·华盛顿聘用的梅森·威姆斯（Mason Weems），通过传记《国父》（Father of Our Country）来提高其个人名誉，其中最著名的虚构故事是"樱桃树——我不能说谎"。19世纪30年代大众报刊的出现，使公关进入职业化的单向公开宣传阶段。1833年杰克逊总统聘用报人肯德尔（Amos Kendall）做他的公关人员和美国第一个总统新闻秘书。1889年美国西屋公司成立了第一个企业公关部，管理公司形象。1896年总统竞选期间首次成立竞选指挥部，发布各种新闻稿和宣传小册子，现代的全国政治竞选活动由此开始。1906年，第一家公关公司开业，负责从形象管理到危机处理等各类业务。

1917年，美国威尔逊总统成立公关信息委员会（CPI），召集全国舆论领袖商讨政府公关行为并塑造公共舆论。他们还出售自有债券，帮助招募红十字会员，利用电影、公共演讲、报刊文章和招贴画等手段鼓励公民支持战事。公关先驱爱德华·伯纳恩（Edward Bernays）强调在向公众说话的同时也要倾听公众反馈，由此开始了初期的双向传播阶段。越来越多的企业成立公关部，1936年成立了第一个公关专业组织——全国合格公关董事会（National Association of Accredited Publicity Directors）。第二次世界大战期间，美国政府通过战争信息办公室（OWI）发起新的战时政府公关活动。他们还充分利用新兴的广播媒介和盖洛普首创的民意测验方法，好莱坞的著名导演也为他们拍摄了系列电影《我们为何而战》，用于战时宣传。

第二次世界大战以后公关的第四阶段开始，也即高明的双向传播阶段。1947年，由几家公关组织合并成立的美国公关协会（Public Relations Society of America，PRSA）成为最主要的公关从业人员的专业组织。在一个社会发生巨大变化和消费文化急剧扩张的时代，公共关系更注重整体的双向交流，同时也注意研究各种广告和推广的手段和方法。按照公共关系领域最杰出的研究者格鲁尼格（James Grunig）的看法，公共关系"将更多以研究为基础，而且变得更像是一门管理学科而非一项技术专业"。

美国公关协会（PRSA）确立了13项主要的公关活动，并按照英文字母的顺序排列来表明它们之间并无主次之分。

① 社区关系（community relations）。每个组织所在之处都有邻里。良好的商业意识和礼

---

① Arens, W. F. (1999). Contemporary Advertising. Boston: Irwin McCraw-Hill. P. 310.
② （美）斯坦利·J·巴伦：《大众传播概论：媒介认知与文化》（刘鸿英译），北京：中国人民大学出版社，2008年，第402页。

节要求组织与社区邻里维持一种友好和支持的关系。信息会议、企业赞助的安全和食品活动以及定期邀请民众参观等,都是加强邻里关系的手段。再比如在某地要建一个新机场,就必须要采取一些公关措施,使那些土地被占用或因机场建设而利益受损的人满意。

② 咨询(counseling)。公关人员可以负责定期向某个组织的管理者提供有关它与公众之间的政策、关系和沟通方面的建议或意见;管理者必须让相关公众知道他们在做什么,而公关人员可以帮助制作和表达这些信息。

③ 建设/筹款(development/fund raising)。无论是商业组织还是非营利组织,它们的生存都依赖于其雇员、朋友、支持者或其他人的支持,公关活动帮助筹款或征募志愿者。

④ 雇员/成员关系(employment/member relations)。职工是组织生存的血液,是其家庭成员。针对在职或退休的雇员/成员及其家属开展公关活动,目的在于维持高度的士气和动力。

⑤ 金融关系(financial relations)。股东和投资者关注着企业的发展,企业要凭借其高商业价值和良好的增长能力赢得投资者的尊重和信任,因此,树立良好企业形象的所有公关努力都力求对这些人发挥作用。金融公关主要由企业自己进行,许多企业战略,如拓展新市场和兼并其他公司等,都建立在良好的金融公关上。

⑥ 政府事务(governmental affairs)。政府是"人民的声音",因此每一个与公众打交道的组织都不应对政府掉以轻心。政府掌握着税收、管理和区域划分方面的大权。通过书面报告、会议以及游说(Lobbying)等方式让政府了解和信任组织,是最经常的活动。

⑦ 行业关系(industrial relations)。企业不但要与消费者和股东打交道,而且要和行业中的其他单位(如竞争对手和原料供应商等)进行交流活动。有时它们还必须以同一声音应对来自政府或公众的压力,从而使本行业在整体上处于平衡和兴旺状态。

⑧ 议题管理(issues management)。组织经常要对影响公众舆论的一些重大问题表示关心,因为这些议题最终将会影响到组织形象管理。最典型的议题管理是开展大规模的公关活动来消除或塑造围绕某个特别议题而产生的舆论。比如日本的爱普生公司长期关注有关知识产权的话题。埃克森公司经常利用言论式广告强调环境保护和公共交通,因为这些都是关系到他们自身的重要议题。

⑨ 媒体关系(media relations)。没有大众媒介从业人员的信任和良好用心,组织与其他公众之间的交流几乎无法展开。随着媒介技术的发展和媒体数量的增多,应对媒体的手段也在提升。组织在对不同媒介的理解上、在为媒体准备材料方面以及在对媒体的选择投放方面都需要公关人员的帮助。媒体关系还要求公关从业人员与媒体人保持良好关系,特别要理解截稿期及其他约束,争取媒体人的信任。

⑩ 营销传播(marketing communication)。是为销售产品、服务或观念而设计的一套整合活动,可以包括广告设计、公开宣传与推销、包装设计、销售点陈列、商展和特别事件的设计与实施。公关人员也经常使用广告,但公关推广和广告推广的差别在于,广告是可控的,由广告主出钱使广告准时出现在他们购买的某种媒体广告平台上,但公关推广却不能控制其公关新闻何时以及怎样出现在特定媒体上。另外,当广告的目的是为了树立形象而不是推销商品时,它就具有一种公关功能。公关与广告的另一个不同之处在于,广告人一般不为某组织制定政策,而只是去执行既定政策。相反,公关人员通常会参与政策制定,因为很多成功企业已经认识到,政策对公众的影响可能是至关重要的。因此,基于公关所发挥的管理

功能，公关人员可能坐到组织管理的高层位置。

⑪ 少数民族关系/多元文化事务。此类公共事务活动专门为某些激进的少数民族而设计。

⑫ 公共事务（public affairs）。此类活动主要是和各类社会组织及压力集团进行交流。目前此类的公关强调企业社会责任和社会慈善事业，如向希望小学进行捐赠等。

⑬ 特别事件与公众参与（special events/public participation）。通过精心策划的、注重"正在发生的时间"、为促进组织和公众之间的互动而设计的公关可以用来刺激对某个组织、个人或产品的兴趣。

近年来，危机传播（crisis communication）和风险沟通（risk communication）也非常受关注。危机传播常常被认为是公共关系的一个分支领域，是指当个人、公司或组织面临对其声誉的公开挑战时，进行有计划的保护和捍卫。与风险沟通较多涉及与民众安全健康的问题不同，危机传播中的危机，是指"对组织、企业或产业可能造成潜在负面影响的重大事件，此事件也可能波及该组织的公众、产品、服务或名声，因其冲击到组织的正常运作，甚至威胁组织的生存"。[1]从消费者投诉，到机构重要领导人卷入刑事诉讼，从媒体负面报道，到政府机构的相关调查，所有这些都可能影响企业或机构的声誉乃至生存，因此为保证机构声誉无损，运作正常，就需要及时有效的危机公关，避免因反应不及时，应对不得当而造成机构声誉的巨大损失。保护和捍卫企业或机构的声誉是危机公关的最高优先。

与危机传播以维护组织声誉为第一优先不同，风险沟通属于风险管理的一部分，目的是避免灾害（hazard）的发生或尽可能降低灾害发生造成的影响，而加强公共服务机构与相关人群特别是普通大众的信息与意见的交换。20世纪70年代美国环保署首任署长威廉·卢克希斯（William Ruckelshaus）提出风险沟通（risk communication）这一概念，由此引发了学术界和公共部门的极大兴趣。国内外对风险沟通的概念界定尚未达到完全一致，目前引用比较多的是美国国家科学院（The National Academy of Sciences）风险认知与沟通委员会的界定，即把风险沟通定义为"在个体、群体和公共机构之间交换信息和意见的互动过程。它涉及关于风险性质的多重信息，以及其他（在严格意义上不一定是关于风险的）表达关切、意见，或者对风险信息或为管理风险做出的法律与制度安排的反应的信息"。[2]世界卫生组织将风险沟通视为"风险评估者、风险管理者和其他相关利益方之间关于风险的信息和意见交换的互动过程"。[3] 2007年中国卫生部将风险沟通的理念引入卫生行政部门的实践。在实践中，风险沟通的理念首先与新闻发布和新闻宣传工作相结合，强调政府和社会机构的风险沟通责任。

在全球化和专业化发展的总趋势下，整合营销传播（Integrated Marketing Communication, IMC）成为公共关系发展的一种新形式。在IMC中，企业积极地将公关、市场营销、广告和推广等功能结合起来，在一个愈加细分但又倍加协调的媒介环境中，为客户提供更大的传播控制力。

---

[1] Fearn-Banks, K. (1996). Crisis Communications: A Casebook Approach. NY: Lawrence Erlbaum Associate. P. 3.
[2] Committee on Risk Perception and Communication, National Research Council (1989), Improving Risk Communication. Washington, D. C.: National Academy Press. P. 21.
[3] http://www.who.int/foodsafety/micro/riskcommunication/en/

时至今日，公关的一个重要问题是信任。"公关之父"爱德华·伯纳斯（Edward Bernays）晚年的大部分时间都用于要求产业尤其是公关协会组织的自律。当公关人数超过记者人数、大部分的媒介内容出自公关人员之手时，从业人员的道德自律对于我们社会文化的影响是至关重要的。

10.7 广告

广告无处不在。当我们试图忽视它们时，广告人便想出新的方法，使它们更加铺天盖地。因为每年几千亿元的广告费，就是为了吸引你的注意力并影响你的决定。

广告的历史可以追溯到公元前 3000 年巴比伦商人的叫卖。到 15 世纪，在欧洲的许多城市，广告已经盛行。除了各家店铺的招牌，还有常见的钉在墙上的各种产品和服务需求广告（siquis），以及精心设计的艺术性购货单（shopbills）。1625 年，英国出版了第一份刊登广告的新闻书（newsbook），这是现代报纸的前身。

美国在南北战争之前主要是一个农业国，因此广告业的规模并不大。从南北战争到第一次世界大战以前，工业革命改变了美国的社会和文化状况，也使广告业得到发展。1841 年，第一家广告代理商问世。1869 年，美国第一家广告公司成立。铁路的延伸、知识水平的提高和邮寄价格的优势加速了流行杂志的发展，杂志为广告提供了第一个全国性媒介。在此期间，有三个因素推动广告业建立自己的职业标准和规范。一是公众和医学行业对医药广告滥用专利的反应；二是揭丑新闻发起的对国家大多数重要机构的批判性调查；三是 1914 年成立的联邦贸易委员会（FTC）对广告的监察和管理。一些有影响的广告公司和出版社也发起了运动，反对使用夸张手法、虚假之词和其他诱导形式的广告。这一时期还成立了美国广告联盟美国广告代理商协会、全国广告商联合会和户外广告协会等多家行业组织。

在 20 世纪 20 年代，电台广告很受欢迎。第一个电台广告是 1922 年由 WEAF 电台播出的。后来广告赞助成为电台节目播出的常规，还开辟出广播肥皂剧这一新品种。全国性的市场营销使广告业大赚其钱，助其度过艰苦的 1929—1933 年经济大萧条时期。1941 年，几个全美广告和媒介团体联合组织了"战时广告委员会"（War Advertising Council），用专业能力为许多政府项目做宣传，其中最有名的就是推销战争债券。第二次世界大战后，该组织变成广告委员会（Advertising Council），转向公共服务，如"拯救大峡谷"运动。

第二次世界大战以后，电视很快成为全国范围的主要广告媒体。早期电视广告是以产品为中心，但由于电视广告价格越来越高，电视广告时间不得不从最初的一分钟缩短到 30 秒甚至 15 秒。广告时间的缩短使得广告中有关产品的介绍也减少了，电视形象广告开始出现。而且由于同类产品的增多，使得广告主不得不寻求产品的独特卖点（unique selling point, USP），比如 M&M 不仅仅是巧克力糖豆，而且是"只融在口，不融在手"的爱情礼物。

对广告的争议从来就没有停止过。支持者认为：广告提供信息；没有广告，新产品就不能被介绍，新发展就得不到宣传；广告推动着我们的经济，给很多行业带来经济增长并创造就业机会；广告收入使我们"免费"享受，不仅为人们提供了娱乐，并且也保障了民主制度。但反对者的抱怨主要针对广告的内容和操纵，反对广告的侵入性和欺骗性，以及面向儿童的广告所存在的不道德性。还有人认为广告贬低或腐蚀了文化。作为人类，我们需要衣食住行，崇尚美丽、善良、爱情和成功。成功的广告无疑显示了这些需要和价值。但广告以其 AIDA 的说服策略，即吸引注意（Attention）、创造兴趣（Interest）、刺激欲望（Desire）、倡导行动（Action），倡导消费者文化（consumer culture）影响社会文化。在这个文化中，人的价值和标识不是人本身而是围绕在身边的产品，将个人价值、个人自由和个人素质的提升与物质消费和金钱紧紧联系在一起。消费者不再是购买产品，而是购买由此体现出来的生活方式、传说、经历和情感，生活的标准由我们所拥有的物质来衡量，这就使我们的文化变得庸俗、肤浅、空虚，物质至上，精神和智慧匮乏。

长期以来，对监管者来说最大的困难在于界定什么是虚假广告、欺骗性广告或鼓吹性广告。广告被允许一定程度的夸张，因为夸大其辞使其更有娱乐性，并且可以假定消费者不会仅从字面去理解。但是有些广告是彻底的谎言，一些广告没有说出全部实情，还有一些暗示性的谎言通过文字、设计、制作手段、声音或其他组合来表现，比如儿童电视广告中的玩具总要比实物更大或更好。广告主经常使用故意不精确（imprecision）这个词来表示与事实相反的东西。故意不精确分三种类型：不完全表达、限定词以及隐含性表达。比如"某某产品给你更多"，那么究竟更多什么呢？不完全表达随你怎么想。"某某产品有助于解脱压力"，限定词"有助于"并没有明确说该产品会起作用，理解有误是消费者的错。"樱桃风味"的产品中没有樱桃成分，"高能量"产品实际只是高热量而已。不含"反式脂肪酸"却含有更可怕的饱和脂肪酸。故意不精确虽然并不违法，但却是一种既不真实又不准确的鼓吹，实际目的就在于欺骗。

广告效果的体现就在于提高销售量，为此广告商需要开展多种研究。在广告活动发起之前有广告效果分析测试（copy testing）。有时是用焦点小组讨论方式，有时雇佣一些消费评判者，对广告活动所提出的几种方案进行评比。还有强迫性曝光测试（forced exposure），主要用于电视广告。让一些人观看附加了新广告的电视节目，观看前后分别询问他们的喜好，以此来判断广告效果。也有在广告活动开始之后测量广告效果的不同手法。如识别分析测试（recognition test）通过电话或面谈来询问被访者是否记得看过哪些广告。回忆分析测试（recall test）主要是调查受访者哪些广告他们最容易记住。还有对知名度的测试（awareness test），并不针对某类广告，而是以消费者对某种产品的认知度来积累性地衡量广告活动的效果，比如问"你能说出哪些洗涤剂品牌？"这些调查的优点，在于帮助广告主理解人们对某种广告战略的反应，以帮助广告主免于做出成本昂贵的错误决定，并有助于今后的广告策划。但缺点却在于，并不能测出广告是否促使消费者去购买了产品。另一种广告策略是受众市场的细分。20 世纪 70 年代消费心理学进入广告业，消费心理学市场细分（psychographic segmentation）越来越受到重视。"价值观及生活方式调查"（VALS）是消费心理学市场细分的一种方法，就是根据消费者的生活方式、态度、价值观和行为特别是购物行为进行分类，以确定不同的广告方式。

无论如何，广告已经成为我们生活的必然组成部分，有人为它的成功而高兴，也有人为它的过分行为而烦恼。在美国有一些广告专职人员认识到，广告如果不能受到尊重，就不能产生效应。因此他们成立专门的媒介基金会，致力于广告消除活动。还有一个"坏广告"组织，专门针对侵入性和欺骗性广告展开行动。他们把"坏"广告在自己的博客网站上存档，并与其他相关网站建立链接，开展对广告的过分行为的讨论，并提供"如何做"的信息。比如指导家长在孩子因广告引诱而想得到某个产品时应如何处理。这些民间监督行为有利于广告业的成长。

小结

本章内容主要围绕大众传播的媒介组织化生产而展开。大众传播过程主要体现为媒介组织借助于媒介技术所进行的面向广大人群的传播活动，这一活动也体现为媒介组织对现实世界的事件或事物作出选择并提供给广大受众。大众媒介机构以一种工业生产的方式，吸收内容来源，在媒介机构内部进行加工，生产出各种信息产品，发送给受众。如同生产其他社会产品的机构一样，媒介组织受到各种力量的支持和控制。但与一般企业所不同的是，许多以商业方式经营的媒介，在更大程度上还受到公共性和公益性的制约。媒介组织因此受到许多内在和外在因素的持续不断的影响，形成传媒生产中多层多样的"把关"现象。本章对大众传播中最常见的新闻、公共关系和广告的基本特点也略有介绍。

推荐阅读

（英）麦奎尔：《麦奎尔大众传播理论》第五版（崔保国、李琨译），北京：清华大学出版社，2010。

观察与思考

1. 如何理解大众传播过程？
2. 媒介组织面临的外部影响力主要有哪些？能否逐一列举并分析？
3. 传媒组织可否单纯追求利益最大化？
4. 如何理解传媒生产中的把关现象？
5. 有哪些因素会影响新闻事件成为媒介新闻产品？
6. 公共关系与宣传有什么区别与联系？
7. 如何看待广告对我们生活的影响？

第 11 章

大众传播的管理和规范

由于大众媒介对社会政治、经济和日常社会文化有着重要的影响,因此一定形式的监管和规范是必需的。但是言论自由和市场自由原则却要求监管和规范必须谨慎,力求合理而有效,因此出现种种探讨媒介管理和规范的理论。规范理论是对诸多有关媒介权力和责任的理论学说的统称,而非一个统一的理论体系。这是因为在不同的时代、不同的社会以及同一社会的不同阶层之间,存在着许多不同的甚至矛盾和对立的观点。但是任何一种规范理论中都包含着对媒介社会影响力的认识,引发了人们对大众传播所应发挥的社会功能的期待,以及对理想的传播体制的构想。规范理论涉及意识形态、政治、法律和伦理等,常常被归入"传播政策"、"媒介法"或"职业道德"等领域。

本章首先介绍一些基本的大众媒介监管模式,然后介绍与这些监管模式有着潜在联系的媒介规范理论。

11.1 大众媒介的几种管理模式

1. 自由报业模式

在西方报业的长期发展中,出版自由被珍视为一条基本原则,因此对报业的管理一般采取间接管制,即由事先审查制转为事后追惩制。报业的基本模式是享受不受政府任何规定和控制的自由。美国国会 1790 年通过的美国宪法第一修正案明确指出:"国会不应制定任何法律来……削弱言论自由或新闻自由;或人们和平集会的权利,和为矫枉过正而向政府请愿的行为。"①因此,政府对媒介制定法律不仅必须尊重而且必须充分遵循第一修正案的规定。作为受到美国宪法提名保护的唯一产业,享有"第一自由"的新闻业必须充分发挥自我管理的作用,媒介从业人员也应遵守职业道德,以保证特别保护政策的实施。

---

① 参见(美)斯坦利·巴伦:《大众传播概论:媒介认知与文化》(刘鸿英译),北京:中国人民大学出版社,2008 年,第 121,523—539 页。

报业通常也会接受某些经济利益和某种程度的政策规范。经济利益可以是邮政和税务的优惠以及贷款和津贴等措施。公共政策通常会对新闻自由的模式进行修改或者延伸，以保护预期的自由报业所带来的公共利益。比如自由竞争导致的报业垄断化发展可能限制了市民接近出版渠道和自由选择，因此会有一些反集中法和反外国资本所有权的规则存在。还有一些法律用以处理新闻自由与公共利益和私人利益之间的关系。如美国的外侨法和镇压叛乱法，以及有关诽谤、隐私权保护和知识产权的相关法律。自由报业模式有时也应用于图书出版等其他印刷媒介，以及流行音乐的出版。

2. 广播电视的特许模式

相对而言，广播电视以及许多新兴的影音传播方式，一开始就受到高度的限制和管理，甚至发展到直接的公共所有权，如英国的 BBC 公共服务广播。最初管制广电媒介的理由主要是技术性的，即强调广播频率是"稀缺"资源，因此必须被公平分配。后来因为广播电视的节目传递方式是诉诸感性的声音或者画面，而其传播方式的渗透性便利了各种受阅读限制的人的接受，特别是没有自制力的少年儿童，因此又以诉诸感性论和不可选择论为由，加强对广播电视节目特别是色情节目的管理。但是随着有线电视、卫星电视的出现，"稀缺资源论"难以成立，执照管制的方式则成为各种需求以及纯粹制度习惯的混合体。

广电模式可以涉及许多不同的管理种类，如以美国为代表的商业广播电视模式，以英国、德国、加拿大、日本为代表的公共广播电视模式和以法国、意大利为代表的国有广播电视模式，而普遍性的公共服务观念根植于广电模式的核心。一般来说，通常会有特定的媒介法律来管理广电产业，也会有某种公共服务机关来执行相关法律，而生产和销售的任务则可能由私人企业来承揽，这些企业执行者获得来自政府的特许权，并遵循着某些法律指导方针。

20 世纪 80 年代以来，广播电视业有日益增强的私有化、商业化倾向。最明显的是，媒介传播渠道更多地从公有转化为私有，来自广告的财源比例不断增加，新兴的商业竞争者可以获准经营公共广播频道。商业化和私有化趋势还促进了传媒大亨对全球市场的争夺和瓜分。这些趋势反映出传统广播模式特别是欧洲模式的衰落但并未遭到摒弃，因为广电媒介仍然具有强大的传播力量与公共利益关系。

3. 电信的共同载体模式

第三种主要的管制模式产生在广电模式之前，通常称作"共同传输模式"，因为它主要和信件、电话及电报等纯粹是为了传送而进行的传播服务相关。这些服务本质上是一种向所有人开放的普遍性服务。对于这些服务进行管制，主要是基于效率和消费者的利益来管理具有"自然垄断"属性的传送事业，因此总体上重视对基础设施和经济收益的监管，而较少内容管理。这和广电模式形成强烈对比，因为广电模式的特征就是高度的内容管制，即使是私营企业，对内容的管制也相对严格。

三种模式的比较可参见表 11-1。

大众传播的管理和规范 第11章

表 11-1 三种监管模式的比较①

	印刷模式	广电模式	公共传输模式
基础设施管制	无	严格	严格
内容管制	无	严格	无
传送	开放	限制	开放
接收	开放	开放	限制

4. 新政策模式

尽管从描述不同媒介管理方式的差异性上来说，以上三种模式还是很重要的，但是由于数字化、媒介融合和国际化的趋势，这种三分法的管理却遭遇了新的挑战。以互联网为例，在发展初期，互联网被看做"公共传输模式"，因为它要利用电信系统来传递和交流信息。但是目前的互联网可以说是集报纸、电视、电信于一身的新科技。管理者无法分辨其传播的信息属于哪一类，应该套用哪种管理模式。新科技还衍生出新的规范议题，如网络全球传播、网络恐怖主义、网络色情与表达自由等，这势必要求传媒管理突破其原有架构，对传媒发展重新定位并进行规范。

目前，世界各国、各种组织已开始着手合并传媒管理机构和整合传媒管理规范。欧盟于1997年就发布了《电信、媒体、信息科技融合以及管制执行中的绿皮书》。2002年3月间，英国国会正式通过法案，成立通信管理局，并于2003年正式通过新版《传播法案》，授权通信管理局逐步整合原先的电信管理局、独立电视委员会、广播标准委员会、广播局和无线电管理局等五家机构，此前并未纳入任何政府单位管理的BBC也将在通信管理局的管理范围之内。中国也于2013年将原先的新闻出版总署、广播电影电视总局等单位合并成新闻出版广播电影电视总局。

新时代的另一大趋势是媒介的全球传播。媒介在所有权、资金、组织、生产、传递、内容、接收乃至管理上日益国际化，常常超越一个国家本身的管制能力，因此"全球治理"的理念被引入。全球传播的商业化发展趋势，使得世界贸易组织（WTO）发挥着越来越重要的作用。除世贸组织外，包括国际电信联盟（ITU）、国际经合组织（OECD）、国际标准组织（ISO）以及全球知识产权组织（WIPO）在内的其他跨国性组织，在发展全球管制机制上都扮演了相当重要的角色。国际化还带来了新的规范问题或者突出了一些老问题，特别是关于多样化、媒介进入、文化整合和认同等问题。

随着媒介对政治、经济、社会和文化生活所发挥的影响力的显著上升，传播政策也从以往的技术导向，转为受政治、经济和社会发展目标引导的公共传播政策，在关注"传播福利"（communication welfare）、积极促进社会和文化目标实现的同时，消极地禁止某些对社会的"伤害"，其中最关键的原则是自由、普遍服务以及强烈的责任感。

11.2　早期威权主义规范论

威权主义理论（authoritarian theory）主要盛行于16—17世纪的英国，也就是印刷术发

---

① （英）丹尼斯·麦奎尔：《麦奎尔大众传播理论》（崔保国、李琨译），北京：清华大学出版社，2010年，第192页。

明之后到英国资产阶级革命胜利之前，但是直到今天，仍被一些国家接受和采用。威权主义的理论来源是君主和政府拥有绝对权力的哲学思想。威权主义主张社会事物必须一切以权力和权威为转移，强调社会等级秩序以及上下级之间绝对的支配与服从关系。威权主义报业理论要求报业成为国家的公仆，尊重君主权威，促进政府的政策，并听命于国家的管理。出版者应当获得许可，包括得到君主或政府颁发的出版特许证或者行业公会颁发的营业执照，接受直接审查等。专制主义体制下报业允许公营或私营，但都被当成是推行政府政策的工具，禁止批评君主或专制政府。

威权主义规范论的核心特征是出版特许和书刊检查管制。16世纪英国近代报纸出现以后，英国都铎王朝就建立了严格的出版管制制度。1529年，国王亨利八世公布了第一个禁书法案。1530年，英国建立了第一个出版特许制度。英国还建立星法院，颁布了《出版法庭令》，规定所有印刷师傅都必须登记，新的师傅就任必须经宗教高等法院同意，此外还禁止在伦敦以外的地区印刷。星法院对批评国王和政府的言论进行审判，并按诽谤罪予以处罚。星法院还于1585年发布命令，要求所有出版物都必须接受检查。英国资产阶级革命兴起后，星法院于1641年被撤销。但是国会在1643年又制定了新的新闻检查法，规定未经检查官的审查批准，不许印发任何书籍小册子，并设立许可机构，在1647年和1655年又先后发布《印刷限制令》和《印刷令》。斯图亚特王朝复辟后，1662年，查理二世再次颁布印刷品检查法，强化舆论控制。

1688年，"光荣革命"在英国确立了资产阶级政权。1695年，历史上第一个内阁政府的成立，标志着议会制发展到了一个新的阶段，而在同一年颁布的许可证法则彻底结束了书刊检查制度。

在我国的书报发展史上也长期存在着查禁制度。1902年清朝政府颁布的《大清报律》就规定：报纸不得刊载"诋毁宫廷之语、淆乱政体之语"，并规定了事先审查制度。这是和西方的威权主义理论一脉相承的。今天，在新加坡、马来西亚以及其他某些宗教国家，依然存在着某种程度的媒介事先审查制度，而在更多的国家，普遍实行的是对报刊的事后追惩制。

11.3 自由主义规范论

自由主义理论（libertarian theory）是在18世纪英国资产阶级革命过程中，通过与威权主义的斗争而逐步发展起来的。自由主义论后来逐步传到欧洲大陆国家以及美国，成为现代资本主义国家最重要的媒介规范理论。与威权主义的观点正好相反，自由主义理论认为，报刊不是政府的工具，而是提出论据与争辩的手段。在这一基础上，人民对政府进行监督检查，并提出他们对政策的主张。因此报刊应该私有，成为"意见的自由市场"。任何人都拥有出版自由而不必经过政府当局的特别许可，也不应接受第三者的事先检查。因为出版自由和言论自由一样，是人与生俱来的权利。除人身攻击外，报刊有权批评政府。报纸的功能在于帮助人们了解真相，监督政府。在涉及意见、观点和信念等问题上，真理和"谬误"的传播必须同样得到保证。除言论自由外，报纸还具有告知、娱乐和售卖功能。报刊可以通过两种方式受到控制。一是在意见的自由市场上，借助于人的理性判断和自我修正能力，真理终将战胜谬误；二是通过法律，对诽谤、亵渎、藐视法庭、泄露国家机密、煽动战时叛乱等行为进行规范。

1644年，英国诗人、政治家弥尔顿发表《论出版自由》一文。他依据"天赋人权"和"主权在民"的思想，提出出版自由是人的与生俱来的权利，限制人民的出版自由就等于压制真理本身，因为真理只有在"自由而公开的斗争"中，才能战胜谬误，证明自己的真理性。因此，实行许可制和查禁制，实际上就是伤害真理本身。

18世纪晚期，英国学者伯克以"第四权力"一词指称新闻界所拥有的政治权力。这种权力和大英帝国其他三种权力——上议院、教会与下议院的权力相等。新闻界的权力来自它具有的公布或隐藏信息的权力，以及提供其他信息的能力。而其核心的自由，则是报道与评论政府的审议、会议以及行动，此种自由乃是代议制民主进步的基石。18世纪以后的所有革命和改良运动，无不高举新闻自由的旗帜，并付诸实践。北美独立战争期间，托马斯·潘恩以及杰弗逊等人，为反对英国殖民统治作出重大贡献，并终于在1789年使包括言论自由、宗教信仰自由以及集会、结社、请愿等权利内容，以宪法修正案的形式写入了美国宪法。

在英美的思想传统中，新闻自由的概念与个人自由的概念以及实用主义哲学紧密相关。1859年，密尔在《论自由》一书中提出："假定全体人类减一执有一种意见，而仅仅一人执有相反的意见，这时，人类要使那一人沉默并不比那一人（假如他有权力的话）要使人类沉默较可算正当。……迫使一个意见不能发表的特殊罪恶乃在它是对整个人类的掠夺，对后代和对现存的一代都是一样，对不同意于哪个意见的人比对抱持哪个意见的人甚至更甚。假如那意见是对的，那么他们是被剥夺了以错误换真理的机会；假如那意见是错的，那么他们是失掉了一个差不多同样大的利益，那就是从真理与错误冲突中产生出来的对于真理的更加清楚的认识和更加生动的印象。"①

自由主义规范论是在反抗权威的过程中逐步树立起来的，起先是教会，后来是君主和资产阶级政府。因此新闻自由主要是从"自由免于限制"的观点来下定义的，比如《美国宪法第一修正案》就成为激进自由主义者的福音。按美国最高法院大法官雨果·布莱克（Hugo Black）的说法，"不得制定任何法律就是不得制定任何法律（No law means no law）"。而"意见的自由市场"这一比喻也将新闻自由概念与实际的市场自由概念紧密联系起来。但是从19世纪末20世纪初开始，新闻自由实际上越来越成为新兴的媒介大亨赚钱以及进行宣传的手段。大规模的生产和发行使媒介生产的经济变得越来越重要。媒介兼并愈演愈烈，"一城一报"现象突出，媒介声音越来越少，使得重要而不流行的观点越来越难被听到。20世纪的心理学研究，也更多地揭示了人类行为的非理性方面。人们并不总是用理性的方式处理信息，理性化本身就是试图对非理性行动进行理性解释，这就打破了自由主义理论关于"理性人"的哲学基础。总之，到第一次世界大战之后，自由主义从理论到实践都遭遇挑战。

11.4 社会责任论

报刊的社会责任理论（social responsibility theory）是对自由主义理论的修正，它的产生

---

① （英）约翰·密尔：《论自由》（程崇华译），北京：商务印书馆，1982年，第17页。

有特定的原因和社会背景。进入20世纪以后，传播媒介的垄断程度越来越高，传播资源越来越集中于少数人手中，所谓"观点的公开市场"理念与实际的社会状况发生了尖锐的矛盾。为了应对关于美国报业煽情主义、商业主义还有政治不平衡与垄断倾向的广泛批评，1942年，美国《时代》周刊老板亨利·鲁斯（Henry Luce，1898—1967）发起成立了由芝加哥大学校长哈钦斯（R. Hutchins，1899—1977）领导的一个非官方调查委员会——"新闻自由委员会"，也称"哈钦斯委员会"。该委员会发起公共调查，目的是"检验美国新闻界成功或失败的地方与情形，找出在哪些情况下自由表达要受到限制，无论这些限制是来自读者广告商的压力，还是来自于拥有者的不明智或管理上的懦弱，并通过政府审查的形式实现"。1947年该委员会完成并出版了其调查报告——《一个自由而负责的新闻界》，并明确提出社会责任理论。

新闻自由委员会的调查报告对当时的新闻界持批评态度，认为新闻界常常有不当之处，并限制了那些少数权势阶层之外的人们表达意见的机会。《一个自由而负责的新闻界》一书提出，只有媒介是权利法案唯一保证了自由权的产业。享受着政府赋予的特权地位的报刊，有义务对社会承担一定的责任，即作为现代社会的公共通信工具而执行一定的基本功能。按照社会责任的观念，委员会列出了新闻界应该维持的主要的新闻标准：第一，一个负责任的新闻业应该"在赋予事件意义的情形下，对当前事件提供一种完整的、真实的、全面与理性的叙述"；第二，它应该"成为交流意见与批评的论坛"，并且成为"公共表达的共同载体"；第三，新闻界应该给予"社会中的既存团体一种具有代表性的图像"，而且也应该表达并阐明"社会的目标与价值"。报告还批评了新闻媒介的煽情主义以及新闻与评论不分的情况。

总体上，新闻自由委员会支持一种具有多元性、客观性、信息性与独立性的新闻制度，以避免侵犯、引发犯罪、暴力或社会失序。社会责任论从三个方面修正了自由主义新闻理论。一是主张新闻自由不仅指消极的自由，即不受限制的自由，而且也指积极的自由，即应该是"为了什么的自由"，而不是"摆脱什么的自由"；二是将新闻自由视为伴随着义务和社会责任的道德责任而不是不附带条件的自然权利；三是提出新闻自由不仅意味着保护媒介的自由，而且意味着保护作为受众的广大社会成员的自由。社会责任应该靠新闻界的自我约束而非政府的干预来达成，同时也应该慎重考虑通过政府干涉来纠正媒介不良行为的要求。因此，政府不应该只允许自由，而应该积极地促进自由。如果有必要的话，政府应该积极地行动以保卫公民的自由。政府行动包括立法以禁止对媒介权力的"恶意性的滥用"，而且政府也应该"进入传播领域，以弥补现有媒介的不足"。①

社会责任理论提倡一种观点，即媒介所有权是一种公共信托或管家形式，而非一种无限制的私人特许经营权。他们强调，和新闻自由密不可分的是人民拥有自由的媒介的权利。"拥有一种适当的媒介"正是人民的权利，而且是占据优先的权利，是要求媒介承担责任的一个重要的基础。这种公共利益优先的原则对政府进行广电业的管理很有影响。它直接导致了1927年美国联邦无线电委员会（FRC）的建立，从而使无线电业成为第一个主动要求和服从政府规范的媒介产业。该委员会后来转为联邦通信委员会（FCC），联邦通信委员会经

---

① Siebert, F., Peterson, T. and Schramm, W. (1956) Four Theories of the Press. Urbana, IL: University of Illinois Press.

常依据"无线广播具有共同托付属性因此需要管制并可能被取消执照"的立场来行事。它虽然不能直接审查广播内容,也无权管理广播业的盈利,但却可以处罚那些播放禁播内容的电台,对其罚款或吊销执照。

11.5 新闻专业主义与媒介自律

对传媒的法制管理和行政管理是现代国家对传媒行业实行他律的重要手段,但是传媒的社会发展史表明,真正有效的传媒管理在很大程度上取决于传媒机构及其从业人员的自律。在美国黄色新闻时代,大多数媒介从业者很少关心准确性、客观性和社会敏感性等问题。新闻专业主义(journalistic professionalism)与媒介自律(self-regulation)则是对媒介行为失范的重要回应。在当今世界范围内,新闻专业主义和传媒自律机制的建立和运行,已经成为传媒行业管理的重要内容。

早期新闻自律观念,起源于报人社会责任感,萌芽于一些报纸的办报宗旨、方针和守则之中。如1868年美国报人达纳接手《纽约太阳报》时制定了13条规约,其中包括新闻与广告分开,不得用漫骂讥笑的文字发表言论,未经采访对象许可不得发表该采访对象的访问记录,转载各种材料必须注明材料来源等规定。1874年,瑞典成立一家由各报社社长、主笔或主编组成的俱乐部,其主要活动是建立新闻传媒业的业务和道德方面的职业标准,定期检查各报社的执行情况,避免传媒业内部腐化或受外界攻击,以维护新闻业的尊严。在19世纪末美国"黄色新闻"泛滥之际,著名报人普利策等明确提出,新闻业者应不屈从于商业利益、忠诚于公众利益、不谋私利等重要概念。由他资助的美国密苏里新闻学院最早制定了8条《新闻工作者守则》。1923年,美国报纸编辑协会(ASNE)开始采用名为《新闻规约》(Canons of Journalism)的一系列专业标准。主要包括责任(Responsibility),新闻自由(Freedom of the Press),独立性(Independence),真诚、真实、准确(Sincerity, Truthfulness, Acccuracy),公正不偏(Impartiality),公平从事(Fair Play),庄重(Decency)等7项原则。从此以后,新闻实务准则逐渐被各国引进和普及。通过这种做法,媒介从业人员对律师和医药等领域的从业者进行模仿,突出强调新闻专业主义,希望保护自己免受批评,远离外界干预与自主性降低所带来的威胁。

哈钦斯委员会提出的社会责任理论,改变了早期的新闻自律和职业道德建设不足以同新闻业自由放任传统相抗衡的状态,为新闻业自律提供了理论基础,从而推动了西方国家新闻职业道德准则建设向纵深发展。许多国家纷纷建立新闻职业标准、制定新闻职业道德准则,或修订已有的准则,使新闻职业道德规范日趋成熟。新闻自律逐渐被当作维护新闻自由、防止政府干预的途径。第二次世界大战结束以后,签订国际新闻职业道德规范的实践开始兴起。1948年联合国新闻自由会议通过《国际新闻自由公约草案》。1954年联合国又颁行《国际新闻道德信条》。同一年,国际新闻工作者联合会(国际记联)通过《新闻工作者行为原则宣言》,与前者内容基本相同,但规定更为细化。此后,随国际形势变化,这些规范还不断得到修订和更新。1978年,联合国教科文组织颁布《关于宣传工具为加强和平与国际了解,为促进人权以及为反对种族主义、种族隔离和反对煽动战争作出贡献的基本原则宣言》,中国是签字国之一。

除职业道德准则外，自律制度的形成与完备，关键是要有组织机构来负责实施和裁定，以形成运作机制。1953年，在英国政府的推动下，英国报业总评议会成立，其委员主要为各报业团体的编辑或经理代表，主要负责受理外界对新闻界的投诉，作出裁决和结论。1963年，该组织改为由报界、司法界以及其他社会各界人士组成。类似的报业评议会或新闻职业道德监督机构在许多国家都有设立，如日本新闻协会、比利时新闻纪律评议会、荷兰报业荣誉法庭、南非报业调查委员会、韩国报业伦理委员会等。这一类的新闻自律组织一般只受理违反职业道德的投诉，不受理违法案件，大多数只有裁决权而没有处罚权。

美国虽然制定新闻道德准则的实践起始较早，但作为新闻自律机构的新闻评议会却出现较晚。1970年成立的全国新闻评议会的活动经常遭到一些大型传媒机构的反对，到1984年终于解散。但是在美国新闻自律制度中有一个突出的现象，就是媒介机构内部设立意见调查员或新闻监督员。这是美国传媒界在内外批评声和媒介竞争压力下谋求自我改善以提高竞争力，并防止外界干涉的重要措施。1981年，《华盛顿邮报》请意见调查员调查一篇虚假报道的情况，并将调查报告全文刊载。此举被认为是传媒发挥意见调查员作用、加强自律的突出事例。美国传媒机构，尤其是大的传媒公司，非常注意制定和形成自己内部的职业工作规则和标准实施机制，如哥伦比亚广播公司新闻规范的内容就包括人事规范、新闻采集、编辑与制作规范、法律问题等几大部分，非常详细地规定了各种具体的行为操作规则。而行业评议会之所以遭到许多媒体的反对，无疑和美国媒体强调独立性和自主权、反对任何形式的外来干涉的传统思想有关。

虽然各国关于新闻基本准则的表述不一，但大多数准则都集中在提供可靠的信息，避免扭曲、压制、偏见、煽情主义以及侵犯隐私等问题上。有学者对31个欧洲国家进行的新闻准则做比较研究后，区分出6种责任类型：对公众的责任、对消息来源和引用者的责任、对雇主的责任、保持行业的完整的责任、保护行业的地位和统一的责任。麦奎尔则将新闻准则中最常见的原则列为：信息的真实性、信息的明晰性、对公共权益的保护、形成舆论的责任、搜集与呈现信息的标准、尊重消息来源的完整性等。联合国教科文组织所倡导的新闻行业国际准则，则包括信息权利，以及尊重普遍价值和文化多元性的需求，并且强调新闻必须促进人权、和平、国家自由、社会进步与民主。①

11.6 公共服务广播

在20世纪二三十年代广播事业开始发展的时期，在美国建立全国性商业广播网的同时，在欧洲许多国家，特别是英国，建立了一种"公共服务广播"网。这种"公共服务广播"以英国广播公司（BBC）为代表，其最为重视的是对于社会需求或公民集体需求的满足，而不是自由主义理论所强调的个人权利、消费自由以及对市场力量的重视，因此公共利益优先于经济目标是基本原则。根据这一原则，公共服务广播体系是一种由法律所规定，且普遍由公共基金（通常是广播或电视拥有者必须支付的使用费）所管理的系统。它独立于政府，

---

① （英）转引自丹尼斯·麦奎尔：《麦奎尔大众传播理论》（崔保国、李琨译），北京：清华大学出版社，2006年7月，第141-142页。

有基本的规章或使命，接受某种程度的公共赞助和公众的直接资助而非广告商的赞助，以鼓励节目之间的竞争而不仅仅是抢夺观众。它具有广泛的编辑和运营的独立权，以及使其为社会和普通大众负责任的机制。英国 BBC 由政府任命的一个公共委员会负责管理，其主要目标是：

① 地理覆盖范围的普遍性（接收与传送）；
② 为所有主要的品味、利益与需要以及满足所有的意见与信念提供多样性服务；
③ 为少数人群提供服务；
④ 对国家文化、语言与认同的关注；
⑤ 服务政治体系的需求；
⑥ 在对冲突的报道中，提供平衡与不偏不倚的信息；
⑦ 对"质量"的特别关注；
⑧ 公共利益优先于经济目标。

后来在美国，也出现了一些由观众和听众自愿赞助所构成的公共广播，它们被赋予了推动特定文化发展的目标。这些原则在不同国家和地区会因为传统和偏好而有许多变化，但总体上追求围绕公共利益来提高服务质量，尽管对"质量"有不同的定义。围绕公共服务广播理论的争论主要在于：为实现特定目标而接受财政资助与保持独立性之间是否有冲突；达成社会所设定的公共利益目标与符合媒介市场消费者的受众需求之间是否有冲突。在当今全球媒介市场竞争剧烈的情况下，公共服务广播的竞争力减弱了。但是它仍然被认为是一种对抗媒介市场缺陷、保障媒介多样化的防御工具。

11.7 民主参与理论与公民新闻

民主参与理论是在 20 世纪六七十年代呼唤地方性与社区性广播电视的压力下，以说明诸多要求满足公民需求的"草根"媒介观念的一种理论。1967 年美国学者巴隆在《哈佛大学法学评论》上发表《接近媒介——一项新的第一修正案》一文，后来又出版《媒介接近权：为了谁的出版自由》（1973 年）。他认为，美国宪法第一修正案规定的"出版自由"所保护的是作为社会一般成员的受众的权利，而不是传媒企业的私有财产权；在传播媒介越来越集中在少数人手中而广大受众越来越被排斥在大众传播媒介之外的今天，应当让传媒对受众开放，把第一修正案的权利真正还给它的真正拥有者——读者和视听受众。

民主参与理论的主要观点有：
① 任何民众个人和弱小群体都有知晓权、传播权、对媒介的接近和使用权、接受媒介服务的权利；
② 媒介应主要为受众而不是媒介组织、职业宣传家或广告赞助人而存在；
③ 社会各群体、组织、社区都应该拥有自己的媒介；
④ 与大规模、单向的、垄断性的巨大媒介相比，小规模的、双向的、参与性的媒介更合乎社会理想。

虽然媒介接近权提出以来尚未形成法律上的明文规定，但至少在三个方面已经产生了普遍的影响。一是"反论权"，即社会成员或群体在受到传媒攻击或歪曲性报道时，有权要求传媒刊登或播出反驳意见，对此，美国联邦法院已有支持反论权的判例；二是"意见广告"，目前很多印刷媒介都能够在不同程度上以收费形式接受读者要求刊登的意见广告；三是在有线电视领域，一些国家的地方自治体规定，基于媒介接近权原理，商业有线电视必须开设"开放频道"（open channel），允许一般受众自主参与。在这些频道里，个人或团体可以根据排队原则，按申请时间先后顺序播出自己制作的节目。在德国，到1993年为止已经有8个联邦州30多个城市有线电视台开设了这种开放频道。民主参与理论虽然具有一定的影响力，但基本属于体制外的一种民众诉求。

与民主参与理论相关的是有关公共新闻（public journalism）或公民新闻（civic journalism）的讨论。公共新闻提出，记者有责任提高社会责任和公民参与民主进程的热情；新闻事业不仅应提高而且还应有利于改进公共或公民的生活质量。其中一个核心论点是，公共记者应该从普通公民的视角来报道新闻和事件，而不应该为高级政治人物或当地的精英人物代言。公共记者应该为公众提供一个公共论坛。按照美国纽约大学教授杰伊·罗森的观点，公共新闻"将人们视为公民而不是看客……简化人们参与其中的难度，同时向人们传播有关公共生活、本地文化以及政治方面的信息。将讨论和辩论视为民主的艺术，记者应该有明确的兴趣强化这种艺术……学会对新闻进行设计，吸引人们参与公民活动和政治对话。……最后，使训练有素的记者重新获得强烈的公民认同感，使记者能够成为更好的公民，成为为其他公民提供更好服务的记者"。①但是罗森有关公共新闻的建议却引发了有关新闻客观性和专业记者的职业责任的讨论，还有人批评公共新闻只不过是以市场为导向的噱头，其目的在于扩大发行量。但无论如何，有关公共新闻的讨论延续了对媒介社会责任的思考。

互联网降低了普通民众接近媒介的门槛，也为民主参与理论和公共新闻开辟了新的空间。另一种公民新闻的概念开始流行。公民新闻（civic or citizen journalism）是指公民在"新闻和信息的采集、报告、分析和扩散中发挥积极作用"。②按照杰伊·罗森的简单定义，就是"以前被认为是受众的人们运用他们所掌握的新闻工具相互告知"。③以前所谓公共新闻是指专业记者的实践；还有协同式新闻（collaborative journalism），则是指专业记者和非专业记者一起工作，但这里所说的公民新闻更多带有用户制造内容（UGC）的性质，主要是非专业的新闻爱好者的在线新闻实践。新媒体技术，包括社会化媒体和媒介分享网站，以及日益增长的移动互联网技术，使得公民常常可以比传统媒体记者更快地报告突发新闻，如"阿拉伯之春"事件，但公民新闻也常常过于主观、外行，缺乏规制，因此妨害了新闻报道的质量。

◆ 小 结

在本章中我们主要讨论了有关媒介的几种管制模式及相应的规范理论。传统的自由报业模式、广电特许模式和支持普遍服务的电信载体模式，在数字化、媒介融合和全球化的趋势下受到挑战。文中回顾了威权主义、自由主义、社会责任理论、新闻专业主义与媒介自

---

① Rosen, J. (2000) "Questions and Answers About Public Journalism", Journalism Studies, (1) 4: 679-82.
② Bowman, S. and Willis, C. "We Media: How Audiences are Shaping the Future of News and information." 2003, The Media Center at the American Press Institute.
③ Jay Rosen (14). "A Most Useful Definition of Citizen Journalism". PressThink. Retrieved 21 May 2012

律，以及公共服务广播、民主参与理论与媒介自律的种种理论观点和争论，强调对媒介规范的认识总是伴随着社会政治、经济文化以及传媒技术的发展而发展的。对媒介的规范管理既包括最核心的法治化管理和不断变化的行政管制等他律行为，也包括传媒行业的道德自律。传媒技术和行业的发展，使传媒对社会生活的影响力不断增强，对媒介的规范与管理也不断提出新的挑战。

◇ *推荐阅读*

1. （英）丹尼斯·麦奎尔：《麦奎尔大众传播理论》（崔保国、李琨译），清华大学出版社，2010，第7、9章。
2. （美）斯坦利·巴兰，丹尼斯·戴维斯：《大众传播理论：基础、争鸣与未来》（曹书乐译），清华大学出版社，2004，第5章。

观察与思考

1. 大众传播管理有哪几种主要模式？在网络传播的今天，传统的大众传媒的管制模式遭遇什么样的挑战，应当遵循什么样的思路？
2. 关于报刊的威权主义理论是在什么社会背景下提出的，它最突出的规范特征是什么？
3. 试对比报刊的自由主义理论与威权主义理论的差别，这种差别受到什么样的社会政治、经济以及哲学和文化思潮的影响？
4. 媒介的社会责任理论与新闻自由有什么样的关系？
5. 新闻专业主义的核心原则有哪些？
6. 公共服务广播的主要特点是什么？
7. 公共新闻（public journalism）与公民新闻（citizen journalism）有什么区别与联系？

第 12 章

国际传播与全球传播

传播技术的进步和新的经济需求的出现加快了全球化的步伐。在全球化的进程中，媒介既是全球化的推动者，也是全球化的作用对象。一方面，我们是通过媒介了解全球化趋势的；另一方面，全球化趋势也推动了信息的跨国界传输和全球性流动，带动了媒介产业的全球性竞争。

12.1 国际传播的开端

关于国际传播的定义，学界有不同看法。美国学者福特纳（Fortner, R. S.）指出，国际传播的简单定义是超越各国国界的传播，即在各民族、各国家之间进行的传播。人们有时也认为国际传播是跨越了国界和民族的传播，持此观点较多的是研究国际数据交流的经济学家。但是按照这样的定义，两位站在各自国界上的比利时人和法国人进行的交谈也变成了国际传播，而实际上，他们的交谈只是不同文化背景下的人际交流。因此福特纳认为，国际传播的起点应该是在欧洲民族国家形成之后，是以国家为主体的跨越国界的信息传播活动。他以 1835 年作为国际传播起始的年代，理由是电报的试验成功。[①]

实际上，电报试验成功于 1837 年，而 1835 年世界上第一家通讯社——法国哈瓦斯通讯社宣布成立。该社从翻译外国报纸内容供应给巴黎的报纸开始，逐渐成为国际通讯社。继法国哈瓦斯通讯社之后，德国沃尔夫通讯社（1849）、英国路透社（1851）也相继成立。当时正值法、英、德等国对外殖民扩张时期，三家通讯社都由各自政府提供资助，不仅控制了欧洲的信息市场，并且竞相扩大为本国报纸采集新闻的业务范围和向外国报纸提供新闻，因此成为最先出现的三大国际性通讯社。

1870 年，三大通讯社签署了一项协议，将世界新闻和销售市场一分为三，确定各自的"活动势力范围"。在其活动势力范围内，各通讯社享有独家搜集和发布新闻的特权，并相

[①] （美）罗伯特·福特纳：《国际传播：全球都市的历史、冲突及控制》，华夏出版社 2001，第 10 页。

互交换新闻。各自的势力范围确定以后,三大通讯社分别与其他的通讯社再签协议,由此引发了其他大约30多个通讯社的联盟,史称"环形联盟"(Ring Alliances)。美国的纽约联合社一开始仅限于在美国本土活动,但是在19世纪后期,也挤进了环形联盟。"环形联盟"既是一个"企业联合"的组织,又是各国政府用来影响世界言论,满足自身需要的工具。虽然后来有新的协议和势力范围的小变化,但环形联盟的垄断格局一直维持到第一次世界大战之前。

伴随国际通讯社成长的是电报技术的发展。莫尔斯发明的电报,不仅传输快捷,而且保密性好,很快为商业团体所利用。电报在为商人们提供赚取巨大利润机会的同时,也为英帝国的势力拓展立下了汗马功劳。1837年电报试验成功后,英国于1838年即铺设了第一条商业电报线路。1851年,连接英法的第一条海底电缆正式开通。随后,从1851年到1860年代,海底电报网络遍及北大西洋、地中海、印度洋和波斯湾地区,随后在各国推广普及。从1870年代开始,一个由英国主导的国际电报传播网络开始形成。"历史上第一次,宗主国的首都能够通过一种方式几乎于瞬间与它哪怕最遥远的殖民地取得联系。"[1] 与此同时,铁路也正在各国大规模铺设。火车、电报和轮船加快了国际新闻及金融的流通和人际交往,同时也便利了中央政府对发展中的帝国的控制。

到19世纪中叶,许多国家开始讨论建立国际传播体系,因为各国领袖们纷纷意识到,技术发展的必然性和巨大潜力,会使全世界的经济更加紧密地联系为一体,而新闻传播无论在经济还是政治上都凸显其重要性。1865年,第一个国际公约和第一个与传播有关的组织——国际电报联盟(International Telegraph Union,ITU)诞生。1874年世界邮政大会召开,统一了世界邮资标准,并对尊重通信秘密的原则给予了确认。1875年,世界邮政协会在伯尔尼成立。

1877年,贝尔在其电话发明的基础上,成立了贝尔电话公司,并申请了专利经营权,美国的电话生产急剧上升。1885年,美国电话电报公司(AT&T)成立。该公司在其后80年的美国通讯网络中处于垄断地位,但电话的覆盖率其实很有限,并且主要在美国。1887年,巴黎到布鲁塞尔的第一个国际电话业务开通,但直到1956年第一条横跨太平洋的电话电缆铺设,电话网络才遍及全球。

1901年,马可尼发明的无线电波首次横跨大西洋发送成功。但马可尼无线电报公司拒绝与其他系统进行技术合作,马可尼的仪器和设备被禁止接收来自非马可尼体系发送的无线信号。这一做法为公司带来了巨大的垄断收益,但也广受诟病。"泰坦尼克号"灾难的发生,证明了国家间采取非歧视性的传播政策的重要性。1912年美国无线电法规定:所有船只的无线电必须具有能广播到100海里外的足够电力,而所有的接收站都要对船只的求救信号作出"绝对优先"的反应,"所有的海岸接收站均应向大众开放……让海岸和海上船只彼此交换信息,而无论其使用何种无线电设备"。[2]

回顾国际传播的历史开端可以看到,从1835年到1914年第一次世界大战爆发,多国政府和商业企业都采用了三种重要的国际传播技术,即电报(1837年)、电话(1876年)和

---

[1] Headrick, D. (1981) The tools of empire: technology and European imperialism in the nineteenth century. New York: Oxford University Press. P.129.

[2] Provision 8, 9 and 11 of the Radio Act of 1912, passed on Aug. 13, 1912.

无线电（1899年）。国际传播这个概念，更多地是指以国家为主体，由现代组织化的大众传播媒介体系，如国际通讯社，所进行的具有特定政治、经济和文化目的的跨越国境的传播活动。随着时代的变迁，国际传播的主体、国际传播的媒介体系，乃至国际传播的目标和内容形式等，都发生了很大的变化。

12.2 战争、广播与宣传

法国学者马特拉（A. Mattelart）认为，在国际传播的历史中，"交织着战争、进步和文化以及它们之间持续不断的相互交错的轨迹"，"战争和战争的逻辑是国际传播的历史及其学说和理论的主要成分"，从1853年的克里米亚战争一直到后冷战时期的诸多战争，均可证明。①

1842年架设在阿尔及利亚上空的电报线路，为法国成功地占领阿尔及利亚并把它变成殖民地起了至关重要的作用。在殖民时代，电报通讯确保了宗主国保持对其殖民地的直接控制。国际电报协定虽然只有欧洲国家签署，但却具有全球性，因为殖民体系的存在意味着，一旦宗主国表示遵守，其殖民地也全部遵守。

第一次世界大战爆发后，很多传播科技被直接用于战争。电话被用于后方指挥部与前方战壕中各部队的联络，无线电报被用于指挥舰队，并用于侦察机与炮兵部队之间的联络，电报更是被广泛用于情报传递、指挥和控制，从而在根本上改变了军事思想及军事计划。英德宣战四小时之后，英国就成功地切断了德国的电缆，破坏了柏林与其殖民地及美国之间的联系，并摧毁了众多德国殖民地的无线电站。英国截获德国电报并策略性地通知美国，最终促使美军加入了盟军一方。

第一次世界大战也是第一场利用现代大众传播手段进行宣传（propaganda）的战争。宣传一词源于1622年负责教会传教活动的"罗马教会宣传信仰圣会"，但是在一战中，交战双方都充分利用了各种宣传工具，进行大规模的社会动员、舆论操纵、丑化敌人、激励士气等活动。英国曾印制了数百万的海报、传单、宣传册、明信片和邮票，还制作幻灯片，并配以解说，在剧场向群众放映。他们还拍摄电影、出版书籍，向报纸和通讯社提供大量新闻和广告。美国在战争中也成立了宣传机构——公共情报委员会（CPI），设立了无线电服务处、外国新闻局和外国影片处等。他们在战争中还用气球投递宣传品到敌军战壕，在炮弹内夹带传单并投炸到敌军部队，还制造假情报、在中立国散播反德国的新闻。1927年，政治学家拉斯韦尔出版了《世界大战中的宣传技巧》一书，对一次大战中各参战国的战争宣传进行了系统的分析。他指出，宣传是"通过重要的符号，或者更具体但是不那么准确地说，就是通过故事、谣言、报道、图片以及社会传播的其他形式，来控制意见。宣传关注的是通过直接操纵社会暗示，而不是通过改变环境中或有机体中的其他条件，来控制公众舆论和态度"。②

1917年10月30日苏联播出的列宁宣布苏维埃政权成立的演讲，被认为是无线电宣传

---

① （法）阿芒·马特拉：《世界传播与文化霸权》（陈卫星译），北京，中央编译出版社2001年版，第1—2页。
② （美）拉斯韦尔：《世界大战中的宣传技巧》，第22页。中国人民大学出版社，2003年。

史上最早的公共广播。①世界上最早的短波广播是1925年从苏联发出的,而大规模的国际广播活动则始于1927年。② 1927年,美国的广播法案（Radio Act 1927）明确了商业广播体制,而同年成立的英国广播公司（BBC）则确立了非营利的公共服务广播模式。同样是在这一年,在华盛顿召开的世界无线电会议上,美国和欧洲对国际无线电频谱的垄断地位被强化,苏联则被排除在外。

1933年,纳粹德国开始了"广播大战",致力于在全世界散布第三帝国的种族主义和反犹思想,其首要目标是在境外生活的德国人。1934年,德国开始用外语对外广播。到1938年,德国国际广播时数增加到5 124小时,范围直达南美洲和澳大利亚。墨索里尼统治下的意大利法西斯也于1935年加入了广播大战,在阿拉伯地区设立电台。随后,英国广播公司于1938年也开始提供外语广播。它们强调说:"英国广播公司以各种语言播出的新闻都是建立在说真话的基础上的。真实而详细的广播是英国广播公司的威望所在。"③与此形成鲜明对比的,是纳粹宣传部长戈培尔所说:"新闻是战争的武器。新闻的目的是帮助战争而不是提供信息。"④但是,德国和英国的广播目的是一致的,都是为了获得人心、打赢战争,只是选择的方式截然不同。英国的广播可以称之为白色宣传,主要是传递未修饰的真实消息,而德国的广播是黑色宣传,倾向于策略性地使用谎言和断章取义。因此,"广播大战"主要是指各国用外语广播从事宣传。

第二次世界大战期间,除了遍布整个欧洲和亚洲的陆海空战役外,各国都不忘利用国际传播系统开展心理战。各国政府都成立了战时情报与宣传机构,以广播为主体的各种宣传手段都得到充分利用。这种以宣传为中心的国际传播模式持续到冷战期间,成为不同意识形态和国家集团争夺世界霸权的工具。

第二次世界大战结束后,英国首相丘吉尔于1946年3月5日发表著名的"铁幕演说",宣布全球未来的发展方向将取决于西方的自由民主和苏联的共产主义两种意识形态和政治制度的对立与竞争。随后成立的北大西洋公约组织和华沙条约组织这两个分别由美苏领导的军事战略集团,使丘吉尔的政治预言成为现实,国际格局由此从美欧苏反法西斯联盟转变为两大政治、社会、军事集团长期对峙的冷战结构。冷战期间的意识形态宣传,主要发生在以苏联和美国为首的东西方两大阵营之间,并向第三世界发展中国家扩展。第二次世界大战后,苏联恢复了共产国际并进行面向全世界的政治宣传活动。美国则以"美国之音"（VOA）、"自由电台"和"自由欧洲电台"为主,利用设在各地的转播站形成全球广播网络,向国际受众宣扬"美国的生活方式"。苏联首先影响的是东欧国家,后来逐渐扩展到部分第三世界发展中国家,而在西方世界几乎没有影响。苏联同时还要想方设法干扰西方广播。直到1987年,对西方广播的干扰才逐渐停止。

从第一次世界大战开始到1991年苏东剧变后的冷战结束,国际传播媒介体系中增加了无线电广播、电视、通信卫星等重要的传播技术,以国家为主体的国际传播主要体现为战争

---

① （英）达雅·屠苏:《国际传播:延续与变革》（董关鹏主译）,新华出版社,2004年,第35页。
② （美）罗伯特·福特纳:《国际传播:全球都市的历史、冲突及控制》,华夏出版社2001,第103页。
③ Mansell, G. (1982). *Let Truth Be Told: 50 Years of BBC External Broadcasting*. London: Weidenfeld & Nicolson. P.139.
④ Hale, J. (1975). *Radio Power: Propaganda and International Broadcasting*. Philadelphia: Temple University Press. P.10.

宣传以及冷战后的意识形态宣传，以美国和苏联为主导的两大集团之间的对立也充分反映在国际传播中。但在这期间，国际形势发生了很大变化，突出表现为第三世界国家的兴起，它们对国家发展的需求以及对现存国际秩序的不满，突破了冷战时期两大阵营对峙的局限，为国际传播引入新的视角和话题。

12.3　现代化与发展传播

　　第二次世界大战结束之后，亚非拉民族解放运动风起云涌，越来越多的前殖民地国家摆脱殖民统治，走向独立。但形式上的国家独立并不意味着新兴国家能够完全摆脱超级大国的主导与干涉，在两大集团冷战对立的格局下，努力在新兴国家的统治精英中间推广自身社会制度和意识形态的优越性、引导他们的国家进入自己的势力范围和发展路径，成为美苏争霸的重要内容。

　　在冷战初期，苏联对于全球范围内的民族解放运动和民族独立诉求给予积极的支持，而美国则囿于和欧洲殖民帝国的传统关系和对剧烈的社会革命的保守心理，对各地民族解放运动态度不明，应对不力。直到1950年代末现代化理论和发展传播学的出现，才为美国政府在全球阻击共产主义的扩张、引导新兴国家进入西方发展模式的外交政策，提供了理念、实证和策略等层面的支持。

　　现代化理论的核心观念是基于这样几个相互关联的假设：① "传统"社会和"现代"社会互不相关，截然对立；② 经济、政治和社会诸方面的变化是相互结合、相互依存的；③ 发展的趋势是沿着共同的、直线式的道路向建立现代国家的方向演进；④ 发展中社会的进步能够通过与发达社会的交往而显著地加速。①现代化理论家们将社会发展划分成五个阶段，即传统社会、起飞前准备阶段、起飞阶段、走向成熟、大众消费高级阶段。根据这种划分，美国已经进入了大众消费的最高级阶段，西欧国家处于成熟期向消费社会的过渡阶段，而新兴的民族国家则处于从传统社会到经济起飞的不同阶段，要想进入现代化，就需要接受处于先进阶段的国家在启动基金、经济政策、社会管理、政治制度、文化理念等方面的援助，以使自己的国家在各个层面符合现代社会的要求。这样一来，所谓现代化和发展，实际上就成为"西方化"的代名词。通过联合国、世界银行、国际发展署、国际货币基金组织等各类国际机构，以及西方特别是美国政府的各类援助项目，西方就可以在一定程度上规范和影响新兴国家的发展方向和性质。

　　现代化理论的重要组成部分，是传播与发展的观点。1958年，麻省理工学院教授丹尼尔·勒纳（Daniel Lerner）的《传统社会的消失：中东的现代化》（*The Passing of Traditional Society: Modernizing the Middle East*）一书出版，其中反映了他对中东地区人们接触媒介特别是广播的观察。他认为，大众媒介是一个"移动加速器"（mobility multiplier），使个人能够体验遥远地区发生的事情，促使他们重新评价传统的生活方式，并期待一种新的现代生活方式。西方社会提供了"最先进的社会本质（权力、财富、技术、理性）的模式"，并且，

---

① （美）雷迅马：《作为意识形态的现代化：社会科学与美国对第三世界政策》（牛可译），中央编译出版社，2003年，第6页。

"从西方而来的刺激破坏了传统社会",① 大众传媒的普及有利于世俗文化和个人主义价值的传播,对中东地区社会的传统元素有解构的作用,为现代化的进程提供了有利的文化环境。

施拉姆也持类似观点。受联合国教科文组织的邀请,他于1964年出版了《大众媒介与国家发展:信息对发展中国家的作用》(Mass Media and National Development: The Role of Information in Developing Countries)一书。在这部著作中,他提出人的现代化是国家在经济和制度领域现代化的先决条件。制约发展中国家现代化的一个很重要的因素是传统文化,传统文化中的许多价值观念与个人主义、工作伦理、经济理性等资本主义发展所需要的人格特征相悖。因此,"信息的大众传播与教育'新媒体'的任务,就是加速并缓解经济发展所需用的漫长的社会变革,特别是加速和优化国家力量背后的人力资源现代化"。② 施拉姆在著作中详细讨论了在发展中国家推广广播等现代媒介的作用、机制和过程。他认为现代大众传播媒介在传统社会中的普及除了具有克服识字率的障碍、守望环境、便于信息传播和商业活动等功能以外,还有利于增强中央政府的权威,削弱地方传统势力对个体的束缚,促进国家认同,培育积极进取和理性计算等现代心智,树立共同的社会规范和价值观等。

施拉姆的著作问世之时,正值联合国宣布1960年代为"发展的十年"。他关于传媒与国家发展的想法,不仅得到美国领导下的联合国机构的大力支持,而且在很大程度上成为各类国际发展机构,如美国国际开发署(United States Agency for International Development/USAID)、美国新闻署(USIA)、美国和平旅(Peace Corps)的实际政策。1970年代,现代化理论将媒体发展程度作为一种社会整体发展的指标,发展传播学也在很长一段时间内占据了传播学的主导地位。

但是,在冷战背景下形成的现代化理论和发展传播学,虽然一度成为国际学术界和国际传播中的主导话语,但却不断受到理论和实践的挑战甚至批判。现代化理论以西方的现代化为标准,按照进化的逻辑将不同文化进行排序,而不承认各种文化有其内在的独特性和存在价值。他们假设现代与传统的生活方式是相互排斥的,从传统到现代的转变迫切而不可避免,而大众媒介则是一种外来的社会改造力量,因此要努力通过媒介的现代化来推动社会"进步"。但实际上,在中东,伊斯兰传统依然继续定义"伊斯兰世界",并且该定义日益强大,而且还可以运用现代化的传播手段来实现其目标。比如在1979年的伊朗伊斯兰革命中,先进的传真机、录音带与传统的清真寺集会相结合,最终使反西方现代化的伊斯兰传统意识形态取得了胜利。

发展传播学只重视大众媒介的单向传播,将先进思想和技术从政府或国际发展机构流向第三世界社会底层的过程,看成是国家发展的灵丹妙药。发展传播学的发展常常主要由国民生产总值(GDP)、出口经济增长等指标来衡量,而没有意识到,大多数人生活的提高依赖于财富的平均分配以及它的公益用途。因此,在发展过程中社会贫富差距的加大,使得人们开始质疑发展主义计划的正确性,并且质问发展理论遗漏了什么。

在许多发展中国家,经济与政治权力依然局限于少数精英统治者,西方专家无法直接、深入地与"被开发"国家的民众进行沟通,因此这些国家的统治精英就成为贯彻西方发展

---

① Daniel Lerner, The Passing of Traditional Society: Modernizing the Middle East, NY: Free Press, 1958. P. 47.
② Wilbur Schramm, Mass Media and National Development: The Role of Information in the Developing Countries, Stanford University Press, 1964. p. 27.

理念和发展政策的代理人和重要中介。而与此同时，发展传播学则有力地支持了这些政治精英的统治合法性。现代传媒与传统的威权主义相结合，以维护政治稳定、提高经济效率以及促进文化整合，至于媒体的普及对于文化多元化、公民认同和自主意识的增长以及社会自由等方面的潜在影响，通常不是被忽视，就是被视为负面的、需要克服和遏制的反作用。因而，所谓的"发展"，在实际运作中通常呈现为资本主义经济的"发展"和社会建设的"负发展"。

还有一些拉美学者认为，现代化进程中最主要的受益者，其实不是第三世界国家，而是西方媒体和传媒公司。它们以现代化和发展的名义，实际上为它们的产品寻找新的消费者。他们认为，现代化进程不仅加剧了发展中国家本已深刻的社会和经济的不平等，而且使它们依赖于西方传播发展的模式。因此到1970年代，"依附"理论和对文化帝国主义的批判开始兴起，并且在国际上兴起了一场建立世界传播新秩序的运动。

12.4 从依附理论到文化帝国主义

20世纪60年代末至70年代初，依附理论（dependency theory）在拉美地区形成。该理论的出现，既是因为美国不断增加对拉美右翼集权政府的支持引起社会不满，也是因为知识精英中的许多人认识到现代化的发展理论的明显缺陷。该理论强烈抨击现代化理论，认为拉丁美洲贫困问题的来源并非现代化理论所说的"传统文化"、"落后的社会制度"以及与世界市场的隔离，也不可能通过外部投资、技术转让以及加强与世界市场的一体化而得到改变。发展中国家的普遍贫困，是因为存在着一个世界经济体系。发达资本主义国家处于世界经济体系的中心，发展中国家则处于世界经济的外围和边缘，而中心和边缘之间的经济关系是不平等的。前者通过不合理的经济分工和不公正的贸易规则剥削后者，造成后者对前者的依附，从而导致了发展中国家的普遍贫困。依附论有两个主要的来源。一是以普雷毕什（Raul Prebisch）、富尔塔多（C. Furtado）以及品托（A. Pinto）等为代表的拉美结构主义；二是以巴兰（P. A. Baran）、斯威齐（P. Sweezy）和弗兰克（A. G. Frank）为代表的西方马克思主义。

拉美结构主义依附理论的代表富尔塔多指出，拉丁美洲首先被欧洲的殖民体系，然后又被美国霸权卷入世界经济分工，结果导致拉丁美洲在全球经济分工中处于初级产品加工和原材料供应的环节，其工业布局依附于宗主国的经济利益，而没有形成完整的国家工业体系。西方大公司的垄断和政府对统治精英的军事援助，在拉丁美洲形成了威权政治乃至军事独裁、经济寡头、贫富两极分化和种族对立的社会形态，所有这些都成为导致欠发达的因素，并且都与欧洲的工业化和殖民扩张对世界其他地方的经济进行控制和重组有密切的联系。因此，正是欧洲的现代化在全球构建了边缘和中心不平衡发展但又相互依存的经济与社会结构，并导致了发展中国家的普遍贫困。

西方马克思主义依附论的代表弗兰克和沃勒斯坦（I. Wallerstein）等人，在分析拉丁美洲社会状况的基础上，提出了解释全球权力分配模式的世界体系理论，全面批判和反击了现代化理论。世界体系理论强调，不应该以单个的民族国家，而应以资本主义经济链条所涵盖的整个社会系统为单位来分析社会变迁。比如欧洲的经济起飞与其在非洲的奴隶贸易、在美洲的银矿开采和在亚洲的鸦片种植等，形成一个完整的、相互关联的从原材料、劳动力到贸易对象的结构体系。这个结构中的所有社会和人群都被卷入了现代生产条件及其所塑造的生活方式，但不同的地区在该结构中的相对位置和相对权力是不一样的。世界体系可以分为中心（core）、半边缘（semi-periphery）和边缘（periphery）的层级结构，而世界体系就是一个将资源从边缘向中心流动的秩序。在资本主义时期，处于最顶端的中心是工业化的地区，他们在国际分工中垄断了最盈利的生产活动，而边缘则包括那些"欠发达"的、被迫提供便宜原材料的贫穷国家。①

与依附理论紧密联系的，还有当时正在美国发生的对文化帝国主义的研究。对文化帝国主义进行批判的奠基性著作是赫伯特·席勒（H. Schiller）完成于1969年的《大众传播与美利坚帝国》（*Mass Communication and the American Empire*）一书。在新马克思主义批判传统的框架下，席勒分析了国际传播产业的全球权力结构以及它们与跨国商业和主导国家之间的联系。席勒还更加深刻地论述了，以美国为基地的大型跨国集团并且是经常与西方（主要是美国）军事政治利益相结合的集团，如何在追逐商业利益的同时，破坏第三世界国家的文化独立，并使发展中国家产生对传播和媒体软硬件的依赖。席勒将文化帝国主义定义为"各种进程之和，通过这些进程，社会被带入现代社会体系，社会的统治阶层被吸引、被挤压、被强迫，而且有时候被收买，来将社会机构加以规范，来回应甚至有时宣传这一体系的统治中心的价值观和结构"。②按照席勒的观点，第三世界对美国传播技术和投资的依赖，伴随着大范围的、对美国媒介产品特别是电视节目进口的需求，由此导致的是"美国生活方式"以及个人主义、消费文化等对第三世界国家的"电子入侵"，导致这些国家的传统文化被破坏。

除了对文本的批判以外，文化帝国主义所关注的另外一个问题是媒体技术、机构以及传播能力在全球的不平衡分配，即"媒介帝国主义"的问题。巴雷特（A. Boyd-Barrett）在1970年的一篇文章中首先提出"媒介帝国主义"这一定义。他认为："在任何国家的媒体中，所有权、结构、分配原则和内容都单独地或共同地受到来自于其他国家的媒体利益的实质性的外在压力，有这种制约关系的国家之间的影响不是相互的而是不成比例的。这种制约的过程就是帝国主义。"③

这种以媒体产业数据为依据的分析框架与依附理论的关系更加密切，并且在以联合国教科文组织为平台的关于世界传播新秩序的争论中，成为第三世界国家争取独立的传播权和文化自主权的重要依据。

12.5 世界信息传播新秩序

20世纪50年代后期，全球范围内的非殖民化运动从分散走向联合。以1955年的万隆会议为标志，新兴国家试图摆脱美苏争霸的冷战架构，拒绝通过与超级大国的结盟来获得发展援助和军事保护，强调独立自主的国家发展原则，并在平等的基础上与其他发展中国家形

---

① （美）伊曼纽尔·沃勒斯坦，《现代世界体系》，高等教育出版社，2003年。
② Schiller, H. (1969) *Mass communication and American empire*. New York: Augustus M. Kelley. Second revised and updated edition. Westview Press. 1992. P. 9.
③ Boyd-Barrett, O. (1977) Media imperialism: towards an international framework for the analysis of media systems. In Curran, J., Gurevitch, M. and Woollacott, J. (eds) *Mass communication and society*. London: Edward Arnold. P. 117.

成联盟。这就是著名的不结盟运动。

1973 年,第四次不结盟国家首脑会议在阿尔及尔召开。会议在宣言中称:"现存的传播渠道不仅是罪恶的殖民地时代的遗产,而且阻碍着各国之间自由、直接而迅速的传播与沟通;发展中国家必须共同采取行动,来改变现存的传播渠道。"①一般将《阿尔及尔宣言》视为"世界信息与传播新秩序"之争的开端。

1976 年 3 月,不结盟国家在突尼斯召开的新闻研讨会上明确提出了建立"国际信息与传播新秩序"的要求。同年 8 月,在印度举行的不结盟首脑会议发布了《关于信息非殖民化的新德里宣言》。该宣言在世界上产生了广泛反响,成为团结广大发展中国家的重要指南。同年 10 月,发展中国家向联合国大会和联合国教科文组织提交了旨在建立国际信息传播新秩序的提案。联合国教科文组织接受了该提案,把"国际"改成"世界",并就此展开工作。

1977 年 11 月,联合国教科文组织成立国际传播问题研究委员会,该委员会由来自 16 个国家的代表组成,由麦克布莱德(Sean Macbride)任主席,史称"麦克布莱德委员会"(Macbride Commission)。其中,来自拉丁美洲 ILET 研究所(Instituto Latinamerican de Estudious)的让·索马维亚(J. Somavia)是依附论的重要代表。该研究所关于跨国媒体经济的研究对"世界信息与传播新秩序"的讨论非常有影响。另一位著名人物是突尼斯的信息部长马斯莫迪(M. Masmoudi),他成为第三世界建立新秩序的代言人。他提出:

① 由于社会技术的不平等,造成了信息从"中心"向"外围"的单向流动,这样在"有"和"无"的国家之间形成了很深的鸿沟;

② 信息强国处在一个对信息穷国发号施令的地位,因此产生了结构性依附,造成了穷国普遍的经济、政治和社会的分化;

③ 这种纵向的信息流动(与全球横向信息流动相对)是由西方跨国公司垄断的;

④ 信息被跨国公司看作"商品",使之服从于市场原则;

⑤ 整个国际信息和传播秩序维持了不平等状况,而且本身是其组成部分,这样就产生了新殖民主义。②

麦克布莱德委员会的建立,主要从四个方面考察国际传播:国际传播的现状;建立信息的自由平等流动所面临的问题以及如何将这种信息流动与发展中国家的要求连接起来;如何根据国际经济新秩序的要求建立信息传播新秩序;如何将媒体用于产生关于世界问题的公众舆论。经过两年的调研和内部争论,麦克布莱德委员会于 1980 年提交了题为《多种声音 一个世界》的最终报告。随后,联合国教科文组织在贝尔格莱德召开的第 21 次大会上正式通过了一项关于建立世界信息与传播新秩序的决议,其主要建议如下:

① 消除目前存在的信息的不平衡和不平等;

② 消除某些垄断集团的消极影响,不论公有还是私有,都不允许过度集中;

③ 取消国内和国外信息自由流动的壁垒,更加平衡和广泛地传递信息和思想;

④ 多渠道传递信息;

⑤ 出版和信息自由;

---

① K. Nordenstreng, "New International Information and Communication Orders: Sourcebook, Prague", *International Organization of Journalists*, 1986. P. 275.

② Masmoudi, M. (1979) The new world information order. *Journalis of Communication*, 29, 2, pp. 172-185.

⑥ 在媒体报道中，记者和其他行业的人都有自由权力，而自由与责任不可分；

⑦ 发展中国家要取得自身进步，主要是需要向他们提供装备、训练人员，使它们的传播媒体与自身的需要相符合；

⑧ 发达国家真诚地帮助发展中国家实现上述愿望；

⑨ 尊重每个民族的文化特征，每个国家都有权向世界人们展示他们的兴趣、灵感和社会文化价值观；

⑩ 尊重每个国家在平等、公正和互利基础上参与国际信息间的交换活动；

⑪ 尊重每个个人、种族和社会团体知晓信息和积极参与传播过程的权利。①

从上述内容可以看出，《麦克布莱德报告》和联合国教科文组织的《贝尔格莱德决议》在很多方面反映了第三世界发展中国家的立场，意味着发展中国家在"世界信息传播新秩序"争论中的重大胜利。但是，以美国为首的西方认为，新秩序只是"苏联授意"第三世界国家通过设计国家制度来控制大众传媒的方案，是与西方基本的"信息自由流动"的原则相抵触的。它们像"文化自我管理"、"媒体帝国主义"和"国家主权高于传播权"等口号一样，都只是第三世界国家独裁者压制自由、强制审查和支开外国记者的借口。在美国看来，把控制媒体的最高权力不交给市场而交给政府是令人难以容忍的。1981年，"世界自由出版委员会"（WPFC）在法国的塔罗瓦尔进行"自由之声"集会并发表宣言，认为教科文组织的决议将会导致各国政府对新闻出版自由的控制，关于新世界信息传播秩序的争论本身"对报道自由和言论自由的基本原则就是最有害的"，西方国家必须坚决抵制。1984年12月，美国以联合国教科文组织充满反西方论调具有危及新闻自由和自由市场因素、其活动"过于政治化"为由，退出了联合国教科文组织。英国也随即退出。联合国教科文组织陷入财政困难，不得不做出某种让步，使建立世界信息与传播新秩序运动陷入低谷。而随着1990年代全球传媒市场化趋势的加速，联合国教科文组织也逐渐失去了其作为国际传播问题首席论坛的地位。

12.6 全球商业传媒系统的形成

20世纪80年代末90年代初，随着冷战的结束，一个全球性的商业传媒系统开始形成。它的典型特征是各国放松管制，媒介私有化、集中化趋势明显，30至40家大型跨国公司主导全球传媒系统，其中占据全球市场顶峰的不到10家媒体公司，且其中大多数集团公司都把基地设在美国。媒体产品的跨国输出加大，诞生于主要商业中心的流行文化走向全球，出现了某种全球文化，当然也存在向文化中心的逆向流动和在一个地区内的横向流动。伴随着文化全球化的，是个人主义、对权威的怀疑、女权主义和少数民族权利等西方基本价值观得以跨国传播，但文化的多样性、发展中国家的民族认同等则进一步受到挑战。一方面，跨国媒体为股东负责，尊重市场规律，但可能无视国家边界和政府权威；另一方面，媒体生产的

---

① UNESCO (1980) The new world information and communication order. Resolutions 4/19 in Records of the General Conference Twenty-First Session, Belgrade, 23 September to 28 October, Paris: United Nations Economic, Social and Cultural Organization.

目的是市场而非市民需要，其商业模式倾向于侵蚀公共领域，并创建一种与民主秩序不相容的"娱乐文化"，因此值得我们关注和反思。

全球商业传媒系统的形成，始于电信改革。传统上电信业主要依靠固定网络，建设成本高，但用户越多、覆盖面越广，其单位成本就越低，效益就越好，因此管理上视其为自然垄断行业。在1980年代以前，以邮政、电报和固定电话为主的电信业基本属于非营利的公共服务部门，由国家或由接受政府调控的行业垄断。但1980年代以来，随着微波通信技术和数字通讯技术的快速发展，新服务方式不断衍生，电信业自然垄断的特征也逐步淡化。在技术发展的新形势下，英美率先打破电信垄断制，推动以鼓励竞争、刺激市场为导向的电信改革。1984年，美国总统里根宣布"开放领空"（open skies）政策，将美国最大的电信公司——美国电报电话公司拆分成22个地方公司，允许更多的私有电信网络参与竞争，由此开始了电信领域解除管制、向自由化和私有化的转变。一年之后，英国撒切尔政府如法炮制，允许51%的英国电信公司（前英国电信部邮电分部）部分私有化。日本政府也对其政府控制的日本电报电话公司（NTT）采取了同样措施。美英的政策很快对欧盟政策产生影响。1987年6月，欧洲委员会发布了《开放电信服务和设备的共同市场》绿皮书，开始其电信改革。绿皮书明确提出，电信是一种商品或服务，应当自由流动和进入市场，传统的国家垄断电信的形式，已经成为充分开发新技术潜力的严重障碍。此后，欧盟公布了一系列促进电信市场全面开放的政策和法律性文件。这一系列指令，为促使欧盟各国的电信市场全面相互开放、形成统一的欧盟电信市场打下了基础。到2000年，电信市场已成为欧盟统一大市场最重要的组成部分，电信业成为欧盟支柱产业。目前，始于西方的电信改革已经遍及全球，大多数国家的电信产业都走向放松管制的市场竞争之路。

1990年代，由于录像机、卫星电视、光缆电视、光纤电话等技术使得媒体的全球销售变得简单易行，类似的有线电视新闻网、音乐电视、娱乐体育网等有线节目都已开办，并最终发展成全球媒体。新技术结合着私有化和放松管制，不仅刺激着全球媒体的扩张，而且还为媒体公司的合并浪潮提供了基础。其中著名的有新闻集团收购二十世纪福克斯公司（1985）、索尼收购哥伦比亚三星集团（1989）、时代集团与华纳传播公司合并成立时代华纳公司（1989）、迪士尼公司收购美国广播公司（1995）、西格雷公司分别收购环球工作室（1995）和宝丽金音乐公司（1998）、维亚康姆公司收购派拉蒙影业（1994）后又与哥伦比亚广播公司合并（1999）等。随着传媒产业的集中化，国际范围内的传播内容和营销渠道都由被称为第一集团的十来家纵向一体化的集团公司控制着，它们中的大多数以美国为基地，其中前五名是时代华纳、迪士尼、贝塔斯曼、维亚康姆以及新闻集团，而宝丽金公司、希格雷公司（Seagram）、索尼和通用电器、美国电信公司等也属于第一集团。其年销售额在100亿至250亿美元之间，是娱乐节目和媒体软件的主要制作商，而且全部拥有全球分配网。此外还有三、四十家第二集团的跨国传媒公司，其年销售额一般在20亿至100亿美元之间，在全球体系中填补地区市场。它们倾向于签订工作协议或与一家或多家第一集团或第二集团的公司创办各种企业。最后，上千家规模较小的国营或地方公司，向大公司提供服务或填补小的地方市场，其成功与否要部分取决于大公司的取舍。[①]

---

① （美）爱德华·赫尔曼，罗伯特·麦克切斯尼：《全球媒体：全球资本主义的新传教士》，天津人民出版社，2001年，第56页。

通过战略联盟、所有权交叉以及其他协同工作方式的运用,传媒巨头实际上已经可以通过各种传媒手段来推广他们的产品。以迪士尼公司为例,它通过对上百个国际传媒市场的跨媒体宣传与销售战略的制定,来使公司的产品销售渠道最优化。公司出版迪士尼动画丛书,并制作关于这些动画的杂志、录像带、光盘以及在线节目。它还生产最热销的玩具,并在迪士尼主题公园以及零售商店进行推广和宣传。这种销售模式被比喻为车轮:"车轮中心位置相当于内容与创意,而由此发散出的辐条则相当于对已有品牌的多种途径的开发:通过电影公司、电视网络、音乐、出版、周边产品、主题公园和网站进行多重开发。由于这种方式的产生,制作与销售之间的界限开始模糊了,因为在通过各种渠道销售这个品牌的同时,又是在开发它新的价值。"①

这种靠广告支撑的全球商业传媒系统的形成,在极大增强媒介产品全球贸易的同时,也导致了全球媒体系统高度的发展不平衡。广告商们最为青睐的是具有购买力的中产阶级,因此北美和西欧是最为重要的市场,而非洲除了相当富裕的南非外,好像已经被全球媒体公司认定为穷得无法发展。《金融时报》曾经出版了一张地图,显示音乐电视在全球的拓展情况,上面竟然没有非洲,取而代之的是38个输送音乐电视节目的欧洲国家的名字。在前苏联和东欧国家,由于政府对媒体的补贴被取消,广告和入网费就成为商业媒体的主要资金来源,由此导致媒体的进一步分化。原捷克斯洛伐克的电影厂主要用于拍电影广告,匈牙利93%的电影市场被好莱坞电影所占据。捷克一半以上的报业由德国和瑞士的公司所控制,时代华纳、迪士尼及贝塔斯曼等西方公司则控制着波兰、匈牙利和捷克的电视,这是因为那里出现了他们感兴趣的新兴中产阶级。俄国媒体的私有化,使得一位学者将俄国的电视比喻为"一种可供罪犯和专政罪犯利用的工具"。连《纽约时报》也哀叹说,"俄国的新闻是自由的,濒临破产的自由。"相比而言,拉美和亚洲虽然各有问题,但却是全球传媒最感兴趣的地方。特别是亚洲,被认为"现在和将来都会是全球商业媒体市场发展最快的地区"。②

虽然全球商业传媒系统的发展是市场经济全球化发展的必然组成部分,但学者们依然对其进行了深刻的反思和批判。商业媒体将观众看成是消费者而不是公民,既放弃了大众媒体作为公共领域的社会责任,又忽视了公民权利。因为观众只能在市场控制者提供的节目里"自由选择",而市场控制者的节目,既要听从广告商的建议、争取富裕的观众,又要创造一种有利于商品销售的氛围,因而倾向于娱乐和轻松的节目,而不是真正有社会意义的节目。媒体所有权的集中,使垄断集团可以通过交叉销售、规模经济等制约竞争对手,使本土化的媒介产品难以产生。在市场竞争的压力下,有关暴力和性的节目,能凭借其视觉上的强大刺激、制作的低成本以及较少语言和文化上的障碍,而得以在国际媒介产品贸易中广泛传播。其中所包含的西方价值观,也会对非西方的传统文化和社会认同造成很大的冲击,被批评为"美国口音很重的跨国公司文化帝国主义"。③

新技术的不断发展,特别是互联网的诞生,启发了人们的思维。人们有理由期待,全世界民主力量有可能绕过全球商业媒体,而争取自由沟通的全球公民社会的到来。

---

① 转引自(英)达雅·屠苏:《国际传播:延续与变革》(董关鹏主译),新华出版社,2004年,第158页。
② (美)爱德华·赫尔曼,罗伯特·麦克切斯尼:《全球媒体:全球资本主义的新传教士》,天津人民出版社,2001年,第72—76页。
③ 同上,第40页。

12.7　全球公民社会

回顾历史可以发现，国际传播中存在多种因素和力量，参与国际传播的主要行为者，也从国家和国家间正式的国际组织，扩展到全球性的跨国传媒公司。此外，还有另一类超越国家的全球性力量，即以非政府组织新社会运动为主要标志的全球公民社会。

"公民社会"（civil society）又称"市民社会"，是源于欧洲政治哲学传统的概念。按照俞可平的简单定义，"公民社会是国家或政府之外的所有民间组织和民间关系的总和"①。具体一点讲，公民社会既包括正式的非政府组织，又包括其他各种自愿性的社团、利益团体、公民自发组织起来的公民运动、临时性组织等。它们以自愿为原则，以民间的形式，相对独立地开展非政府性的活动。所谓"全球公民社会"，简单讲就是"跨国边界空间的知识和行动网络"，其中非政府组织和社会运动是它的重要内容。之所以称之为全球的而不是国内的公民社会，不仅是因为那些联系穿越了国界并在全球的、非领土的区域运作，更因为它是全球公民社会成员据以行动的"全球意识"日益增长的结果。②

新社会运动是在1960年代发源于欧美的、针对一系列全球性的问题寻求社会变革的社会抗议活动。与传统的工人运动或民族解放运动等社会运动相比，新社会运动主要以反战、民权、环保、另类生活方式等为主要诉求，并不谋求夺取政权。在组织方式上，新社会运动也与以往主要依靠政党领导或者进行议会斗争等方式不同，而更多地以事件或者议题为中心，依靠自愿、临时的聚集与联合，并且较多地利用大众传媒来表达诉求和进行社会动员。最后，由于其诉求的议题都是具有全球影响的、需要在全球范围内寻求解决方案的社会问题，比如环境、战争、人权、文化多元等，新社会运动的行动范围也就超越了传统的民族国家的边界，其人员的组成、行动的场域和针对的目标，也都是超国家的、区域性的或者全球性的。

1999年在西雅图WTO峰会上出现的大规模抗议资本主义全球化的集体行动，是一个最典型的例子。当各国首脑在峰会上讨论自由贸易协议时，世界各地有近十万的抗议者汇集到西雅图进行抗议。来自环保、劳工、人权、动物保护、宗教、同性恋等各种非政府组织和临时群体的诉求虽然各有不同，但都集中到自由贸易所带来的一系列破坏性后果和跨国公司不负责任地进行全球扩张对社会公正的冲击等议题之上。抗议者们用游行示威、公共表演、群体仪式、创造媒体事件等各种方式，向世界传达对于跨国公司所主导的全球化的不满。西雅图峰会之后，全球公民社会依然不断地利用类似的机会进行公开抗议，传播人们对于公司资本主义和经济全球化的愤怒，要求政府机构对跨国公司进行有效的管理和约束。

值得关注的是，虽然在此之前，种种对于公司全球化的批评声音早就存在，但是与跨国公司结成紧密联盟的全球主流媒体却很少进行客观公正和深入的报道，导致世界各地的抗议组织只能通过非主流媒体、独立媒体等平台，进行艰难的传播与沟通。西雅图峰会上，大规

---

① 俞可平，"中国的公民社会"，《清华大学公共管理学院NGO研究所简报》第13期，2001年12月17日。

② Ronnie D. Lipschutz and Judith Mayer, *Global Civil Society and Global Environment Governance: The Politic of Nature from Place to Planet*. Albany: State University of New York Press, 1996, p. 53. 转引自《现代国际关系》2002年第12期，第3页。

模的抗议活动所造成的奇观和危机效果使得主流媒体不得不聚焦于此，因此，制造戏剧性的冲突与表演来吸引电视台镜头的手段，也成为全球公民社会经常使用的媒介策略。但是这种方式虽然在某种程度上提高了反全球化运动的媒体曝光，却也使运动本身陷入了主流媒体的报道框架。当媒体追逐着新奇表演和暴力冲突时，却把真正的社会诉求和理性的批判放置一边。

在新媒体时代，以平等、及时、多元和广泛联系为特征的新媒介技术，更便利了公民社会的意见表达、信息沟通、舆论汇聚和协调行动，因而极大地促进了全球公民社会的发展。

伴随着全球公民社会的理念，"全球治理"（global governance）的观念也正在逐步被人们所接受。1994年，以美国学者詹姆斯·罗森纳（James N. Rosenau）为代表的一批世界各地知名人士组成了一个独立团体——全球治理委员会（Commission on Global Governance），他们给"治理"下的定义是："治理是各种各样的个人、团体——公共的或个人的——处理共同事物的总和。这是一个持续的过程，通过这一过程，各种相互冲突和不同的利益可望得到调和，并采取合作行动。"① "全球治理"观与传统国际关系理论的最大不同在于，它不仅重视国家之间的合作，更重视国家与非国家行为体间的合作。它不是提倡成立一个世界政府来一劳永逸地解决全球事务，而是主张多主体（国家与非国家）、多层次（地区与全球）地解决共同问题。

以笔者所参加的国际互联网治理活动为例。早期的互联网使用，仅限于少数科学家和专业人士之间。有关互联网管理的技术和政策等问题，也一直由使用者所组成的互联网社区制定。但是到1990年代，随着互联网的发展以及新利益集团（主要是商业部门和政府）的出现，这种技术与政策"二合一"的局面被打破。围绕着互联网的互联互通、商贸、内容、资金、安全等诸多问题，出现非常多的争议甚至斗争。2003年12月，在日内瓦召开的联合国信息社会世界峰会正式提出：请联合国秘书长成立一个互联网治理工作组，采取开放和具有包容性的方式，通过一种机制，确保发展中国家和发达国家各国政府、私营部门和民间团体，充分和积极地参与有关互联网治理方面的行动。此后，关于互联网治理的话题吸引了众多学者的研究、民间团体的广泛宣传以及各国政府和互联网企业的高度重视。联合国每年召开一次"互联网论坛（Internet Governance Forum，IGF）"②，笔者曾先后参加了2009年在埃及和2010年在立陶宛召开的两次联合国互联网论坛。在每年的互联网论坛上，数千名来自世界各地的专家学者、政府官员、商企代表和各种非政府组织的普通公民代表汇聚起来，就各种与互联网有关的问题进行充分的讨论，以谋求共识，引导决策。在世界各地，不仅有越来越多的公民团体关注有关互联网治理的话题，而且各地还纷纷成立了专门的IGF组织，开展各种与互联网治理相关的教育、宣传、公民调查、政策议程设置和利益诉求等活动，充分体现了全球公民社会和全球治理的理念与实践。

◇ 小　结

本章着重对国际传播的相关概念和历史发展进行了梳理。从1835年至今，国际传播从

---

① 转引自蔡拓、王南林："全球治理：适应全球化的新的合作模式"，《南开学报》（哲学社会科学版）2004年第2期，第66页。

② 参见 http://www.intgovforum.org/

传播主体、媒介系统构成和传播主题都发生了巨大的变化。传播主体由最初的主权国家，发展到国家集团和政府间组织、跨国传媒集团直至全球公民社会。媒介系统构成由最初的电报、通讯社拓展到大众广播、电视直至今天的数字化媒体。国际传播的主题也从最初的殖民统治、战争与政治宣传，拓展到国家发展、世界信息传播新秩序直至全球媒介商品贸易和全球治理。在把握种种宏大叙事和主流话语的同时，我们应始终秉承的，是对人类文明发展方向的深刻反思和终极关怀。

◇ **推荐阅读**

1．（英）达雅·屠苏：《国际传播：延续与变革》（董关鹏主译），新华出版社，2004。
2．（美）罗伯特·福特纳：《国际传播：全球都市的历史、冲突及控制》，华夏出版社，2001。
3．（美）爱德华·赫尔曼，罗伯特·麦克切斯尼：《全球媒体：全球资本主义的新传教士》，天津人民出版社，2001。

观察与思考

1．从国际传播的历史发展来看，如何理解主权国家在国际传播中的作用？
2．选择某种曾被广泛使用的媒介，如电报、无线电广播或电影等，分析其技术特征和内容传输特征，并结合一定的社会政治、经济和文化背景，考察其对国际传播的促进或阻碍作用。
3．从1970年代到1980年代，关于"世界信息传播新秩序"争论的主要内容是什么？你对此有何看法？
4．关于跨国传媒集团的全球市场竞争的利弊，你有什么看法？
5．以互联网为代表的新媒体技术对国际传播带来哪些方面的影响，请谈谈你的看法。
6．某发展中国家驻美大使馆想更新其门户网站以达到更好的效果，对此你有什么好的建议吗？

第 13 章

大众传播的研究（一）

整个大众传播的研究都建立在这样一个假设的基础之上，即媒介对我们的社会生活有着非常显著的影响。我们每天的媒介经历都提供了无数媒介影响的事实。我们会依据天气预报来增添衣服，因为广告而购买一些商品，根据网上的影评选择观看电影，当然更常浏览新闻。无论是政党选举，还是官员贪腐，无论是经济指数，还是食品安全事件，也无论是凶杀暴力，还是明星绯闻，很少有人能否认，我们是通过媒介来获取重大信息或者形成个人意见的。大量的资金和人力被投入到媒体以进行广告营销、公共关系等活动，很多重大的社会活动如国际救援等，也都通过媒介来协调进行。

在早期媒介万能论的观点基础上，出现了大量的宣传活动及相关研究。从 20 世纪 30 年代至 50 年代，围绕媒介效果，社会科学家们开展了一系列实证研究。随着时间的推移以及研究性质的改变、研究方法的发展以及相关证据和理论的提出，一些新的变量被纳入思考的范围。然而这一系列实证研究的最终结论却是：大众传播的效果是有限的。大众传播通常不是作为媒介效果的一个必须或者充分的原因，而是要通过一连串的中介关系来产生作用。这并非说科学发现媒介没有效果或影响力，而是说媒介刺激和受众的反应之间并没有直接或一对一的联结关系。媒介是在一个既定的社会关系结构，以及特定的社会文化脉络中运作的。这些因素既会影响意见、态度和行为，也会影响受众对媒介的选择、注意力和反应。信息的获取未必伴随态度的变化，而态度的变化也未必造成行为的改变。这一结论对于那些依靠媒体从事宣传及广告活动的人来说是难以置信的。研究难以证明媒介的强大效果，可能是因为媒介效果过程的复杂性，也可能是研究本身设计和方法的不当。虽然对媒介传播的效果很难准确估计，但人们还是确信，某些特定的媒介效果一直在发生，而关于媒介效果的相关研究也一直在继续。本章主要介绍传播学早期的主要研究，主要包括早期宣传研究，以及在 20 世纪四五十年代开展的传播流研究。

13.1 传播研究的传统

传播学发轫于美国。根据美国学者韦弗和格雷（Weaver & Gray）1979 年发表的研究报告,美国传播学研究大体上可以分为三个历史时期,即19世纪初至20世纪30年代的发展时期;20世纪30至50年代的过渡时期和1950年代至今的现代时期。具体见表13-1。第一时期的研究是启蒙运动的延伸,反映了工业革命后期形成的对知识的渴求和对教育的广博兴趣。这一时期的学术研究主要是历史学与传记学,几乎没有关于媒体效果及媒体社会背景的研究。第二时期是大众传播研究从人文哲学领域转入社会科学研究的转型期,出现了历史诠释学、媒体内容分析以及社会调查、控制实验等大众传播效果研究。第三时期的特点是定量研究方法增多和研究设计复杂化。大体上,美国大众传播研究是以其研究方法的转变为特征的:从历史方法转为定量方法,从人文方法转为社会科学方法。①

表 13-1　美国新闻与大众传播研究②

发展时期 (19世纪初至20世纪30年代) 1. 主要描述印刷品、报纸与期刊的历史,重点在重要编辑与发行人的生平与影响; 2. 由李普曼和其他如杜威、帕克、米德和萨姆纳(W. G. Sumner)等人撰写的有关报刊社会角色和新闻的性质的哲学著作	过渡时期 (20世纪30至50年代) 1. 更多的解释性新闻史学,探讨社会力量与新闻机构之间的互动; 2. 政治学家拉斯韦尔等人创立的大众媒体内容和宣传信息研究; 3. 社会学家拉扎斯菲尔德等人创立的大众媒体对人们政治态度和投票行为的影响研究; 4. 心理学家勒温等人创立的小群体内的个人影响与传播研究; 5. 心理学家霍夫兰等人创立的信息特征(如信源的可信度,一面之辞与两面之辞问题)对人们态度与观点的影响研究; 6. 广播与报纸使用情况的研究; 7. 零星的研究,包括报纸对法律案件的报道、报纸管理、新闻从业者、媒体与大众文化、报纸内容、电视对杂志发行量的影响,以及报纸对竞选新闻的报道等; 8. 哈钦斯委员会创立的新闻自由与责任研究	现代时期 (1950年代至今) 1. 研究电视对各种行为,尤其是攻击性行为的影响; 2. 研究报纸和电视报道骚乱与社会失序所产生的冲击; 3. 研究色情内容对反社会与犯罪行为的影响; 4. 研究电视广告对儿童的影响; 5. 研究政治选举中媒体的使用与效果,特别是电视与报纸的使用与效果; 6. 对新闻从业人员进行一项重要的全国性研究; 7. 有关报纸阅读率与使用情况的许多研究; 8. 几项全国性的报纸经营者研究; 9. 有关人际间理解和交流,以及大众传媒使用与效果的共同取向研究

20世纪30年代,以宣传研究著名的拉斯韦尔和以调查分析广播剧《星球大战》而扬名的坎特里尔(Hadly Cantril,1906—1969),在对传播现象的研究中引入了以数据为基础的经验方法。曾为衣阿华大学新闻学教师的乔治·盖洛普(Gallup,GeorgeHorace,1901—1984)也成立了民意测验所,首创以抽样调查方法组织民意测验,并成功预测了罗斯福总统的当选。今天,盖洛普的名字几乎成为民意调查活动的代名词。这一时期最大型的传播研究,是有关电影对青少年影响的"佩恩基金研究"(Payne Fund Studies)。该研究历时三年,调动大批心理学家、社会学家和教育学家,使用了当时最先进的调查技术,包括精心设计的控制实验、上千部电影的内容分析、涉及几万个对象的深度访谈和个案研究,成为媒介调查领域科学化的先驱。

---

① (美)迈克尔·辛格尔特里:《大众传播研究:现代方法与应用》,北京:华夏出版社,2002年,第19页。
② David H. Weaver and Richard G. Gray (1979) *Journalism and Mass Communication Research in the United States*: *Past and Future*. Bloomington: School of Journalism, Indiana University. p. 6.

1940年代主导传播研究的学者是拉扎斯菲尔德，而1950年代传播研究的主导者是霍夫兰。拉扎斯菲尔德关于总统大选的媒介影响调查开辟了传播研究的新路，提出了两级传播、意见领袖、IPP指数等一系列概念，导致了"有限效果论"时代的开始。霍夫兰从战时陆军研究开始，采用精心设计的控制实验法，围绕说服和态度转变展开一系列研究，对传播研究的发展贡献极大。

从拉斯韦尔到霍夫兰，以定量研究为主的传播现代研究方法跃然而出。但与此同时，莫特（Frank Luther Mott，1886—1964）主持的大型历史调查，经埃默里（Edwin Emery，1914—1993）的诠释和注解，成就了美国新闻史研究，影响了成千上万的新闻专业学生。

13.2 宣传研究

1. 魔弹论（magic bullet theory）

20世纪初至20世纪30年代末，大众报刊、电影、广播等媒介的迅速发展，使人们对媒介的社会作用和影响力既高度期待又深怀忧虑。这一时期核心的观点是：媒介传播如同"魔弹"，具有不可抗拒的巨大力量。它们所传递的信息可以引起受传者直接迅速的反应——左右人们的态度和意见，甚至直接支配他们的行动。

"魔弹论"的流行主要与战争宣传有关，特别为纳粹宣传所推动。当时纳粹德国的宣传部长戈培尔提出，"谎言重复千遍就会成为真理。"他把宣传看成一种实用的技巧，一种获得最终结果的方法。宣传的目的是为了政治成功，而不是智力深化。他声称："在政治中，权力至高无上，而不是正义的道德主张。"他还将纳粹宣传与恐怖统治相结合，声称："如果宣传要真正发挥效力，它的背后必须有一把利剑。"

除战争宣传外，"魔弹论"还受到心理学的行为主义和弗洛伊德理论的强烈影响。行为主义与关于人类有意识的思考或沉思通常控制人类行为的"精神第一性论"（mentalism）相反，认为人类的所有行动都只是对外部环境刺激的反应，意识只是在外部刺激触发了行为之后才使行为合理化。他们希望通过对特定刺激和特定行为之间联系的研究，探知人类行为的动机。弗洛伊德（Sigmund Freud，1856—1939）的学说对人类理性也持怀疑态度。他将主导行动的人格分成几个相互冲突的部分，即理性的自我（ego），自私自利、追求快乐的本我（id），以及受内在化的一整套文化规则指导的超我（superego）。当自我被本我控制，就会出现歇斯底里等非理性的情况，而当超我占据主动，本我被彻底镇压，个体就会转化为非情绪化的、消沉的"社会机器人"（social automations），只按要求办事。行为主义和弗洛伊德理论常常结合起来形成新的理论，它们倾向于认为大众缺乏理性的自我控制能力，极易受到媒介的影响和操纵。效力强大的媒介刺激会得到大众一致的注意力和相似的反应，并和本我一起触发行动，对此自我和超我无力阻拦，而只能将自己不能控制的行动加以合理化，并对此产生罪恶感。如上所述，媒介可以产生波及整个社会的、立竿见影的影响，甚至那些最有教养、最有思想的人也概莫能外。[1]

---

[1] 参见（美）斯坦利·巴兰，丹尼斯·戴维斯：《大众传播理论：基础、争鸣与未来》（曹书乐译），北京：清华大学出版社，2009年，第71—79页。

除战争外，其他社会宣传也都强调要充分利用媒介，以增强社会团结和公民参与，实现社会理想。这些早期的关于宣传的理论无疑为日后关于传播效果的深入研究奠定了基础，但以后的研究证明，"魔弹论"观点过分简单化了。

2. 拉斯韦尔的宣传理论

在 1920 年代即以《一次大战中的宣传技巧》一书闻名的拉斯韦尔，是最伟大的宣传分析家。他将宣传定义为"通过操纵有意义的符号控制集体的态度"。说服和宣传都是有意图的传播，由一个信源所进行，以改变受众成员的态度。说服往往被认为是面对面的、人际间的传播，带有互动性质，而宣传是借助于大众媒体的单向传播，其目标是群体受众。说服策略可以用来构筑大众媒体信息，而宣传策略也可以在人际关系的意义上被使用。简而言之，宣传是大众化的说服工作，广告、公共关系和政治竞选运动都是宣传。

拉斯韦尔反对过于简单化的魔弹论。在他看来，宣传的力量与其说是特定信息的内容或诉求的结果，不如说是普通大众脆弱的心理状态的反映。经济的萧条和政治冲突的升级已经导致了广泛的精神错乱，使得人们极易受到哪怕是形式异常粗糙的宣传的影响。因此解决的办法在于让社会研究者找到"避免冲突"的良策，而这就需要对那些导致政治冲突的政治传播施加控制。拉斯韦尔的"政治精神病理学"（psychopathology of politics）对任何事情的假定都是：政治行为失调、政治参与与不理性、政治表达话不切题。

拉斯韦尔认为，宣传不只是通过媒介向受众撒谎，以达到控制受众的目的。传播者需要有一个精心谋划的长期宣传策略，以便细致耐心地引入新观念和新意象并加以培养。要创造出象征符号，并且必须逐渐教会受众在这些象征符号与特定的情感之间建立联系。如果这些培养策略获得成功，它们就会形成拉斯韦尔所说的主导或集体符号（master or collective symbols）。如果主导符号得到明智的使用，就可以与强烈的情感联系在一起，并能够激起有益的大规模群体行动。他认为仅仅一两个极端分子发布的讯息不可能产生重大的影响，成功的社会运动是通过各种媒介成年累月地宣传主导符号获得力量的。比如在观看美国国旗升旗仪式时所体验的情感，正是过去无数次观看经验的结果。

他认为过去大多数主导符号的形成和宣传或多或少具有偶然性。在媒介使用上，希特勒是邪恶的艺术家而非科学家，应当用新的宣传科学与希特勒作战，使媒介宣传的控制权掌握在新的科学技术官员（scientific technocracy）手中，依靠他们驾驭的宣传力量来宣扬"正义"、抵制"邪恶"。由此，拉斯韦尔为正义而宣传的理论成为无数官方机构，包括"美国之音"，美国新闻总署、国际信息及交流办公室和美国国务院努力"改善"和传播民主的理论基础，但也遭到一些学者对其"操纵符号、制造神话的技巧政治"的严厉批判。

3. 李普曼的宣传与舆论观

W·李普曼（Walter Lippmann，1989—1974）是美国著名的政治记者、专栏作家和公共知识分子。他在第一次世界大战期间是美国陆军前线传单的主要作者之一，创造了许多拉斯韦尔所分析的美国宣传。后来他长期为美国著名报纸撰写社论，他的每周 4 次的专栏通过报业辛迪加销售而为几百家美国日报所登载，并两次荣获普利策奖。他还做过 12 位美国总统的顾问，遍访世界各国首脑，被称为"20 世纪美国最有才华、最有影响的政治记者和舆论制造者"。

1922 年出版的《公众舆论》（Public Opinion）是李普曼 20 部著作中最有影响的著作。根据在第一次世界大战中的宣传经历，他发现当一群人能够阻止公众接触一个新闻事件，并编发有关这个时间的新闻以适应他们的目的时,一种宣传的潜能便存在了。"为了进行宣传,必须在公众和事件之间设置某种障碍。"诸如此类受限制的传播通常发生在战争期间,此时的政府宣传家是有关重要事件的新闻的唯一把关者,因此李普曼把宣传确定为在这种情况下传播受到限制的新闻歪曲。

李普曼和拉斯韦尔一样怀疑公众理性。他借柏拉图的"洞穴"理论表达对大众舆论的怀疑,强调在人和现实之间存在着一个无法克服的"拟态环境"(psydo-environment)。人们接受从拟态环境中获取的信息,而对信息的反应则直接作用于客观环境。他认为舆论过程中的"刻板印象"(stereotype)是一个关键因素,它能简化事实从而使信源能轻易地将之传递给其他个体。刻板印象常常为社会群体所共有,但往往不是来自个人经验,而是来自他人的讲述或者媒体报道。

他与拉斯韦尔一样,认为宣传带来了严峻的挑战,因此政治体制需要激烈的改变。既然民众易受宣传的影响,那么就需要有一些专门的机制或机构来保护他们免遭影响。他接受了拉斯韦尔的建议,认为解决问题的最好办法在于让那些善意的"技术专家"控制信息的采集和发布。他建议成立一个准政府情报局,它可以仔细评估信息再提供给其他精英作决策。这个机构也可以决定哪些信息可以通过大众媒介传播,哪些信息民众最好不要知道。但是这种精英治国论受到以杜威为代表的诸多思想家的反驳和批判。

4. 杜威的媒介教育观

对早期宣传理论的批评来自约翰·杜威。他拒绝接受"技术专家"通过科学方法保护人民不受困扰这样的做法,而主张通过公共教育,传授人们正确的防御方法,让人民学会如何保护自己。他反对过于简单化的魔弹理论,认为即使是初步的公共教育也会使大众学会抵抗宣传的方法。他认为"专家阶层"将不可避免地远离公众利益而成为一个具有个人利益和个人知识的阶层。在杜威看来,民主的目标不是有效地管理公众事务,而是追求人的自由。因此,民主并不是为了有效管理而使用的计谋和策略。媒体的职能就是"使公众对公共利益感兴趣",媒体需要了解公民所需,使新闻重新向日常交谈回归。记者应当以公民的身份为社会提供最好服务,以证明其正当性。今天媒介素养运动的核心,正是杜威提出的教育大众对媒介内容以及如何使用媒介内容进行批判性思考。

魔弹论和拉斯韦尔的理论都具有相同的假设,即媒介像一个外部代理人那样运作,可以被当作工具来操纵唯命是从的广大民众。李普曼也相信大众媒介的宣传力量,怀疑大众的自我管理能力,也不信任媒介从业人员。但是杜威认为,是团体而不是个人在通过传播(和传播媒介)来使连接、支撑社会的文化得以形成和延续。媒介处于社会的复杂关系网的中心位置,有效的媒介必须要和它们所服务的团体紧密结合。媒体不应该被理解为外部的工具,而应该被理解为实践民主政治的公共论坛的"守卫"和"协助员"。在团体与媒介之间潜在的、有建设性的依存关系被破坏时,公共论坛本身也很可能遭到破坏。这种关于媒介与团体关系的辩论,如今备受关注。

5. 对现代宣传的批判观点

当代的一些批判理论家认为,使复杂事件简单化并不断重复,进行偷偷摸摸的、精心组织的传播活动,使用精心设计的狡猾语言阻止深刻的思考等,奉行这些规则的宣传依然存在,只是更加隐秘、复杂和有效。以广告为例,各种各样的广告都吹嘘着某产品优越于其他产品的优点,但所有广告都以消费主义和资本主义制度的逻辑和合理性为前提。我们对

"更多东西的需求"很少受到质疑,而产品的生产和使用对环境的破坏则在讨论之外。对现代宣传的批判观点是:权力派精英彻底控制着大众媒介及其内容,以至于他们可以轻易地把自己的"真理"强加到文化中去。

经济学家、媒介分析专家赫尔曼(E. S. Herman)提出5个过滤器(filter)可以使大公司和政府实体"达成精英的共识,给出民主认同的表象,并在普通大众心中充分制造混淆、误解和冷漠,以便让精英的规划得以前行"。这5种过滤器分别是:所有制、广告、消息来源、炒作(flack)和媒介对"市场奇迹"的信仰。[①]

批判学者麦克切斯尼(R. W. McChesney)则提醒人们注意媒介公司的自私自利,他评论道:"保守主义所认为的'自由'媒介概念有一个基本的错误,即它假定编辑和记者对即将发表的新闻几乎拥有绝对的控制权……在保守主义的'分析'中,企业所有制、利益驱动机制、以广告为生的方式等制度性因素对媒介的内容没有任何影响,认为新闻媒体可以定期推出一个违背媒介所有者和广告商基本利益的节目,并且这样做了还不会受到处罚的想法,完全是没有任何证据的。"[②]

13.3 态度转变与说服

1. 早期流行的宣传手法

"魔弹论"流行期间,A·M·李和E·B·李合编了《宣传的完美艺术》(*The Fine Art of Propaganda*)一书,将当时流行的宣传手法归纳为七种。

① 污名化(name calling),即给某种思想冠以恶名,使人们不检验证据就拒绝并谴责它。

② 美化法(glittering generality),即将某事物与美好的字眼联系在一起,使人们不经检验而接受或赞同。

③ 假借(transfer),即将某种权威、约束力或某种受人尊敬和崇拜的权威转移到某事物,使其易被人接受。

④ 证言法(testimonial),即请某些令人尊敬或使人讨厌的人说出特定的观点或产品,或者说人的好话或坏话。

⑤ 平民百姓法(plain folks),宣传者宣称自己属于人民中的一员,以让人相信他的说法。

⑥ 洗牌作弊(card stacking),只列举和选择对自己的观点有利的事实、论据和推论,而掩盖任何不利的材料。

⑦ 乐队花车(band wagon),即宣称"大家都在这么做",促使对方接受其宣传主张,"跳上乐队花车"(jump on the band wagon)。

2. 霍夫兰小组的态度转变研究

第二次世界大战期间,耶鲁大学教授霍夫兰等人受美国陆军部的委托,以控制实验的方

---

① Herman, E. S. (1996), "The Propaganda Model Revisited," *Monthly Review*, July-August, 115-128.
② McChesney, R. W. (1997). *Corporate Media and the Threat to Democracy*. New York: Seven Stories, p. 60.

法，在新兵中开展态度转变研究。战后，霍夫兰研究小组又在美国军方和洛克菲勒基金会的大力资助下，开展了一系列有关个人态度变化的微观层面的相关研究，并于1953年出版了《传播与说服》一书。因此，关于"态度转变"的说服研究逐渐成为传播效果研究的一大重要领域。

态度研究有比较长的历史，而不同的心理学家对态度的定义各有侧重。一是侧重态度的行为倾向。如奥尔波特（G. Allport）和格根（K. Gergen）等人把态度看成是行为反应的准备状态。奥尔波特认为，态度是根据经验而组织起来的一种心理和神经中枢的准备状态，它对个人的行为反应具有指导性或动力性的影响。按照这一定义，态度和行为之间具有直接相关性，态度的测量也因此而十分有意义。二是侧重认知。洛克奇（M. Rokeach）认为，态度是个人对于同一对象的数个相关联的信念的组织，即把态度看作是一种具有结构性的复杂的认知体系，强调的是内在的信念组织。三是侧重情感。爱德华兹（A. L. Edwards）将态度定义为，"与某个心理对象有联系的肯定或否定感情的程度"。测量态度就是测量赞成或不赞成，喜欢或不喜欢。

除以上三种观点外，后来的学者大都倾向于认为态度是由认知、情感和行为倾向三个部分组成。罗森伯格（S. Rosenberg）和霍夫兰（C. I. Hovland）最先提出这一观点，认为态度是个体以特定的认知、情感和行为意向等几种方式对某种刺激做出反应的预先心理倾向。弗里德曼（G. Fridman）、梅尔斯（D. G. Myers）和安德鲁（H. Andrew）等人也指出，"态度对任何给定的客观对象、思想或人，都是具有认识成分、表达成分和行为倾向的持久体系。"认知包括个人对某个对象的认识与理解、赞成与反对的叙述内容。例如，"我反对研究生收费"、"这件衣服很漂亮"等。情感是个人对某个对象持有的好恶，也就是一种内心体验。比如"我喜欢看美国大片"、"他对她既怜悯又轻视"。意向是行为的准备状态，它不是行动本身，而是行动之前的思想倾向。如"我想申请出国"、"我要向某人提出一个建议"等。

霍夫兰小组以意见和态度的改变程度来衡量说服的效果。态度与意见是两个既紧密联系又相互区别的概念。意见是公开的表达而态度却可能是潜在的。意见是一种广义上的"解释、期待和评价"，而态度则仅仅表示对于某些人或事物的接近或回避的反应。换句话说，态度包含了积极和消极两种"驱动价值"。另一方面，意见和态度的联系在于，一个人接近或规避某事物的趋向，即态度，通常会影响他对一系列相关问题的期待即意见，而一个人的态度也会随着意见的改变而改变。意见是以语言为中介的信念、期望和判断，因此用传播来改变态度的最主要的方法，就是改变这些诉诸语言的反映，即意见。

在态度改变中，有三个变量十分重要，这就是注意、理解和接受。态度改变则遵循一种刺激—反应的步骤：先是有一个意见（刺激）发生，假定传播的对象注意并理解了该讯息，他们可能会审视原有的意见并考虑接收到的新的意见，如果采取一种新的反应比旧的反应具有更大的吸引力或者好处，对象就会改变其态度。实际上，很多广告说服也遵循这一刺激反应步骤，即注意某产品广告——理解并接受了广告讯息——采取相应行动。

3. 陆军研究

第二次世界大战期间，美军以前所未有的规模使用电影或其他大众传播形式进行宣传。这些材料大部分用于训练新兵以鼓舞士气。霍夫兰小组的任务就是评价这些材料的有效性。他们主要进行了两种研究：一是评价现有的电影；二是对同一部电影的两种版本进行比较。

其中最主要的是第一项研究，以好莱坞著名导演所拍摄的系列影片《我们为何而战》特别是其中的《不列颠之战》为评估对象。

霍夫兰小组设计研究三方面的内容：一是观众从影片中获得的对特定事实的了解；二是和"不列颠之战"相关的特定观点；三是对军人角色的接受及作战意志的培养。研究的过程很简单，只是建立了一个实验组，让他们看电影；同时建立一个控制组，不看电影。一周之后，给两个组都发问卷进行调查。问卷表面看来与影片不相关，但实际上测量的是受试者与影片有关的知识及相关见解。总共有2100名新兵参加实验。研究结果显示，影片在传达有关1940年英国空战的事实信息方面非常有效，在改变对实施空战行动的特定看法上也有一些效果，但是在激励战斗意志或增强对敌人的同仇敌忾方面实际上却没有效果。因此说明，电影在实现鼓舞斗志这一最终目标方面是失败的。在对另外几部《我们为何而战》影片的研究中，也发现了同样的结果。研究表明，单一的大众传播消息并不能强烈地改变已有的态度。对比拉扎斯菲尔德的伊里县调查研究，不同的研究主题和研究方法，却得出了相似的结论。

4. 一面之辞与两面之辞

霍夫兰小组进行的第二项研究是关于一面之辞与两面之辞（one-sided and two-sided message）的讯息效果实验。在很多有争议的问题上，都有两方面的主张，对于说服来说，一面之辞和两面之辞，哪一个是最佳策略呢？这基本上还是一个老问题，即宣传策略中"洗牌作弊"的效果。当时霍夫兰小组面临的一个传播难题是，1945年德国战败后，很多美国军人都认为战争即将结束，但军方希望这些军人了解，还有一场打败日本的艰巨任务摆在面前。

霍夫兰小组为一则广播稿设计了两种表达方式，即一面之辞方式和两面之辞方式，当然核心观点都是认为战争至少还得持续两年以上。一面之辞的消息有15分钟长，论据是日本军队的数量和日本人民的决心。两面之辞的消息有19分钟长，既肯定了对唯一敌人作战的好处，又更强调战争实际的困难。在播放广播稿之前，被试者先做了一份初步的测验问卷，估计战争还将持续多久。然后第一组8个排的士兵听取一面之辞的广播消息；第二组也是8个排的士兵，则听取两面之辞的广播消息；第三组作为控制组，不听任何消息。然后这三个组填写另一份问卷。问卷表面上不同于第一次问卷的形式及其表明的目的，但却是再次要求估计战争还将持续多久。所有问卷都是匿名的，但是在出生日期、教育程度等项目基础上可以比较一个人前后的问卷答案。研究表明，无论一面之辞还是两面之辞，都使接收者的意见发生了明显改变，但是一面之辞对最初赞同者最有效，而两面之辞对最初的反对者最有效。

5. 信源的可靠性

第二次世界大战后霍夫兰继续在耶鲁进行说服研究。由于在宣传中人们普遍相信信源的可信度（source credibility）可以增加传播效果，因此1951年霍夫兰特意设计了一个实验。实验中每一个被试都收到包括四篇不同主题文章的小册子。在宣布来源之前，被试已经在调查问卷中回答了对4个主题的看法。然后研究者就其中的每一篇文章，对一半的被试宣称文章来自高可信度的信息来源，而对另一半人，则宣称同样的文章来自低可信度信源，然后立即做一次问卷调查，4周后又再做一次。这四个题目都是当时有争议的，包括以下一些内容和观点。

①"抗组胺药物能否继续无需医生处方而销售？"宣称的高可信度信源是《新英格兰生

物与医药学报》，低可信度信源被指名是一份大众销路的画报。

②"美国现在能建造出实战型核潜艇吗"，高可信度来源是原子弹之父奥本海默，而低可信度信源为苏联的《真理报》。

③"钢铁工厂是否应对目前的钢铁短缺负责？"高可信度信源是《国家资源计划委员会公报》，低可信度信源为一位"反劳工、反新政的右翼报纸专栏作家"。

④"1955年正在经营的电影院数目是否会因为电视的出现而减少？"高可信度信源是《幸福》杂志，而低可信度信源为一位妇女电影闲话专栏作家。

公布信源后立即进行的问卷调查结果显示，高可信度信源在前三篇文章中发生了说服效果，但低可信度信源在第四个问题上带来意见改变。然而4周后的再次测量却显示，高可信度信源与低可信度信源带来的态度转变几乎相等，但是低可信度信源导致的态度转变比4周前的效果更为显著。这一现象被霍夫兰等人称为休眠效应（sleeper effect）。进一步的研究表明，休眠效应的产生并不是受试者忘记了信源，而是因为一段时间后，信源和意见具有分离的倾向。

后来的研究力图找到构成信源可信度的要素。霍夫兰提出专业权威度和值得信赖度是最重要的标准。怀特海德（Whitehead）等人则通过根据录音介绍对演讲人进行语义等级评估等办法，发现了四个要素：值得信赖（以对错与否；诚实与否；值得信赖与否以及公正与否为基础）；专业性或能力（以有无经验，有无专业风度为基础）；活力（以进取还是驯服，主动还是被动为基础）以及客观性（以头脑开放还是封闭为基础）。

在广告中，一些高可信度的名人为许多商品做广告。研究表明，当一个名人为超过4种产品做广告后，较之仅为一两种产品做广告，他更易被认为不可信，并且观众对这些商品的态度也变得消极。因此，支持过多东西会降低低可信度信源的有效性。还有一点应当注意的是，同一信息源，对不同的人来说是具有不同效果的。因此美国在总统大选时，会发动摇滚歌星去吸引年轻人参加选举，而这些歌星对年龄稍大的选民则未必有吸引力。

6. 恐惧诉求

在大众传播中另一种常用的战术是威胁，或曰恐惧诉求（fear appeals）。按照学习理论的预测，强烈的恐惧诉求会引起更多的注意和理解，因此会增强态度转变的效果。另一方面，研究者也发现，高度的情绪紧张也可能导致受众自发的抗拒反应和歪曲所接收消息的意思。因此霍夫兰小组的贾尼斯和费什巴赫（Janis and Freshbach）以牙齿保健为题，设计了以三种不同程度的恐惧诉求为基础的实验。

受试者是某高中一个班的新生。他们被随机分成了4个组，其中3个组接受不同程度的恐惧消息，另一组为控制组，不接受相关的恐惧消息。在诉诸不同恐惧程度的3个组中，相同的消息部分是对牙齿保健法的标准讲座。不同程度的恐惧诉求主要体现于变换的讲座图解材料。在最低恐惧诉求的消息中，图解采用了X光片和素描，显示蛀牙洞，但是所用的任何一张相片表现得都是完全健康的牙齿。在中等恐惧诉求的宣传图解中，相片显示的是轻微损坏的牙齿和口腔疾病。在强烈恐惧诉求的消息中，是用幻灯片来表现讲座的内容，显示的是非常真实、非常严重的龋齿现象和牙龈疾病。造成强烈恐惧的条件还包括一些人际恐吓，如"这可能发生在你身上"之类的话。控制组则接受了关于人类眼睛构造与功能的讲座。事后用问卷调查的方式来比较接收了不同形式的消息后，受试们是否改变了他们的牙齿卫生习惯。结果表明，低恐惧诉求最有效而高恐惧诉求最无效。

但是这一观点并没有得到后来所有研究的支持。利文撒尔和奈尔斯在纽约市的一次健康博览会上建议人们照胸片，并劝告人们戒烟。他们也采用了不同的恐惧诉求方式。高恐惧诉求讯息是切除肺部的一段彩色电影；中度恐惧诉求讯息也是同样的彩色影片，但是没有肺部切除的镜头；低恐惧诉求讯息则没有影片。结果发现，恐惧越大，受众遵从劝告和建议的动机越强烈。

是什么原因造成两种不同的实验结果呢？也许差别在于，前一实验中，被试者并不认为刷牙是防止牙病的最好方法，而在后一实验中，人们却相信戒烟能有效防止肺癌。后来的研究者罗杰斯则提出了一种保护动机理论。他提出，人们在接受恐惧诉求讯息时，会对事件的有害性、事件发生的可能性以及所推荐的应对措施的有效性加以认知性判断。这些认知性判断是一个评价过程，这些认知评价过程决定了态度转变的多少。也就是说，受众接收到一个恐惧诉求后，会进行掂量，然后决定是否改变态度以及改变多少。他把这一模式称为保护动机理论，态度转变是由认知评价所引发的保护动机的功能体现。

关于如何最佳地运用恐惧诉求的办法也有很多研讨，比如恐惧诉求如何应用于在青少年中进行的防治艾滋病的宣传。青少年一般认为死亡是很遥远的事，因此媒介的防艾宣传应更加强调此病的直接后果，如精神问题、皮肤疱疹和疼痛，以及对个人社会生活的负面影响等。媒介宣传还应该结合人际的问答讲座，在讨论中引发出相关信息。在关于使用避孕套以防艾滋病的广告宣传中研究者发现，适度的恐惧诉求（如说明性可能是一种危险的交易）比不诉诸恐惧的方法（强调保险套的敏感性，未提及艾滋病）或高恐惧诉求（提及死亡的可能）更有效。

恐惧诉求的目的是改变人们的动机，它最多不过是一种技巧的运用。有学者指出，"符号互动中的受众动机是非常复杂的现象，因此我们应该警惕诉诸动机的绝对可靠性。"

7. 预防接种理论

在霍夫兰等人的"一面之辞"或"两面之辞"的研究基础上，拉姆斯丹和贾尼斯（Lumsdaine and Janis）又进行了关于抵制态度转变的实验。他们仍然沿用以前的"一面之辞"和"两面之辞"的办法，对"苏联在未来五年不能生产大量的原子弹"这一有争议的观点，进行讯息效果测量。"一面之辞"的看法认为，苏联没有掌握制造原子弹的核心机密，他们的间谍效率不高，苏联工业不行。"两面之辞"则补充说，苏联在西伯利亚有大量的铀，有顶尖科学家，工业在战后有所发展。研究者在讯息发布几星期前进行了一次意见测试。然后在分别发布了"一面之辞"讯息和"两面之辞"讯息后一星期，各组中一半的人又接受了相反的意见表述，结果表明：没有接受反宣传实验的，无论接受"一面之辞"还是"两面之辞"，都同样有效；而接受了反宣传实验的人中，接受"一面之辞"的人都不再保持原先的态度转变，而接受"两面之辞"的人则保持了态度转变。结果证明接受了"两面之辞"的人更能抵制反面说服。因此把接受"两面之辞"的讯息称之为"接种"。

麦奎尔等人在此基础上发展了"接种"理论（inoculation theory）。他们认为，绝大多数人所持有的绝大多数观点都不曾遭遇挑战。因此一遇到相反的信息时，他们没有防御能力，所以容易动摇。就如同健康人需要"免疫"一样。有两种免疫方法，一是正面的，如健康饮食、锻炼、休息等；另一种办法就是注射疫苗。他们做了大量的实验来证明此理论。

13.4 卡特赖特的劝服模式

1941—1945 年，心理学家卡特赖特参加了美国义务募捐活动，并作了一次大规模问卷调查，找出劝募成功的一些条件，以及一个人决定接受劝说之前的心理过程。他的模式详细分析了劝服对象在接收到信息后的心理反应特征，并依此总结出说服对策。

人人都喜欢保持自己的观念和态度，如果某种信息与他们现有的认识不一致，他们就会拒绝、歪曲后加以接受，或在认知结构上加以变动。所以劝服者应尽量避免努力让劝服对象的认知结构发生不应有的变动。

要一个人在经过说服后去采取某一行动，必须让他看出这个行动能达到他已有的一个目的。因为个人总有自己的行为目的，总希望在采取别人所期望的行动的同时，能实现自己的目的。因此，劝服者如果期望劝服对象采取某种行动，必须使该行动能成为他达到自己目的的途径，并且这种途径符合他本人的认知结构，因为人的行为总是与他的认知结构相一致。一个人觉得某种行动有助于实现他自己的目标的可能性越大，就越可能采取这种行动，否则就不会采取行动。另外，要是他发现还有更简单、更省事的行动，他也不会采取说服者期待的行动。因此归结起来有以下几条说服原则：一是说服者期待的行动必须有助于对方实现自己的目的；二是这种行为必须基本上符合对方固有的认知结构；三是行动不能过于复杂。

卡特赖特进一步认为，在对方愿意采取某种行动之后，在某一特定时间内，必须对其行动实行控制。具体做法是：第一要对行动作出具体的规范，规范越具体，行为控制的可能性越大；第二要对行为的期限作出规定，时间规定的越具体，行为控制的可能性也越大；第三要安排一定的动机结构来控制行为，也就是使对方的行为处于某种动机的激发之下，使其感到非行动不可。

总结起来，卡特赖特的说服技巧有以下几条。

① 引起注意。使信息到达对方的感觉器官，是说服的前提。

② 使说服信息适合于对方。如果信息正好符合对方原有的信念和态度，对方就容易吸收，因此说服者在发出信息之后要予以适当解释，以便与其原有认知结合起来。

③ 使对方认识到说服信息对他有利无害。如果对方认识到信息对他有用，并且有好处而没有坏处，就可能接受建议。

④ 促使对方采取行动。对方一旦明了利弊得失，就可能作出决定，而且一旦发现这种行动十分便捷，可以给自己带来报偿，那么采取行动势在必行。因此，说服时不仅要晓以利害，还要使对方在行动中感到方便、愉快，不觉烦恼，才能收到好的效果。

卡特赖特模式注重说服信息的方式，并且强调被说服人是否作出反应的重要性。他详细研究了被说服者在接受别人意见之后的心理影响，但却忽视了社会环境或环境因素对说服过程的影响，对说服者本人在说服过程中的具体作用也没有深入探讨。

13.5 勒平格的劝服设计

早期关于效果的理论研究取得显著进展之后，如何在实践中充分合理地应用已有的理论成果仍然是一个复杂问题。勒平格为传播领域的实际工作者提出了关于说服的五种设计，被认为具有普遍参考价值，尤其对公共关系和广告有实用意义。在此特作简要介绍。

1. 刺激—反应设计

简称 S-R 设计，就是在刺激物与人的反应之间建立联系。该设计以学习理论为基础。学习理论认为，人可以通过讯息的重复达到学习的目的。因此 S-R 设计的假设是：只要信息与人的态度、动机、欲望和预存立场相吻合，那么其刺激就可能影响人的行为。其设计颇为简单，与宣传技巧中的"假借法"和"暗示法"颇为相似，最常用的手法是给文字或图像赋予新的意义。新的意义，可以是符号性的也可以是暗示性的。

符号性含义是指用某些事物，如字词或者图形等来指代另一种事物。商标就是符号性含义的常见体现。比如"沐舒坦"，是几个字一起构成一个新的符号。借助于广告信息，这一符号就和一种止咳药联系起来。再比如大众汽车的路牌广告上增加了一个北京奥运会的会标，就使人联想到它是奥运会的赞助商。暗示性含义常常用隐喻的方式来表达含义。比如王老吉饮料的广告内容经常是许多人郊外烧烤或吃火锅的场景，暗示出王老吉凉茶是一种防止上火的饮料。

S-R 设计的特点在于其普遍适用性，一般不太考虑区分不同对象。

2. 引发动机设计

引发动机设计的基本假设是：满足需要实际上策动着人的每一种行为，因此设计者首先需要运用各种方法去辨明，然后再有针对性地设计劝服信息。由于激发动机的基础在于人们的需要，因此许多心理学家都把人的需要作为研究课题。心理学家马斯洛在《动机与人格》一书中提出的需要层次论，成为引发动机设计的基础。传播信息可以指向人的需要的任何一个层次。如某矿泉水广告，既可以宣传水是人类最基本的生理饮料（第一层次），也可以强调该品牌的安全性（第二层次），也可以强调该品牌的群体归属性（第三层次），或者强调该品牌是来自法国的尊贵名牌（第四层次）等。有些高档表广告不强调走时准确，经久耐用，而暗示其为爱的象征或者展示自我的独特魅力等。

3. 认知性设计

认知性设计是以人的认知心理为主要依据的。这种设计认为，人作为有理性的动物，有将周围事物合理化的倾向。面对这样的受传者，劝服就应该以事实、信息和逻辑推理为基础，运用一定的事实来说明道理，而不应该过分强调自己的观点或立场。在受传者听明白事实中的道理后，就会不知不觉地接受劝服讯息。然而认知性劝服的讯息不是盲目的和随意的，而是传播者有目的的传播主张与受传者主动追求信息两种需要和目的的巧妙统一。也就是说，传播者一方面通过向受传者提供新鲜的信息或事实来传播观点，进行劝服；另一方面也利用受传者求得心理平衡、认知一致的愿望，传播特定的信息，改变受传者的态度，或促使人们采取一种公开行动。

4. 社会性设计

与前面提到的"号召随大流"的方法相类似，不过社会性设计更多借鉴了社会心理学有关群体规范、群体压力和个人从众行为的趋同性的研究成果。这种设计的基本出发点就是，个人的态度很大程度上依赖于他所归属的社会群体，而社会群体的赞同可以支持个人的态度，因此可以将个人视作某个群体的成员来诉求。大多数人都有随大流、避免偏离或越轨的倾向，社会群体的赞同与反对会支持或改变个人的态度。如飘柔广告，"我有一个秘密，我把秘密告诉她，我们就拥有了一个同样的秘密"或者如"大宝，我们全家都爱用它"就是一种社会性设计的体现。在美国"二战"宣传片《我们为何而战》中，通过渲染战友情谊，引起团结一致互相鼓励的情绪，也就是一种社会性设计。

5. 个性化设计

个性化设计的基本观念是，在试图说服他人时，考虑对方的个性需要。这一设计突出强调了个性中的自我防御性和价值表现。自我防御态度的形成是个体试图通过态度来保护自己，维护自我形象，避免或抗拒内在矛盾和所处危险。对于有防卫性态度的人，劝说往往有更大的难度和敏感性。勒平格提出可以试用几种技巧。一是设法减弱信息中蕴涵的威胁。比如有关交通安全的材料往往喜欢渲染恐怖的交通事故现场图片，但图片却可能使人感到很不舒服而力图回避，因此反而影响了传播效果。二是用幽默的方式来缓和受传者的紧张心理。三是使其本人察觉到自己的防卫态度及行为，使其自行调整。比如有人担心别人瞧不起自己，因此总爱贬低他人，如果让他意识到这一点，也许有助于传播效果。四是将对方的自我防卫转换成表述价值观，比如"为了您的家庭幸福，请注意交通安全"。

13.6 两级传播论

两级传播论是由拉扎斯菲尔德等人经过一系列实证研究之后得出的，是媒介有限效果观中最重要的理论。该理论认为，媒介讯息不是直接传向所有个人，人与人之间也不是相互隔绝，而是相互影响的。讯息和观念常常是从广播与报刊流向意见领袖，然后经由意见领袖流向人群中不太活跃的其他部分，这一过程被称为两级传播。对大众传媒的讯息接收并不等于反应，不接收也不等于无反应，因为受传者的预存立场和人际传播中的次级接收都在发挥作用。面对媒介宣传，有一类人是积极地接受和传播来自媒介的观点，而另一类人则主要依靠个人接触作为其指导。

1. 伊里县调查

两级传播论的提出，缘于1940年拉扎斯菲尔德等人在伊里县围绕总统选举所进行的调查。伊里县是一个具有典型意义的美国小镇，该镇自20世纪以来的历次总统选举结果，都与全国大选的结果相一致。在1940年整个竞选活动中，研究者定期对一些选民进行访问，以确定大众媒介如何影响了选民的投票行为。

研究者挑出4个选民小组作为访问对象，每一组有600位登记选民，其中一组为固定样本组，是通过随机抽样挑选出来的，另3个组作为控制组进行对照。研究者在5月访问了所有4组选民，以后每个月都定期访问固定样本组成员直到11月，并在7月、8月和10月分别访问了其他3个控制组。调查的结果表明，只有8%的人改变了最初的投票意向，而在影响选民的投票决定方面，人际接触的影响似乎比大众媒介更经常，而且更有效。那些在竞选活动期间较迟作决定或者中途改变主意的选民，比其他人更倾向于强调人际的影响。

1944年，拉扎斯菲尔德等人发表了《人民的选择》一书，提出了一系列不同于魔弹论的重要观点，如既有倾向、选择性接触和意见领袖等。他们把大众媒介的效果概括为"无变化"、"小变化"、"强化"、"结晶"和"改变"五种。所谓"强化"效果，是指大众传播对受众既有态度的巩固和加强，这被认为是大众传播最主要的效果。所谓"结晶"，是指大众传播使原先意向未明者的态度明确起来。"改变"当然是指受传者态度和行为的改变。但因为调查显示只有8%的人发生了态度改变，因此拉氏等人认为，大众传播的说服效果逊于人际传播。虽然拉氏等人的研究是偏重美国政治选举的，但他们对大众媒介效果的认识，对于广告研究来说也有帮助。

2. 意见领袖

在伊里县调查中，拉氏等人提出了"意见领袖"（opinion leader）这一概念。围绕这一概念，他们又在选举、营销、时尚等方面做了许多研究，结果证明，在社会的各个阶层和社会生活的各个领域，都普遍存在着意见领袖。意见领袖不是一般意义上的领袖，往往是普通人，只是在传播活动中扮演了领袖角色。意见领袖首先要有较高的威望和良好品质，有一定的影响力。其次，意见领袖是见多识广的人，较多接触和使用大众媒介，参与高层次的交往活动，在群体之外拥有丰富的社会关系。他由于经常从各个信源获得大量信息，因而经常扮演信源和指导者的角色。最后，意见领袖和他的追随者很相似，通常属于同一群体，在同一水平层次上。意见领袖只是在其赋有特长的领域里充当领袖、指导他人，在他不熟悉的领域内只好充当追随者，因此，意见领袖是相对的、可变的。当然，人群中地位相当的人平等交换意见、分享信息的情况也经常存在。

3. 中介因素

伊里县调查之后，卡兹（Elihu Katz，1926—　）等人又在购物、流行、时事等领域进行了大量调查，证明了伊里县调查之中发现的一些现象是普遍存在的。他们总结了这些调查结果，提出了中介因素的概念。卡兹认为，影响和制约大众传播效果的"中介因素"（mediating factors）主要有四种。

一是选择性机制，包括选择性注意、选择性理解和选择性记忆三个层次。这个机制的存在说明，受众对某些媒介或媒介内容具有回避倾向，这些被回避的媒介和内容显然很难产生效果。

二是媒介本身的特性。讯息的媒介渠道不同，其效果也就不同。由此产生了大量关于媒介特性的研究。

三是讯息内容。各种语言的和非语言的符号表达，其传递方法和技巧不同，产生的心理反应也就不同。

四是受众本身的特点。受众的既有观点和立场、他们的人际关系特别是其中意见领袖的作用，都会对大众传播效果的产生发挥重要的制约作用。

所有这些中介因素对信息的接收与消化，都起着阻碍、回避、歪曲、过滤和制造的功能。大众传播媒介为了争取受众和广告商，经常回避有争议的问题以避免触犯大多数人，因此大众传播常常起着维持和加强现状而不是改革创新的作用。

4. 对两级传播论的一些批评

对两级传播论的批评主要在于其最初解释得不够充分。比如最初的两级传播模式将传播分为两级，但实际的传播过程可能更多或更少。很多研究表明，大部分新闻报道是由媒介直接传播开来的，其范围远比个人信源更宽广。对意见领袖的界定比较模糊，其中有自封的，也有被他人提名的；有适用于专门话题的，也有适用于一般性活动的。当采用不同的操作方法时，关于意见领袖的问题就变得更加混乱。意见领袖可以是积极主动的，也可以是消极被动的，而两级传播论只采用简单的二分法，要么是积极寻求信息的意见领袖，要么是大批被动的依赖意见领袖指导的个人，非此即彼。后来的研究还表明，在公共事务方面的舆论常常是循环互换的。给予意见者与意见寻求者相比，两者在对相关媒介内容的接触、对全国性新闻的知晓、职业声望以及关于合群性方面的主要特征上并无显著差异。研究发现同一信息的先知者与后知者的行为有差异。信息先知者更多依赖媒介信源，而信息后知者通常依赖人际信源。在创新扩散研究中还发现，大众媒介的功能主要是告知，而人际渠道则在说服方面更为重要。

13.7 创新的扩散

所谓创新的扩散（diffusion of innovation），是指一项新的事物或观念，经过一段时间，通过特定渠道，为社会系统中的成员所接受或采纳的过程。两级传播研究主要关注个人如何接受消息并传递给他人，而对创新的扩散研究则关注采用或拒绝一项创新的最后那个阶段。创新扩散研究最著名的学者是罗杰斯（Everette. M. Rogers，1931—2004）。他1962年出版《创新的扩散》一书并不断再版，系统考察了几千项创新扩散的实证研究报告，并提出了决定创新扩散过程的理论。

在传播学正式创立之前，法国社会学家和法学家塔尔德（Gabriel Tarde，1843—1904）最早观察了扩散现象。他想知道，为什么同时出现的100个不同的新事物中，只有10个会广为流行，而90个会被人们忘记呢？后来的生物学家、经济学家和社会学家等都不断发现和验证了创新扩散的S曲线，但却没有回答塔尔德提出的问题。

1. 创新性

1943年瑞安和格罗斯（Ryan & Gross）发表的有关衣阿华州杂交玉米种子推广的研究报告，是所有创新研究中最有影响的一个。为了了解衣荷华州在杂交种子这一创新扩散中农民的接收和采用情况，瑞安和格罗斯对当地500多名种植玉米的农民进行了调查，将研究的重点放在个人如何采用技术的整个过程上。因此罗杰斯将创新（innovation）定义为"一种被个人或其他采纳单位视为新颖的观念、实践或事物"，把个人的感知（perception）作为创新构成的关键要素。就是说，某物实际上是"新"还是"旧"并不重要，如果对采用者来说看起来是新的，那么它就可以被看成是创新。罗杰斯还对影响一项创新被采用率高低的创新特征进行了分类。

① 相对优越性：一项创新优越于它所取代的旧物的优越程度。比如手机比固定电话的优越之处最初就在于移动性增加和功效增大。

② 兼容性：一项创新与现有价值观、以往经验、预期采用者的需求共存的程度。

③ 复杂性：创新被理解和运用的难度。创新的复杂性越低，其被采纳的可能性就越高。手机的拨号操作与普通固定电话操作类似，因此不需要特殊训练。虽然现在手机的功能越来越复杂，但一般来看其复杂性的总体水平是相当低的。

④ 可实验性：一项创新在有限基础上可被实验的程度。

⑤ 可观察性：创新结果如何为人所知。20世纪80年代初，主流媒体上关于移动电话的报道，有助于社会关注这一新发明，但是否采用则取决于很多其他因素。大多数人都是看到别人使用之后的效果，才决定使用的。

2. 创新过程

时间要素是创新扩散过程中的重要变量。瑞安和格罗斯的发现之一是，新技术的采用是一个渐进和实验的过程，农民从听说到真正种植杂交玉米之间，有几年的时间差。这就把创新扩散研究从对模式（pattern）的关注转向对过程（process）的关注上。罗杰斯进一步明确了瑞安和格罗斯的研究，提出创新扩散过程可以分为5个主要阶段：知晓（awareness）、兴趣（interest）、评价（evaluation）、试用（trial）和采纳（adoption）。

创新的扩散不同于新闻传播之处在于，它不仅涉及知识性的了解，还包括态度转变、采用的决策和创新的最终施行等，因此存在一个以时间为坐标的创新扩散的S曲线，见图13-1。

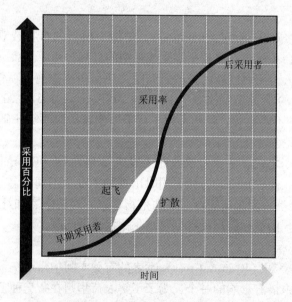

图 13-1　创新-扩散曲线 ①

扩散的过程就是被越来越多的人知晓直至采纳的过程。人们在了解了新事物后，率先采用新事物的只是少数。当少数人采用成功并通过人际传播渠道传开后，多数人才纷纷转而采用。当采用新技术的人随时间推移而累计起来，就形成了S曲线。时间要素还包括个人从了解到采用再到证明创新的时间；个人比其他人更早采纳新技术的相对时间，以及创新被系统内成员普遍接受的相对速度等。罗杰斯将创新的采纳者分为五类，分别有以下特点。

---

① 转引自罗杰·菲德勒：《媒介形态变化》（明安香等译），北京：华夏出版社，2000年，第13页。

① 创新者——大胆，热衷于尝试新事物，比其他人有更多的社会关系，见多识广。

② 早期采用者——地位受人尊敬，通常是社会系统内部最高层次的意见领袖。

③ 早期众多跟进者——深思熟虑，经常与同事沟通，但很少居于意见领袖的地位。

④ 后期众多跟进者——疑虑较多，之所以采用创新通常是出于经济必要或者社会关系不断增加的压力。

⑤ 滞后者——因循守旧，局限于地方观念，很多人信息闭塞，参考的是以往经验。

创新扩散过程可能产生不同的后果。并非所有创新都会有满意的后果，一项创新对社会系统的影响也可能是预料之外或者完全有害的。

3. 传播渠道

一项创新如何引起人们的注意呢？这就与传播渠道有关。渠道要素包括信源和信息的载体。信源可以是来自社会系统外部的外在信源，如推销员，也可以是社会系统内部的内在信源，比如邻居。信息的载体可以是人际的，也可以是大众媒介。各种渠道与信息的传递及影响的发生，在时间和程度上存在复杂的关系。对早期采用者来说，大众传播媒介和外在渠道比人际渠道和内在渠道更为重要。比如推销员对最先采用新种子的人来说是最活跃的信息源，也非常有影响力，但对于较晚采用的人来说，推销员和大众媒介则几乎不产生重要影响。

罗杰斯把传播过程区分为两个方面：一是作为信息传递过程的"信息流"；二是作为效果或影响的产生和波及过程的"影响流"。"信息流"可以是一级的，即信息由传播媒介直接"流"向一般受众；而"影响流"则是多级的，要经过人际传播中许多环节的过滤，并更具有互动性质。大众传播媒介可以迅速抵达广大受众，传播消息。人际渠道可以实现信息的双向交流，补充信息，澄清要点，在解决对信息抵制或冷漠的问题上比大众媒介更为奏效。大众媒介和外在信源在获知阶段相对重要，而人际渠道和内在信源在劝服阶段则更为得力。

两级传播论在考察"意见领袖"的作用时，主要强调意见领袖与其他相互交往的人在某些特征，如信仰、价值观、教育水平和社会地位方面相似的程度。但是在创新扩散研究中则发现，信源和接收者之间往往存在高度的异质性，也就是相互之间差异性大于相似性，因为新观念通常来自迥异于接受者的人物，因此要获得良好的传播就要解决一些特殊的问题。

4. 社会系统特征

创新扩散还受社会系统特征的影响。除个人的年龄、收入水平以及技术恐惧症等因素外，最主要的是社会系统结构、群体规范以及社会政治、经济和文化等因素。英国学者温斯顿在谈到新媒体发展时指出，各种发明和技术革新的普及并不仅仅取决于技术上的优势，而是各种需要以及社会的、政治的或经济上的力量相互交织的作用的结果。他着重强调了四种力量，它们既可以是技术普及的加速器，也可以是技术推广的刹车机制。

① 公司的需要。比如调频广播技术早在1933年就已经成熟，但是当时调幅广播的地位已经稳定，并且为制造商和广播电台创造着高额利润。当时正处于世界性的经济萧条时期，公司不想有新的投资来损害现有的高额利润。但是到20世纪50年代，调频广播的低成本，使得面向小范围听众的小电台运作相当有利可图，因此吸引了投资者和制造商。

② 其他技术的配合。20世纪60年代调频广播的普及，得益于高保真和立体录音技术的不断普及。同样，在互联网普及过程中，个人计算机的发展、友好界面、网络搜索引擎以及

连接电话的调制解调器技术等,都发挥了积极的促进作用。

③ 管理和法律行动。在调频广播的推广过程中,美国联邦通讯委员会(FCC)作用巨大。1940年,FCC曾经为调频广播分配了少量无线电广播频谱,颁发了几家电台的执照。但是在一些大的广播公司的强烈要求下,1945年FCC又将原先分配给调频广播的频谱分配给了电视台,而将调频广播的频谱范围挪到了新的位置。这一决定,使得当时所有50多家调频广播电台和正在使用的50多万个调频广播收音机全部报废。60年代中期一些关于专利侵权诉讼案的判决,最终拆除了阻碍调频广播发展的严重法律阻碍。更为重要的是,1967年的公共广播法,确立了全国公共无线广播电台(NPR)作为教育和公共事务广播生产中心的地位,并且为新的公共无线广播电台预留了调频广播的空间。

④ 一般社会力量。在调频广播刚刚推出的30年代,处于经济危机中的美国家庭,很少有对新收音机的消费需求。到40年代末,消费者的注意力又被吸引到电视上。而调频广播的最终成功要归因于50年代到60年代后期的摇滚音乐和青少年亚文化。由于调幅广播覆盖面广,听众人数众多,广播电台往往倾向于仅仅播出受欢迎的前40名流行音乐,并避免播出当时所谓的地下录音节目,如摇滚乐、爵士乐等。而规模较小的调频广播则能够满足小范围目标听众的要求,并为小的录音演播室提供出路,因此在青少年中日益走红。调频广播的走红也推动了新式车用收音机对调频技术的使用和广告客户的增加。到1969年,所有收听无线广播的美国人一半以上都调到了调频广播电台。调频广播听众的年龄要比调幅广播听众的年龄平均年轻十岁。

5. 新闻的扩散

扩散研究的分支之一是新闻的扩散。20世纪60年代是新闻扩散研究最活跃的时期。美国大众传播学者德弗勒对新闻扩散进行了以下总结。

① 不断进化的媒介技术使人们获知有关重大事件的第一手信息的方式发生变化。电视成为最重要的信源,广播次之。对大多数人来说,报纸消息稍晚但内容更详细。在有些情况下,口头传播依然重要。

② 绝大多数人是直接从媒介而不是他人那里获知大部分新闻的。两级传播所描述的并不是绝大多数日常新闻传至公众的方式。大多数人都是直接接触电视或广播,而有些情况下是直接从报纸上获知某一报道的。

③ 无论第一信源是哪一种,与众多人利益攸关的新闻事件比一般事件在人群中传播得更快也更广。这一普遍现象涉及新闻价值。但高新闻价值的报道和低新闻价值的报道给人们带来的使用与满足,在很大程度上是未知的。

④ 对新闻来源的最初接触和新闻信息的随后散布,其方式会依一天当中不同的时间而改变。在不同的时间,人们会利用不同的信源(媒介或人际关系)。

⑤ 个人的差异和社会分化都会影响人们对某些新闻的兴趣,也会影响人们对从中获取信息的社会网络的兴趣。不同的人会用不同的方式获知同一件事情。

德弗勒新闻扩散J曲线如图13-2所示。

德弗勒在总结时还提出了许多尚待解决的问题,比如人们依靠什么样的媒介来证实并解释所获得的信息?信息传达给什么人?信息的完整程度如何?它在多大程度上被曲解了?信息怎样影响人们对现实的看法,这些看法与媒介报道有什么不同?如何设计一个更好的新闻传播体系等。

大众传播的研究（一） 第13章

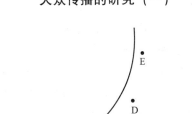

图 13-2 德弗勒新闻扩散 J 曲线 ①

◆ 小 结

本章在回顾传播研究传统的基础上，着重介绍了传播学的早期研究。战争宣传展示了媒介传播的强效果。魔弹论将行为主义与弗洛伊德学说结合起来对其加以解释，但是拉斯韦尔的宣传研究却认为根本原因在于经济萧条和政治冲突导致的大众脆弱心理。拉斯韦尔和李普曼关于通过科学技术专家控制媒介来宣扬正义和抵制邪恶的观点，被官方普遍接受，但却遭到杜威的反对，后者主张通过公民教育抵制宣传。当代学者更集中于对权力派精英控制媒介及媒介内容的批判。

1940 年代，霍夫兰小组的态度转变研究，通过控制实验法对一些传统宣传技巧，如"一面之辞"与"两面之辞"、信源的可靠性、恐惧诉求等进行验证。拉扎斯菲尔德等人则通过社会调查方式考察媒介影响。两者都发现了媒介传播中的一些中介因素，并因此提出"有效效果说"。本文还介绍了卡特赖特和勒平格提出的一些劝服技巧和传播设计。罗杰斯总结的创新扩散研究则将两级传播论扩展为多级传播，并突出了其他非媒介因素。

◆ 推荐阅读

1. （美）沃纳·赛佛林等《传播理论》（郭镇之等译），北京：华夏出版社，2000。
2. （美）斯坦利·巴兰，丹尼斯·戴维斯：《大众传播理论：基础、争鸣与未来》（曹书乐译），清华大学出版社，2004，第 4、6 章。
3. （美）洛厄里等：《大众传播效果研究的里程碑》（刘海龙等译），北京：中国人民大学出版社，2004，第 4、6 章。

观察与思考

1. 宣传研究有哪些代表人物和主要观点？

---

① 转引自（英）丹尼斯·麦奎尔等：《大众传播模式论》（祝建华等译），上海译文出版社，1987 年，第 79 页。

2. 霍夫兰小组的态度转变研究有什么特点?
3. 卡特赖特的说服模式包含哪些基本点?
4. 围绕勒平格的5种劝服设计,分析一下你身边的广告基本诉求及表现。
5. 以两级传播论为代表的有限效果研究提出哪些中介因素?
6. 创新—扩散研究关注哪些影响因素?

第 14 章

大众传播的研究（二）

20世纪60年代，电视开始普及，并表现出比以往媒介更强大的吸引力以及对社会生活的重要意义。1960年代末发展起来的宏观效果研究表明，早期的效果研究确实有相当大的局限性。在认知、态度和行动这三个效果层面上，"有限效果论"充其量只探讨了后两者而忽视了大众传播在人们的环境认知过程中的作用；早期研究只注意从传播者角度考虑传播的效果，而忽略了受众的需要；早期研究只考察了具体传播活动的微观、短期效果，而忽视了整个传播事业日常的、综合的信息活动所产生的宏观的、长期的和潜移默化的效果；电视的普及和新媒体的不断涌现，使媒介效果在"有限效果论"的框架下不能得到说明，过分强调大众传播效果的有限性会给传播实践带来某些消极影响。在这一时期，出现了"使用与满足论"、"议程设置论"、"沉默的螺旋"、"培养论"以及"知识沟假说"等一系列颇具代表性的效果理论。

对媒介效果的争论经历了万能效果论、有限效果论、强效果论以及协商效果论等几个阶段。可以看到，在这些争论的背后实际上是社会生活的巨大改变。万能效果论是和两次世界大战紧密相连的，战争的紧张和不确定使得社会精英希望能利用媒介产生影响和控制的效果。随后的20世纪五六十年代社会相对安定，媒介的效果受到怀疑。直到社会稳定再次遭到运动、战争、经济困难或道德恐慌时，媒介就被赋予了更多责任。因此，媒介影响力其实是历史性地发生的，对媒介效果的研究也就不能孤立地进行。

14.1 使用与满足

使用与满足研究（the uses and gratifications approach）最早是由卡兹（Elihu Katz）提出的。针对贝雷尔森（Bernard Berelson，1912—1979）的"传播研究看来将要死亡"的观点，卡兹指出，正在死亡的是将大众传播视为说服的研究。因为在早期的效果研究中，受众总是被假定为被动的信息接收者，所以大部分的传播研究都致力于"媒介对人们做了什么"这样的问题，也就是大众说服。卡兹认为，如果将问题改成"人们用媒介做了什么"，那么传播学研究就可以解救自己，免于死亡。在早期效果研究裹足不前的时候，使用与满足研究改变了以往从传播者角度来研究效果的方式，转而把受众看成是能动的媒介使用者，从而推动了效果研究的发展。

1. 早期的研究

实际上，从20世纪40年代开始，就有人研究受众对不同媒介的使用。1944年，哥伦比亚大学广播研究室的赫卓格（Herta Herzog-Massing，1910—2010）教授曾对一个名为"专家知识竞赛"的广播节目的11位爱好者进行了详细访谈。她发现，对同一个节目，不同的人收听的动机、欣赏的侧面以及获得的满足是不同的。有三种基本心理需求导致人们喜爱知识竞赛节目。

一是竞争心理需求。听者通过抢答使自己与出场嘉宾或收听伙伴处于一种竞赛状态，以享受竞争的乐趣。

二是获取新知的需求。听众从节目中得到新的知识，以充实自己。

三是自我评价的需求。人们通过猜测答案来判断自己的知识程度，确认自己的能力。

赫卓格还对100名广播肥皂剧听众进行调查，发现他们收听的动机也是多种多样。有的是为了逃避日常生活的烦恼，有的是为了体验自己未曾经历过的生活意境，有的则把肥皂剧当成日常生活的教科书。

1945年纽约八大报纸的投递员大罢工，贝雷尔森趁机开展调查"没有报纸的不便"，以揭示报纸在日常生活中的作用。在1949年发表的"没有报纸意味着什么"一文中，他总结了人们对报纸的六种利用形态：

① 获得外界消息的来源——没有报纸就失去了对外部世界变化的了解；

② 日常生活的工具——没有报纸就看不到广播节目表，得不到天气预报、交通、购物等信息，因而给生活增添了许多不便；

③ 休憩的手段——没有报纸就无法从读报中获得安静和休息；

④ 获得社会威信的手段——经常谈论报纸上的新闻和新知识，可以获得周围人的尊敬；

⑤ 社交的手段——报纸可以提供丰富的话题，活跃社交生活；

⑥ 读报本身就是目的——很多人读报已经成为习惯性行为，读不到报纸便感觉生活缺乏充实感。一些人甚至会翻出旧报来读，以弥补无报的缺憾。

2. 竞选宣传中的"使用与满足"

早期的使用与满足研究相对简单，主要在于描述和测量受众对媒介的使用及其目的，在理论上没有突破，在方法上也以访谈记录为主，没有形成严密的调查分析程序。因此在20世纪50年代，研究进入停滞期。直到60年代，关于电视的"使用与满足"研究开始兴起。

1964年英国大选，英国学者布拉姆勒（Jay Blumler，1924— ）和麦奎尔开始以开放式问卷访问调查小样本人群，目的是发现为什么人们要收看或不收看政党广播；他们利用广播想获得什么；政治人物上镜时电视的两种处理方式他们喜欢哪一种，以回答在以前的选举研究中提出的挑战性的问题，如大众媒介的选举宣传是否对选民的影响很小；如果选民不受大众媒介选举节目的影响，那他们究竟为什么要追踪它呢？研究者同时也期待能根据观看动机将受众分类，以揭示先前未发现的态度转变与接触宣传之间的关系，从而研究效果。

调查发现最常被提及的理由反映了"监视环境"的需求，于是他们对早期研究中认为媒介主要强化原有态度的结论提出了怀疑。后来，布卢默和麦奎尔等人将调查范围扩大到包括新闻、知识竞赛、家庭连续剧、探险片等六种节目，并从概念操作、受众样本抽选到数据分析等，都采用了一套严格的程序。调查不仅归纳出各类节目提供满足的不同特点，并且提出了四种"使用与满足"。

① 心绪转换（diversion）——电视娱乐能够帮助人们逃避例行公事和问题，宣泄情绪。

② 人际关系（personal relations）——包括两种。一是通过谈论节目内容，密切社会关系；二是观众对节目主持人和剧中人产生一种"熟人"、"朋友"之类的"拟态"人际关系。麦奎尔认为，这种"拟态"关系，同样可以在某种程度上满足人们对社会互动的心理需求。

③ 自我认同（self identity）——通过观看电视中的人物故事和矛盾冲突，个人会强化或认同某一价值观，自我反省，并在此基础上协调自己的观念和行为。

④ 环境监测（surveillance）——通过电视，人们获得与自己的生活直接或间接相关的各种信息，及时把握环境变化。不仅新闻节目，其他如家庭电视剧等，也有助于人们感受社会生活的状况和变化。

此后，"使用与满足"研究继续在瑞典、美国等地开展。

3. 个人需求和媒介使用的模式与分类

1968年两位瑞典研究者提出了使用与满足的模式，包括以下要素。

第一，受众被设想为主动的，也就是说，大众传播媒介的使用中重要的一部分被认为是由目标导向的行为。

第二，在大众传播的过程中，将需要的满足与媒介的选择联系在一起的主动权在受众。

第三，媒介必须与满足受众需要的其他源泉相竞争。

对使用与满足的分类方法有多种。卡兹等人将大众传播媒介视为个人用以联系（或不联系）他人的工具。他们从关于大众传播媒介的社会及心理功能的文献上选出35种需求，并将其分成五大类：

① 认知的需要（获得信息、知识和理解）；

② 情感的需要（情绪的、愉悦的或美感的体验）；

③ 个人一致性（self identity）的需要（加强可信度、信心、稳固性和身份地位）；

④ 社会整合的需要（加强与家人、朋友等的接触）；

⑤ 舒解压力的需要（逃避和转移注意力）。

卡兹还在以色列访问了1500名观众，调查假设"人们知道他们的需求并能分辨满足他们需要的来源"，主要结论如下。[①]

① 在检验的所有需求中，非媒介来源（或与媒介共同组成的来源）比大众传播媒介更能满足人们的需要。朋友、度假、讲座和工作等是非媒介的主要满足来源。

② 与满足所指向的对象——社会的、生理的或心理的——"距离"越远，媒介的角色就越重要。但是正式的和非正式的人际传播会竭力施加影响，甚至在有关政治领导和反面参考团体的问题上也可能加入竞争。

③ 媒介似乎提供了很好的服务，使人们在某种比较的过程中获得满足。比如成就感，

---

① W. 赛佛林/J. 坦卡德：《传播理论：起源、方法与应用》（郭镇之等译），北京：华夏出版社，2002年，第321-326页。

对自己国家是一个适于居住的好地方而感到欣慰。媒介也同样满足了"逃避者的"需求。但大体上，在个人一致性甚至获得娱乐等问题上，朋友都比大众媒介更重要。

④ 对于那些认为国家和社会事务对他们来说很重要的人，媒介能满足他们了解国家大事的需要，不论受访者的受教育程度如何，媒介用处的得分多数与这种需求的强烈程度是完全一致的。其中，报纸最重要，其次是广播，接下来是电视。书籍和电影则远远落在后面。总之，报纸对社会政治知识的传播与整合所起的中心作用，怎么估计也不过分。

⑤ 个人的需要根据各种媒介特殊的功能得到满足，与媒介的不同种类相关。书籍能提供人们自我了解的需要；娱乐需要则与电影、电视和书籍有关；而报纸对自我约束和自信感作用较大。

4. 媒介接触的社会条件因素

除了关于媒介接触对人的影响外，研究者还很重视影响媒介接触的社会条件。施拉姆等人在研究中发现，少年儿童的电视接触行为与他们在家庭和学校中的处境有着密切的关系。那些家庭处境不顺或者与同学关系不融洽的孩子倾向于看暴力场面多、富于刺激性的节目，而且主要从冒险情节或场面的紧张感中得到"满足"；而那些伙伴关系融洽、享有家庭温暖的孩子则更喜欢看一些轻松、快活、有趣的节目，并且在观看节目时往往联想到如何把节目内容应用到与朋友们的游戏中去。很多研究表明，那些比较孤独或受歧视的孩子如果"欲求"得不到满足，就会"逃向"幻想的世界来寻求一种"代替的满足"，而电视节目、动画片等正好为他们提供了这样一个世界。目前的网络游戏等也能发挥同样的功能。

与儿童相比，成年人媒介接触的社会条件则更为复杂。在考虑到社会条件因素之重要性的基础上，卡兹等人在 1974 年发表《个人对大众传播的使用》一文，将媒介接触行为概括为一个"社会因素+心理因素→媒介期待→媒介接触→需求满足"的因果连锁反应过程。1977 年，日本学者竹内郁郎对这一过程做了修改补充，并提出图 14-1。

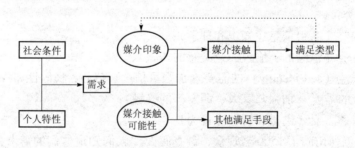

图 14-1 "使用与满足"过程的基本模式 ①

从图中可以看出：

第一，人们接触媒介的目的是为了满足特定的需求，这些需求有一定的社会和个人心理原因；

第二，实际接触行为的发生需要两个条件，一是媒介接触的可能性，即身边应当有电视或报纸之类的媒介，否则人们只好选择其他满足方式，比如朋友等，再如果只有一份报纸，读者可能订阅，但是未必满足，一旦出现另一家报纸，他就会很快地停止订阅第一份报纸；

---

① 转引自郭庆光：《传播学教程》，北京：中国人民大学出版社，1999 年，第 184 页。

二是媒介印象，即对媒介能否满足需求的判断，这是建立在以往媒介接触经验的基础上的；

第三，根据媒介印象，人们选择特定的媒介或内容，开始具体的接触行为；

第四，媒介接触可能使需求得到满足或者没有得到满足；

第五，媒介接触还会产生一些其他后果，其中大多数是无意中获得的。

无论满足与否，媒介接触的后果将影响到以后的媒介接触行为。人们会根据结果来修正既有的媒介印象，在不同程度上改变对媒介的期待。由此可以看出，这一媒介接触模式是用期待理论解释人们进行媒介消费和避免媒介消费的原因。

5. 对"使用与满足研究"的评价

从积极的角度看，使用与满足研究开创了从受众角度考察大众传播过程的先河。它把受众的媒介接触看成是一种自主选择，有助于纠正"受众绝对被动"的观点。它揭示了受众媒介使用形态的多样性，强调了受众需求对传播效果的制约，对否定早期的"魔弹论"有意义。它还指出了大众传播对受众的一些基本效用和影响，对"有限效果"理论也是有益的矫正。因此，有学者称之为"适度效果论"。

该研究也招致一些批评，特别是说其无理论、对核心概念（如需求等）定义太泛、数据采集策略过于简单化、很少发掘寻求满足的前提。对媒介使用的满足一般都是从人们为什么要使用媒介的回答推断出来的，因此很难证明这种需求究竟是真正的个人需求，还是被媒介创造出来的，或者是对媒介接触的合理化解释。自弗洛伊德以来，许多研究都指出人类动机的复杂和隐蔽，而使用与满足研究以自我报告来确定动机，显得过于天真和简单。

对使用与满足的另一个批评是它脱离传媒生产过程，而过于狭隘地集中于个人层面上的研究，难以全面揭示受众与传媒的社会关系。持媒介霸权观的批判学者认为，传媒的信息生产是一个符号化的过程，这一过程受到传媒的利益和意识形态的制约，带有一定的倾向性。而受众对媒介讯息的选择是有限的自由，难以避免媒介提供的偏向性解读。

第三类批评质疑受众是否总是积极主动、目标明确，媒介使用中是否存在许多习惯性的随波逐流的反应。调查表明，在看电视的时候，大多数人是放松的、被动的、很少集中注意力。很多人大部分时间里可能对监视环境或接受指导不感兴趣，他们只对一些温和的、令人愉快的刺激感兴趣。

录像机、互动式有线电视、个人电脑以及网络等新媒介的产生，使"主动的受众"这一概念进一步转化为"积极的用户"，从而为"使用与满足研究"提供了新的研究天地。

14.2 议程的设置

20世纪60年代，早期魔弹论的观点已经被抛弃，而以两级传播论为代表的关于媒介效果有限的结论又和人们的常识判断不相一致。敏感的媒介观察家感到，媒介日复一日的报道仍然在影响受众，但这种影响难以被时下流行的研究所明确说明，因此应该有新的研究视角产生。另一个明显的事实是，新闻界提供的材料是有选择性的。媒介作为营利性企业为求生存而受到的经济上的制约，媒介内外各种把关因素的存在，都影响着媒介选择什么样的新闻、如何突出强调和解释、以及用什么样的方式来表达等。通过日复一日的新闻选择和展示，编辑记者们促使公众将注意力转向某些特定的话题。媒介帮助一些组织和重要人物树立公众形象，媒介还不断披露某些人与事，暗示公众应当去了解它、认识它。可以说，我们头脑中对外部世界的图画是由新闻记者们以故事的方式而形成和修改的。这样一种信息流不对接受它的人产生影响是不可思议的。虽然认为新闻媒介强有力地控制着人们的态度、信念和行为的观点也许站不住脚，但很明显，媒介的确为人们提供了一个特定的话题议程，让人们作出反应。简而言之，"大众传媒即使不能决定人们应该怎么想，但至少可以决定人们想什么"。这就是媒介的议程设置（agenda-setting effect）效果。

1922年美国专栏作家李普曼在《舆论》一书中，就谈到了媒介对公众感知外部世界的重要性。他用了柏拉图关于"洞穴"的比喻，说明媒体所提供给我们的现实不是真实的现实，但却构成了我们"头脑中的图画"。这就意味着新闻的描述与现实之间可能存在着重大的差距。后来的学者又进一步研究，人们对现实的感知是否依赖于媒体的报道标题和对每日事件的突出报道，媒体的报道是否限制了人们对世界的理解，这就构成了议程设置的理论假设。

议程设置假设包含两个方面：一是突出的事件或话题从媒介议题向公众议题的传递；二是新闻媒体在公众头脑中构筑这些话题和事件的作用。而围绕议程设置假设所发表的第一项系统研究成果，是1972年美国学者麦库姆斯和肖（McCombs & Shaw）在《舆论季刊》上发表的《大众传播的议程设置功能》一文。

议程设置模式见图14-2。

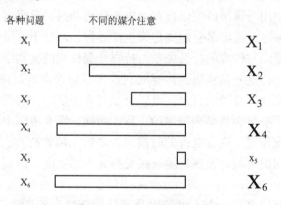

图14-2　议程设置模式①

1. 夏贝尔山调查

从1940年伊里县调查中得出的有限效果论曾经认为，选民的投票决定主要依赖人际关系和他们的既有立场，媒介只是巩固和加强了他们的倾向性。但是麦库姆斯等人却认为，新闻媒体中的主要话题会成为公众的主要话题，并影响他们的行为。为证明这一观点，他们在北卡罗来纳州的夏贝尔山县，抽样调查了100名对投票尚犹豫不决的选民，因为犹豫不决的选民最容易受到媒介影响。研究人员要求受访者回答竞选中什么问题是关键问题，而不考虑他们提到的是哪位候选人。在访问选民的同时，他们对当地5家报纸、两家新闻杂志以及两家电视网的晚间新闻报道进行内容分析。受访者的反馈被分成15个种类，涵盖了主要的社会问题和其他选举新闻。新闻媒介关于选举的内容也按照数量的多少，被划分成15个种类。

---

① 转引自（英）丹尼斯·麦奎尔等：《大众传播模式论》（祝建华等译），上海译文出版社，1987年，第85页。

研究者还仔细界定了媒介报道的"重"和"轻",比如电视的"重头"报道必须至少45秒甚至更长,或者位于一次新闻播报的前3条;而报纸的"重头"报道则被规定为出现在头版,或者在3栏大标题下的新闻,并且这条新闻至少要有1/3(不少于5段)涉及政治新闻;对于新闻杂志来说,一则"重头"报道就是超过一栏,或者在杂志的新闻内容部分居于头条;其他一些在时间、空间或显著性上不如"重头"报道的政治性报道则属于分量较轻的报道。尽管大多数报道都是关于竞选者本人以及猜测谁将获胜的,但还是有丰富的与竞选议题有关的新闻。研究者将这些意图按相对重要性进行排序,如外交政策、法律秩序、财政政策、公共福利、公民权利等,并与选民调查结果进行比照。

研究结果表明,大众媒介具有议程设置的功能。在主要新闻部分,媒介对某一问题的强调程度与选民对这一问题的感知程度之间的相关系数达到+0.967;在次要新闻部分,其相关系数为0.979。在社会研究中,很少能发现如此高的相关性。麦库姆斯和肖据此得出结论:"简而言之,数据显示,媒介对于不同的竞选议题给予的不同程度的强调(很大程度上反映了不同候选人的强调重点),和选民对于竞选议题的相对重要性的判断之间,存在非常强的联系。"

在这一研究中他们突出了两点。一是避免假定媒介效果,比如不能假定有人看了电视暴力节目就会表现出暴力行为,只有考察了媒介内容和公众的反应才能确定这种关系存在;二是不仅仅考察受众对媒介的关注,当然也不仅仅考察特定的媒介内容,而是把新闻内容的议程设定同公众议程设定联系起来。把内容分析与公众调查结合起来,从而为研究议程设定开辟了方法论的新途径。

2. 扩展研究

后来的学者又做了多次类似和扩展的研究。美国学者芬克豪泽(G. Ray Funkhouser)对新闻报道与公众对事件重要程度的感知两者之间的关系有浓厚兴趣。他将研究的重点对准20世纪60年代的美国社会,因为60年代美国社会动荡,重大事件层出不穷。为了判定公众认为哪些是重要事件,他采用了盖洛普民意测验(Gallup Poll)的结果。该测验每年都会就"美国面临的最重大问题"进行民意调查。然后他又通过统计每一年中三家周刊(《时代》、《新闻周刊》、《美国新闻和世界报道》)上出现的各种事件的次数,来确定媒介报道的重点。最后,他根据《美国统计摘要》及其他信息来源,估计一个事件在实际生活中重要程度的高低。研究结果表明,在公众对重要事件的排序榜上,列位最高的事件,同时也是大众媒介报道多的事件。但是媒介报道并不能与事件的真实性很好地吻合。比如对于越战、校园骚乱、城市暴乱等事件,媒介报道高峰要比事件的真实高潮早一到两年。有关毒品和通货膨胀的报道基本与事实进程相一致,而涉及种族、犯罪、贫困和环境污染等问题的报道,则与实际情况大相径庭。因此他认为,在60年代,美国的新闻媒介并没能全面地告诉公众国内发生的事情。

另一项研究是耶鲁大学艾英伽(S. Iyengar)等人进行的专门实验。他们把电视网的新闻节目制成录像带,移花接木地对其内容进行调整,删除节目中的某些报道,换成其他一些报道,这样研究人员就可以控制报道内容,比如强调报道中的某些事件,而弱化其他一些事件。研究人员让被试们在不同的实验环境下收看这些改动过的新闻节目,然后要求他们按重要程度对各个新闻事件进行排序。结果证明,收看电视新闻可以显著影响观众对什么问题是国内最重大问题的感知,也就是说新闻报道是以显著性(salience)的方式影响公众议程。

3. 总统议程

还有一类研究考察媒介议程与总统议程之间的关系。研究者对卡特总统的第二次国情咨文报告进行内容分析，根据总统在报告中对8个问题阐述时间长短进行排序。接着，研究者又检验了两家主要报纸和三大电视网在报告之前及之后4周新闻报道的情况。研究结果与人们的假设相反。总统议程与此后媒介议程之间的相关性要弱于其与此前媒介议程的相关性，也就是说，并不是总统设置了媒介议程，而是媒介设置了总统的议程。但是后来对尼克松总统国情咨文的研究还是支持最初的假设，即总统为媒介设置了议程。研究还发现，总统国情咨文报告之前的媒介议程与国情咨文之后的媒介议程之间的相关性，要高于总统议程与媒介议程的相关性。这表明新闻报道具有一定的稳定性或连续性。关于总统议程的相似研究却得出不同结论，这说明有必要将许多偶然因素考虑在内，比如领导方式的差异、所处理议题的数量及性质等，这些都可能对议程设置效果发生影响。

4. 时滞问题

时滞问题（time lag）就是要考察媒介对公众的影响从发生到产生效果需要多长时间。麦库姆斯和肖的最初研究，发现了媒介议程与公众议程之间的密切联系，但并没有指出孰因孰果，因此他们在北卡罗来纳州的夏洛特（Charlotte）开始考察1972年的总统大选。他们采用固定样本连续访问的方法，在两党全国代表大会的6月、竞选高潮的10月以及大选揭榜期的11月，对随机抽样的选民进行定期访问，同时分析当地的报纸和电视网的新闻内容。研究者还采用交叉—时滞（cross-lagged）的相关分析技术，检验6月和10月两个时间段的数据。研究结果确实为议程设置的因果关系提供了一些依据，就是说媒介（或者至少是报纸）在影响公众议程方面确有其效果，而不是相反。

研究者关心议程设置的效果需要花费多长时间才能在受众身上体现出来。1988赛尔文（Salwen）曾考察，一组问题必须在媒介中存在多长时间才能具有影响。他选择了7项环境问题。结果表明，经过5～7周的新闻报道，其议题设定的重要性开始体现，高峰期则是在8～10周。另一些研究考察特定问题在较长时间的影响。1981温特和伊耶尔（Winter & Eyal）考察1954—1976年公众对人权的关心与这段时间媒介新闻报道的消长。在23年中进行的27次盖洛普民意调查中，公众把人权列为最重要的问题的比例，从最初的0%发展到52%，明显反映出每次调查前4周新闻报道的重点。对美国ABC电视新闻内容的分析则表明，ABC新闻节目的设置效果在报道后第4天出现，并保持最佳效果，但是在效果出现6天后就开始消退。地方电视台是在第6天出现效果，第11天开始消退；而地方报纸是在第8天显示议程设置效果，并且能维持一个相当长的时间，可以到85天后才消退。

时滞问题对于媒介从业人员来说是一个非常重要的问题。公共关系人员如果知道一个议题进入公众意识需要多长时间，就可能将自己的工作策划得更好。有关时滞的研究也说明，议程设置效果不会立竿见影，但也不会千呼万唤不出来。

5. 议程设置机制与议题类型

随着相关研究的不断展开，关于媒介"议程设置"的机制等相关概念也不断趋于明确化和细致化。媒介议程设置主要体现为三种机制：

一是"0/1"效果或称"知觉模式"，就是说，媒介报道或不报道某个"议题"，会影响到公众对该"议题"的感知；

二是"0/1/2"效果或称"显著性模式"，即对少数议题的突出强调，会引起公众对这些议题的突出重视；

三是"0/1/2…N"效果或"优先顺序模式"，即传媒对一系列"议题"按照一定的优先顺序所给予的不同程度的报道，会影响公众对这些议题的重要性的顺序判断。

不同媒体"议程设置"有不同特点。早期的议程设置研究是将报刊、广播、电视作为一个总体来考察的，但后来的研究则对不同的媒介加以区分。如韦弗等人在调查中发现，报纸的"议程设置"对较长期的议题的"重要性顺序排列"影响较大，而电视的"热点化效果（spot-lighting effect）"比较突出。报纸的新闻报道形成"议程"的基本框架，而电视新闻报道则突出若干最主要"议题"予以强调。电视主要提供"谈话议题"，而报纸则可以进一步对"个人议题"产生较大影响。

关于"议题"的几种类型。韦弗曾经总结说，公众的"议题"在本质上受到传媒"议题"的影响，但公众议题也可以分成不同的类型，如"个人议题"——个人私下认为重要的问题；"谈话议题"——在与别人交谈、议论之后受到重视的问题；"公共议题"——在自己感觉中认为社会上多数人都重视的问题。相比较而言，媒介对后两者的影响更大一些。三种议题的含义和作用各不相同，但在传播过程中有融为一体的可能性。比如他在1976年的调查中发现，在历时一年的竞选宣传中，"个人议题"和"谈话议题"始终一致，而"公共议题"在初期与前两者相差甚远，但到后期，则三者不断接近至融为一体。

6. 谁设置了媒介的议程

后来的研究问题从"谁确定了公共议程"转为"谁设置了媒介议程"。有一种研究认为，在某些情况下，压力集团或特殊利益集团可以人为地将一个议题纳入媒介议程。比如20世纪60年代，美国学生非暴力协调委员会在将种族歧视纳入公众议程方面起了作用。70年代，美国妇女团体则将妇女问题提到了公众议程。80年代关于非法毒品的问题则是由知识分子所"发现"的，后来发生的篮球明星的死亡案激起了全美读者对毒品问题的关心，但也只是加强了原有议程。

另一种研究则认为，影响媒介议程的一支重要力量来自媒介内部。研究表明，地方报纸的报道深受通讯社消息的影响，其他一些主要的媒介机构如《纽约时报》和《华盛顿邮报》等，也对新闻议程的设定起作用。这种媒介之间的影响可以发生在各媒介组织之间以及新闻从业人员之间，如果有异于其他的报道，它们则相互依赖并相互证实其新闻判断。这被称为"打包新闻（Pack Journalism）"。例如，美国1985—1986年期间，毒品问题在许多媒介上都异常突出，但实际上这期间毒品的实际用量并没有显著上升。媒介报道的高潮迭起，其实是媒介间互设议程、相互炒作的结果。在今天，互联网常常起着为其他媒介设置议程的作用。当消息从网上扩散到印刷媒体特别是电子媒体之后，就很容易形成一种媒介"攻势"（media campaign）。

此外还有许多研究证明，媒介议程的设置取决于媒介形式、报道方式、个人的兴趣和需要以及人际传播效果等。媒介对地方事物的设定功能弱于对全国事物的设定功能，因为就地方事物而言，大量的人际传播和人际观察可能减弱了媒介的议程设置功能。就议题而言，具体的议题一般比抽象的议题更容易产生议程设置的效果，比如对能源问题，媒介议程与公众议程之间显著相关，但是对抽象的问题，如核竞赛，则难以看到两者之间的相关性。

7. 框架与铺垫

在研究中，学者除了注意显著问题从媒介传递到公众外，还考察了媒介的报道框架

(media framing)对公众议题的影响。框架可以定义为"关于新闻内容的核心的组织思想,它提供上下文,并通过选择、强调、排除和增加等办法来说明问题"。框架通过标题、导语、引文和重要段落来体现。新闻框架影响人们如何处理和储存信息。最为重要的是,框架影响到对诸如"谁应当对问题负责?谁能解决问题?"等的回答。比如对恐怖主义的报道,如果仅仅报道劫机、爆炸等事件,人们会问"谁干的",即针对个人提出责任。而如果报道把恐怖主义归之为一个政治问题,受到经济和政治的压迫,反映的是全球政治和地方政治动荡,则很可能导致人们问"为什么?怎么办?"从而思考社会责任。报道框架把受众的注意力引到事实的某些方面而忽略其他方面,就可能导致读者不同的反应。

以对"水门事件"的报道为例。对闯入水门饭店这一事件,媒介报道将其定位为"恶作剧"(caper)和刑事案件。这个词沿用了几个月之久,意义渐趋淡化,后来改用"丑闻"(scandal)一词,事件的重要性也开始体现。从大选开始,对整个水门事件的定义也只是"党派之争",直到后来才被认为是"政治腐败"的象征。当人们开始关注这一事件时,媒介又将它与政治图景中其他易于辨认的次级象征联系起来,比如"必须找出事情的真相"、"对政府的信心"等,从而帮助人们确定了立场。

除了报道框架,还有报道讯息的铺垫(priming)。就是说,媒介对某些问题的着重报道不仅增强了这些问题的显著性,而且激起人民记忆中先前所获得的与之相关的讯息。这些讯息被用以形成关于这些问题的意见。比如,当人民看到一系列关于美国国防准备不足的报道时,对现任总统在国防方面的评价就会降低,从而也会进一步影响到对总统的总体评价。当新闻媒体连篇累牍地报道海湾危机时,海湾危机在民意测验中也成为最受关注的问题。而这期间,对总统表现的评估更多地和外交相联系,而不是像以前那样,主要和总统的经济活动相联系。

自20世纪70年代以来,议程设置始终是传播研究领域的主导概念之一。它以一种不同于有限效果论的方式展示了大众传媒对社会的影响。媒介可以形成人们对目前社会重大问题的看法,而媒介所着重强调的议程可能并非现实生活中的主导性问题。除此之外,它还揭示了媒介对事实的"建构",扩展了我们对外部世界和头脑中印象之间关系的理解。这也就意味着,媒体议程设置不仅影响人们想什么,也能影响人们怎样想。对新闻记者而言,这意味着记者责任的重大,因为记者对新闻事件的评判将在很大程度上影响公众的关注和意见,同时这也意味着记者有更多成功的机会去挖掘重大新闻。而对于从事公关工作的人来说,议程设置研究则提醒他们,为捕捉公众的注意,以恰当的方式来构建一个议程是多么重要。绝大多数的研究都说明,媒介并不是如同镜子一样,按照本来面目反映社会现实。媒介更像是李普曼所说的"探照灯",探照灯照向何处,往往既取决于记者的工作实践,也取决于媒介内外的各种相互交织的力量。

14.3 沉默的螺旋

"沉默的螺旋"(spiral of silence)理论是由德国女学者伊丽莎白·诺依曼(Elisabeth Noelle-Neumann, 1916—2010)1974年提出的有关公众舆论(Public Opinion)和媒介强效果的理论。她认为大众媒介对公众舆论具有很强的影响力,但是这种影响力被低估了,或者因为研究的有限性而没有被发现。

诺依曼在研究德国1965年大选时注意到了"沉默的螺旋"现象。在这一年的议会选举中，竞选双方的支持率始终不相上下，但是在最后投票之际却发生了"雪崩现象"——一方以压倒性优势战胜另一方。身为舆论研究所所长的诺依曼，对选举期间全部追踪调查的数据重新分析以探明原因。研究发现，选举的最终结果和民意测验的结果不一致，但却和媒介报道的预测非常一致。这意味着，虽然媒介报道和绝大多数属于沉默的意见相反，但媒介却提供了误导性的意见共识，最终影响了选举结果。经过大量研究，诺依曼1974年发表了相关论文，并于1980年发表专著——《沉默的螺旋：舆论——我们的社会皮肤》，全面论述了她的理论。

1. 三个基本假设

"沉默的螺旋"包括三个基本假设。

第一，就个人来说，从小群体的一致性理论基础出发，人天生具有对社会孤立的恐惧。穿一件过时的衣服或者发表不被社会接受的观点，就有陷于孤立或招致社会惩罚的危险。出于这种恐惧，个人会运用其"准统计器官"，不断地探测环境，寻求被许多人或其他人所共享的感受、意见和知识。个人常常需要在公开的场合清楚地表明自己的意见，因此公众舆论（Public opinion）被理解为"对有争议的问题，在没有孤立危险的前提下可以公开表明的意见"，或者"为使自己不陷于孤立而必须公开表明的意见"。前者主要围绕时事性问题，而后者则侧重于社会传统、道德和行为规范。也就是说"public opinion"是指个人公开表达的意见，而不是一群人的意见。

第二，公众舆论的形成是一个螺旋式的社会传播过程。人们在预计受到鼓励时以一种方式说话或行动，而预计受到敌意或忽视时，则会保持沉默或采取其他行动。和主导意见不一致的人会保持沉默，因为害怕不能被周围的人所赞同。于是一方的"沉默"造成了另一方意见的增势，使"优势"意见显得更加强大，这种强大反过来又迫使更多的持不同意见者转向"沉默"。如此循环，便形成一个"一方越来越大声疾呼，而另一方越来越沉默下去的螺旋式的过程"（参见图14-3）。诺依曼认为，任何"多数意见"、流行趋势的背后，都存在着"沉默的螺旋"机制，社会生活中的"舆论一边倒"或关键时刻的"雪崩"现象，正是这一机制起作用的结果。

第三，大众媒介通过营造"意见环境"来影响和制约舆论。舆论不是社会公众"理性讨论"的结果，而是"意见环境"的压力作用于人们害怕孤立的心理、强制人们对"优势意见"采取趋同行动这一非理性过程的产物。

在现代社会，人们用于判断意见分布状况的意见环境主要有两个：一是所处的社会群体；二是大众传媒。在超出人们直接感知范围的问题上，大众传播的影响尤其强大。

2. 大众传媒的作用

传播媒介对人们的环境认知活动产生影响的因素有三个：一是多数传媒的报道内容具有高度的类似性，产生"共鸣（consonance）"效果；二是同类信息的传达活动在时间上具有持续性和重复性，产生"累积（cumulating）"效果；三是媒介信息的抵达范围具有空前的广泛性，产生"遍在（ubiquity）"效果。

在"沉默的螺旋过程"中，大众传媒又以三种方式对公众产生影响：一是对何为主导意见形成印象；二是对何种意见正在增长形成印象；三是对何种意见可以公开发表而不会遭受孤立形成印象。

图 14-3 沉默的螺旋①

在以电视高度普及为特点的现代信息社会，媒介的无可逃避性是一个潜在的问题。而无处不在和长期一致的媒介体系形成了特定的媒介环境，塑造了一个力量强大的"气候"，笼罩了社会中的大多数个人，使个人沉浸并依赖于媒介环境。经媒介提示的意见由于具有公开性和传播的广泛性，容易被当成"多数"或"优势"意见，从而对个人意见的表达产生很大影响。

3. 舆论的社会控制作用

"沉默的螺旋"理论有其独特的舆论观。传统的政治学理论强调，舆论是民主政治下知晓型（informed）公众经过充分的民主讨论所形成的"公意"，是集体理性的体现。但是诺依曼却从社会心理学的角度，把舆论看成是社会控制的机制，揭示了舆论的非理性特征。在诺依曼看来，公众舆论包含社会常规、习俗和规范，代表一种社会力量。它要求同意或至少强迫沉默，或放弃对立。公众舆论对那些反对常规的人施行制裁——这就是社会控制过程。舆论在双重意义上是"我们的社会皮肤"：它是个人感知社会"意见气候"变化、调整自己的环境适应行为的"皮肤"；同时又作为包裹社会"身体"的"皮肤"，维持社会整合，防止由于意见过度分裂而引起社会解体。

诺依曼认为，公众舆论可以从静态和动态两方面来看。从静态来看，如果个人认识到他的意见为大多数人所共享，他就很愿意公开地表达意见；而如果他的意见仅仅代表极少数的观点，他可能不愿意公开表达。当然这其中也可能存在两种例外：一是当个人发现，虽然他的意见是少数，但是却有可行性并且将来有可能为大多数人所共享时，他会愿意公开表达；二是一些人也可以不受社会反对的影响，但实际上这样的强硬派为数不多。从动态来看，如果没什么人愿意公开表达不受欢迎的观点，那么随着时间的推移，"大多数人"的观点会更加普遍，被表达的频率更高，而表达频率的不均衡最终导致少数观点的沉默。决策者或者出于缺乏责任，或者出于政治生存的需要，会把频繁表达的社会意识变成政策，从而导致社会变迁，而沉默的思想则没有任何影响。

---

① 转引自（英）丹尼斯·麦奎尔等：《大众传播模式论》（祝建华等译），上海译文出版社，1987年，第92页。

诺依曼的贡献,在于把社会控制的概念和大众传媒以及人际传播过程相结合。媒介的强大影响已经不止于认知阶段,而是包括了"认知——判断——行动"的全过程。"沉默的螺旋"假说的一个重要观点是,传播媒介提示的"意见环境"未必是社会上意见分布状况的如实反映,而一般社会成员对这种意见分布又处于"多元无知"状态。因此,媒介中所暗示或强调的,即便是少数人的意见,也会被人们当作"多数意见"来认知,其结果也会引起社会传播的螺旋化过程。因此可以说,传播媒介具有"创造社会现实"的巨大力量。

4. 相关争议

诺依曼的理论一经提出,就引起很多争议。有人认为,"沉默的螺旋"理论与其说是对公众舆论的研究,不如说是对纳粹历史的注解。毫无疑问,在特殊的政治条件下,由于公开表达对主宰性政治意见的反对可能带来危险,人们会把沉默当成一种可行的防卫。还有一些美国学者则用大规模社会调查的方式来证明或者证伪该理论。争议的焦点主要集中为以下几点。

① 个人对社会孤立的恐惧导致的趋同行为究竟是绝对的还是受条件制约的?心理学关于群体压力的种种实验证明,个人对自己意见的确信度越高,人格越独立,趋同行为的概率就越低。群体中个人发生趋同行为的概率受到支持者人数的影响,只要当场有一个支持者,趋同行为的概率便会大大降低。

② "多数意见"的压力会针对所有问题,还是会根据问题的性质而有所不同?有人认为,在有关社会伦理道德或行为规范的争议上,多数意见会产生巨大的社会压力,而在一些技术性、程序性问题上,压力未必有效。同时,争议性问题与自己是否有直接利害关系,也决定了人们对多数意见是服从还是抵制。

③ "多数意见"的压力是否与社会文化传统和社会发展阶段相关?例如,在单一民族的国家,在传统、保守的社会,在社会秩序安定的时期,"多数意见"的压力会很大,而在多民族、开放型社会以及社会秩序变动时期,多数意见未必能左右人们的行动。

④ 媒介效果是否还取决于其他活跃的社会群体?如果舆论形成过程中出现一个强硬的"少数派",他们严密的组织性、意志的坚定性、主张的一贯性和表明态度的强烈性,也可能形成重要的舆论,甚至可能对"多数派"产生有力影响,改变社会舆论。

虽然有以上甚至更多争议,但"沉默的螺旋"极力强调媒介的强效果,认为对媒介的效果研究不能在无菌的人为的实验室条件下进行研究,否则必然会低估长期作用的媒介效力。它带动了后来"社会建构论"的一系列研究。

14.4 培养分析

培养分析(cultivation analysis),也被翻译成"教化分析"或"涵化分析",由美国宾夕法尼亚大学格伯纳(George Gerbner,1919—2005)教授在20世纪70年代提出,是迄今为止历时最长的研究理论,考察关于媒介社会角色等宏观问题。

1. 《暴力与媒体》研究报告

60年代后期,美国社会的暴力和犯罪问题十分严重。城市暴动、校园动乱、劫机与暗杀等犯罪行为与反战运动和民权运动相伴而行。1968年美国政府专门成立了一个"暴力起因与防范国家委员会"（National Commission on Causes and Prevention of Violence）来研究解决这些问题。一年半之后该委员会提交了一份研究报告，同时从其7个特派小组和5个调查研究组中提出一份15卷本的报告，其中之一是《暴力与媒体》报告。该《暴力与媒体》报告除讨论美国言论自由的传统、美国大众媒介的结构与功能外，还专门研究了"电视娱乐与暴力"的问题。格伯纳主持的"培养分析"就是专门为该特派小组所进行的研究，其内容一是对黄金时段电视节目暴力表现的内容分析；二是关于美国人实际暴力经验的全国性的调查。一旦研究完成，就可以对两个"暴力的世界"——电视描绘的世界与实际的经验世界进行比较，并对比媒体判断的准确性。[①]

1960年代一般美国人平均每天看电视4小时，很多人看电视的时间远高于这个数。格伯纳等人相信，电视已经成为美国社会的文化中心，是所有人的共同体验，是美国人日常生活中的重要组成部分。电视大批量复制信息和形象的模式，构成了一个共同的象征性环境的主流。电视中播放的电视剧、广告、新闻和其他节目，把一个由共同的形象和信息所组成的、具有相对一致性的世界带入了千家万户。电视跨越了读写能力和迁徙障碍，成为千差万别的人群社会化和日常信息的首要共同来源（主要通过娱乐方式）。对大量看电视的人来说，电视实际上主宰和包容了其他信息、观念和意识的来源。所有接触这些共同信息所产生的效果，便是媒介的培养效果，或者说媒介借此培养共同的世界观、角色观和共同的价值观。如果培养理论是正确的，那么电视便可能对社会产生重要然而却不受注意的效果。

最初的研究是对大量看电视的人与少量看电视的人进行比较。问卷调查表明，这两类人对一些问题的回答很不同，并且前者的答案和电视反映的情况很接近。例如，关于美国人占世界人口的比例，正确答案是6%，而经常看电视的人比不常看电视的人更易高估这一比例。这显然因为电视娱乐片中主要角色都是美国人。关于"有多少美国人从事法律工作"，正确答案是1%，但经常看电视的人也高估这一比例，因为电视中约20%的角色和法律有关。关于"一个美国人一周内卷入暴力事件的概率"，标准答案是1%，但电视里的比例约为10%，因此经常看电视的人当然倾向于高估。在回答"人们值得信任吗？"这种问题时，大量看电视的人更多倾向于在"如何小心也不为过"的答案上打勾。由此可以看出，经常看电视的人对外部世界有比一般人更强的危险感，电视可能正在引导人们感受一个"坏世界"（mean world）。这是否是电视所造成的最主要、最有影响的培养效果呢？

2. 主流化与共鸣

后来的研究表明，常看电视的人和一般人的区别还表现在其他一些重要变量上，如年龄、受教育水平、阅读兴趣和性别等。有人批评说，如果同时考虑这些变量，也许媒介影响要小很多。因此格伯纳等人又修正了该理论，添加了两个概念，即主流化（mainstreaming）与共鸣（resonance），主要考虑大量看电视对不同的社会群体是否会有不同效果。

主流化是指经常看电视的不同社会群体的意见趋同。比如高收入和低收入者中经常看电视的人都认为，罪行恐惧对个人而言是一个非常严重的问题，但是在不常看电视的高收入者和低收入者之间则不存在这种趋同性。低收入者中少量看电视的人对罪行恐惧的看法，与高收入和低收入者中大量看电视的人的看法一致，而在高收入者中少量看电视的人并不认为罪

[①] （美）希伦·A·洛厄里，梅尔文·L·德弗勒：《大众传播效果研究里程碑》（刘海龙译），北京：中国人民大学出版社，2004年，第271页。

行恐惧是一个问题。

共鸣是指在特定的人群中，培养效果非常突出。例如，比起少看电视的人来说，大量看电视的人中无论男女都一致认为，犯罪是严重的社会问题。但最赞同这一观点的是大量看电视的女性，因为她们自认为是更容易受到攻击的对象，因此与电视中呈现的高犯罪世界的描绘产生了共鸣。

按照以上的修正观点，电视不再对所有常看的人都发生一致的影响，而是会和其他因素相互作用。然而考虑到大多数人长期充分接触电视的累计效果，电视的影响不容忽视。

还有一些调查表明，电视对人们世界观的影响会因节目而异。比如经常看日间剧的人对利他主义和相信别人等打分很低，而经常看夜间剧的人则对政治效率打分较低。这是因为夜间剧经常反映掌权者如何进行操纵。爱看动作片和侦探片的人则更担心自己的安全。比起年龄、性别、社会经济地位等因素，看电视的意向（有计划地看电视）以及电视内容的真实感，是更能预测人们对他人信任度的指标。这也可以证明电视观众是主动者，会积极地对电视内容有不同评价。

3. 首序信念和次序信念

20世纪80年代格伯纳等人对培养分析再次修正，把培养效果区分为两种，即首序信念（first-order beliefs）和次序信念（second-order beliefs）。首序信念是指对现实世界的若干事实的认定，比如一年中受暴力犯罪之害的人口比例。次序信念则是指从以上"事实"认定中推论得出的一般看法，比如世界究竟是安全的还是危险的。这两种信念可能相互联系，次序信念可能来自对首序信念的推论。研究表明，常看电视会影响观众的首序信念，但次序信念则可能受到电视和其他因素，比如邻里的共同影响。

4. 新闻折射假说

培养分析理论认为，总体的电视观看可能与对犯罪率的认知有关，但是很多批评者认为，培养理论可能不支持总体上的电视内容，但可能适用于特定种类的电视节目。麦克劳德小组（J. M. McLeod group）在对犯罪行为的媒介影响研究中，分别测试了以上两种关于总体电视内容和特定类型电视内容与犯罪率的认知相关性，并提出新闻折射假说（news reflection hypothesis）。新闻折射假说提出，比起电视剧等虚构类罪行节目来，观看地方新闻内容可能强烈影响对罪行等问题的理解，因为这类节目具有高度的真实性和现场感，其内容又很有接近性。研究结果支持这一假说，认为总体上充满罪行的地方电视新闻最强烈地意味着罪行危机，并促成了人们的虚构体验。

5. 文化指标研究

最初的年度暴力指数（violence index）研究，是从电视网黄金时段内容中抽出一个星期的内容作为样本，分析节目中究竟展示了多少暴力。除此之外，格伯纳小组还将"培养分析"纳入一项更为综合的"文化指标"（cultural index）研究中。"文化指标"研究是对大规模中介（mass mediated）的公众讯息系统的分析①，包括"制度分析"、"讯息系统分析"和"培养分析"三个部分。"制度分析"主要分析影响大众传播的信息生产和消费的各种制度性压力，如政策法律管理、企业资本运作、同行竞争与媒介自律以及受众监督等。讯息系

---

① 格伯纳：《走向"文化指标"：对大规模中介的公众讯息系统的分析》，转引自（英）奥利弗·博伊德—巴雷特，克里斯·纽博尔德：《媒介研究的进路》，新华出版社，2004年，第175-185页。

统分析则主要揭示由语言、文字、画面、音像等符号所形成的媒介讯息系统的倾向性。比如电视剧中 25 岁至 45 岁的人的比例远高于实际人口比例，这反映了把这一年龄层视为主要消费市场的产业界的观点。不仅如此，这一阶层的主人公，还代表了美国的核心价值观，如社会地位、权力、金钱、职业和性等；而另一方面，电视剧中对老人的描述却多有丑化和弱化。由此可见，传播媒介所提示的"象征性现实"是按照一定的价值体系结构来安排的。培养分析是讯息系统分析的延伸。换句话说，它揭示了媒介提供的"象征性现实"与客观现实之间的距离，而媒介的"象征性现实"以"报道事实"、"提供娱乐"的形式传达给受众，潜移默化地影响了人们对世界的认识。

后来的培养分析转而考察其他传媒的培养过程，比如有线电视和录像机。因为看录像的人很可能看很多他们喜欢的同样类型的片子，因此更可能强化培养效果。研究还扩展到对色情片效果的研究。女权主义研究认为，色情片就是培养者，它们对文化中关于女性性角色的观念有广泛影响。典型的实验室研究集中于短期效果，可能忽略了色情对文化信念的重要影响。研究显示，通过长时间接触性杂志和性电影，受众在有关性别角色的定型观念、性特征、性感模式和强奸神话等方面都有所改变。其中高度接触色情文化的男子更倾向于对性别角色、性别特征和性感的刻板印象，而高度接触色情文化的女子却更反对成见，同时男女性都反映出接触色情文化与接受强奸神话无关。

随着培养理论的发展，越来越多的研究利用其思想和框架来研究暴力犯罪以外的电视内容的影响，比如社会刻板印象、对种族主义的态度、对受害的恐惧、对司法的意见等。培养分析常常被看作是对大众媒介强效果观的回归。这虽然并非完全错误，但也不要忽视其最初是作为一种批判理论来构想的。培养分析不仅仅是对特定媒介的效果分析，更是对电视制度及其社会角色的分析。

14.5 知识沟

培根说："知识就是力量。"按照最简单的理解，掌握更多知识的人应当更有智慧，也更有把握人生的能力。然而知识也和财富一样，在我们的社会中分配不均，所以现代传媒的作用之一，就是通过广泛、迅捷的信息传递，扩大社会知情的能力。在人们的一般观念中，传播媒介的普及可以改善知识传播和教育的条件，从而带来整个社会文化水平的提高，并有助于缩小社会差距，扩大社会平等。但是美国明尼苏达州立大学的蒂奇纳（P. J. Tichenor,）等人对这种一般观念产生了怀疑，他们用 25 年的实证研究证明，新闻媒介系统性地向某些人群传递信息，而具有更高社会经济地位的人比其他人获得更多更好的信息。随着时间的流逝，获得更多信息的群体和获得更少信息的群体间的差异性日益增长，他们之间的知识鸿沟（Knowledge Gap）变得越来越宽。

1970 年，蒂奇纳等人在《大众媒介流与知识的差别性增长》（Mass Media Flow and Differential Growth in Knowledge）一文中提出"知识沟假说"（the Knowledge-Gap Hypothesis）：随着大众传媒向社会传播的信息日益增多，无论社会经济状况好的还是差的人均能增进知识，但是社会经济状况较好的人将比社会经济状况较差的人以更快的速度获取信息，因此，这两类人之间的知识沟将呈扩大而非缩小之势。见图 14-4。

大众传播的研究（二） 第 14 章

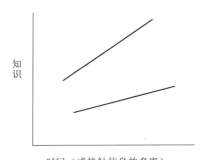

图 14-4 知识沟假说

1.《芝麻街》

与"知识沟假说"密切相关的是一部名为《芝麻街》的儿童教育片。20 世纪 60 年代的美国民权运动风起云涌。在实现教育平等的社会浪潮下，学校中贫富孩子在学习能力和学习成绩上的显著差距引起了社会的广泛关注。相比贫困家庭的孩子，富裕家庭的孩子通常在进小学之前就接受了较好的学前教育。进入小学之后，两者在学习能力和学习成绩上自然产生差距。这种差距随年龄上升而不断扩大，并导致升学率以及未来职业和社会地位上的两极分化。这种现象是由不平等的社会经济结构造成的，但种族主义者却将其归于人种素质问题。

在强大的社会压力下，美国政府推出补充教育计划，力图通过大众传播和其他手段来改善贫困儿童的受教育条件。1968 年，美国纽约市一个公共事务节目制作人库尼（J. G. Cooney）发现，尽管教育专家们长期以来坚持认为，学前教育对儿童的智力和知识发展非常关键，但是美国有 80% 的三四岁的儿童和 25% 的五岁儿童没有学前教育，尤其是家庭经济条件差的儿童。那些不去幼儿教育学校的孩子们经常看电视，而为三至五岁孩子安排的现有节目不是以教育为中心的。库尼女士于是成立了一个非营利性组织"儿童电视工作室"（CTW），从一些联邦机构、私人基金会以及公共广播机构募集了 1300 万美元，于 1969 年播出了儿童教育节目《芝麻街》。

该节目一经播出即大受好评和欢迎。许多公共电视台一天播出两次，全国商业电视网也全面播出并重播。当时有 1100 万家庭每星期收看《芝麻街》，还有 83 个国家购买播放。《读者文摘》称赞它"为美国电视业创造出一个奇迹"。

一些全国性的研究表明，小学初级阶段的知识程度与定期观看《芝麻街》节目有直接相关性，所有儿童在社交和知识上都受益于定期观看这个节目。但是虽然节目的播出对贫富孩子都产生了良好的教育效果，但中层和上层阶级的儿童受益程度却高于下层社会的儿童，并且他们更多收看此节目。即使收看频率相同，高收入家庭的孩子从中所获得的知识却更高，因此节目被指责为更多针对中上层家庭的孩子。以缩小教育条件差距为目的的这部系列片，实际上却扩大了贫富孩子之间的差距。对此制作者辩解说，节目的目的是使所有孩子都达到一个好的学前准备层次，而蒂奇诺等人坚持认为，即使大众传播将同样的知识或信息传递给千家万户，即使人们在接触和利用媒介上存在同等机会，但实际效果却并不如人们想象的那么简单。

2. 导致"知识沟"的可能因素

知识沟假说何以正确呢？蒂奇诺等人提出 5 种理由。

① 传播技能上的差异。社会经济状况较好的人与社会经济状况较差的人在传播技能上是有区别的，其文化程度通常存在差异，而获得关于公共事物和科学的知识，需要一定程度的阅读、理解和记忆能力，这些都依靠其教育基础。

② 已有知识储量的差异。社会经济状况好的人基于其所受的教育，可能对某个问题早有了解，或者也可能通过以往的媒介接触而对此有更深入的了解。现存信息数量或先前获得的背景知识方面的差异影响知识沟的形成。

③ 社交范围的差异。社会经济状况好的人可能有更多的相关社会关系。比如说，他们可能与同样了解公共事务和科技新闻的人有交往，并可能就此类问题讨论过。因此他们更有可能获得新知。

④ 信息选择的差异。社会经济状况较差的人，可能在成长中接触不到与他们的价值观和态度相协调的涉及公共事务或科技新闻的信息，于是他们就可能对此类信息兴味索然。

⑤ 大众传播媒介系统的性质。大众传播的媒介讯息系统本身可能是有偏向的，传播有一定深度的关于公共事务和科学知识的主要是印刷媒介，其媒介内容可能就是以较高社会阶层的人的兴趣和口味为取向的。

在上述几方面中，社会经济地位高的阶层都处于有利地位，这是造成"知识沟"不断扩大的根本原因。研究者收集的其他类型的资料也证明"知识沟"的存在。比如对收听罗斯福总统演讲的广播听众，按其社会经济状况进行分组，结果证明，受众数量随家庭经济状况的下降逐渐减少。社会经济状况较差的人较少听演讲，因此对相关公共事务知之甚少。对 1976 年总统选举的研究表明，最愿意观看大选辩论的人往往是较积极参与政治的人，而且通常是文化程度较高的人。观看辩论的结果使得这些原来知识储备较好的人获得更多的信息，而知识储备较少的人则所获甚少。

"知识沟假说"原先的一种担心是，信息匮乏者不能作为负责任的公民行事，从而影响民主制的顺利进行。但按照精英多元论的观点，一方面权力始终掌握在有影响力的一小群人（精英）手中；另一方面，维持社会、政治和文化多元，使不同群体被赋予平等的地位和代表权，则能实现社会稳定发展。研究证明，政治无知和政治冷漠之间存在强烈的相关性。如果获得信息少的人不参与投票，那他们也不能颠覆整个系统。只要有活跃的、获得充足信息的少数派精英领导，整个体系就能够平稳运作。

3. 缩小知识沟

知识沟假说主要由两部分构成。一是信息在社会各阶层中整体分配上的差距。这种鸿沟的根源在于社会根本性的不平等，是媒体本身无法超越的；二是鸿沟的扩大或缩小有很多种可能性，媒体可能产生若干效果。因此后来研究人员对明尼苏达州的 15 个社区进行调查，寻找知识与其他因素的相关性，以集中缩小甚至消除"知识沟"的某些条件。格伯纳小组在对调查作出分析的基础上，对知识沟假说做了以下修订①。

① 当人们感到在某个地方议题上存在矛盾冲突时，相关的"知识沟"会缩小。

---

① （美）沃纳·赛佛林，小詹姆斯·坦卡德：《传播理论：起源、方法与应用》（郭镇之译），华夏出版社，2002，第 280 页。

② 在多元化社区中,由于存在各种各样的信源和渠道,因此知识沟有扩大趋向;而在同质化社区中,人们的信息渠道相同,因此知识沟扩大的可能性较小。

③ 当一个问题对本地的人有迅速而强烈的影响时,知识沟就很容易缩小。

总体上,一个议题引起社会关注的程度是一个重要的变量。比如当1991年美国NBA湖人队球星约翰逊宣布自己HIV测试呈阳性后,对公众的艾滋病认知调查表明,不同文化层次的人在该事件中获得的艾滋病知识不相上下。他们认为,著名体育明星发布声明这一事件本身的戏剧性、媒体对约翰逊声明的广泛宣传以及有关艾滋病信息的充分报告,使得低文化层次的人对艾滋病的相关知识迅速增长,从而使相关的知识沟缩小了。

通过对《芝麻街》不同收视率下贫困家庭和富裕家庭孩子的测试得分分析发现,对于经常收看该节目的孩子来说,知识沟的缩小越来越明显。实际上,家庭贫困但经常收看该节目的孩子,其进步得分要比家境好但不常看该节目的孩子的进步得分高。总之,知识沟的扩大和缩小是在一定条件下进行的,而在消除知识沟方面,电视有其独到的作用。有些地方社区用电视直播市政府会议及其他活动,以便让政府活动更加公开、透明。通过对收看市政府会议的观众调查发现,低文化、低收入、少数民族的人和社会经济条件好的人一样喜欢看该节目,知识沟并没有扩大。这类电视的观众既有社会经济状况高的,也有社会经济状况低的,但往往是那些与该社区有利益关系的,如长期在该社区生活,隶属于该社区的组织,能发现该社区的一些问题等。

4. "上限效果"

1977年,艾蒂玛和克莱因(J. S. Ettema & F. G. Kline)提出"上限效果"(Ceiling Effect)假说。他们认为:个人对特定知识的追求并不是无止境的。达到某一"上限"(饱和点)后,知识量的增加就会减速乃至停滞。社会经济地位高的人获得知识的速度快,其"上限"到来得也早;而社会经济地位低的人虽然知识增加的速度慢,但随着时间的推移,最终能够在"上限"上追上前者。因此,大众传播最终还是会带来社会"知识沟"的缩小而不是扩大(见图14-5)。① 具体说来有如下理由。

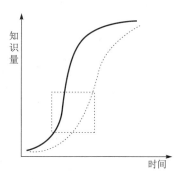

图14-5 "上限效果"图示②

---

① J. S. Ettema & F. G. Kline, " Deficits: Differences and Ceilings: contingent Conditions for Understanding the Knowledge Gap", *Communication Research*, Winter, 1976. Pp. 179-202. 转引自郭庆光:《传播学教程》,北京:中国人民大学出版社,1999年,第216页。

② 转引自郭庆光:《传播学教程》,北京:中国人民大学出版社,1999年,第231页。

① 信息源的性质决定的"上限"。大众传播传达的不是高深的知识，而是某些范围、某种程度的"一般"知识，因此无论社会经济地位高者还是低者，都不可能从大众传播中得到超出这个程度或范围的知识。

② 受众本身具有的"上限"。受众中的"先驱者"（如社会经济地位高者），在感觉到自己的某种知识已经很充足的时候，会自动减慢或停止对这种知识的追求。

③ 现有知识已经达到"上限"。如果个人的知识程度已经高于大众传播的内容，便不会再通过大众传播去寻求知识。

5. 从"知识沟"到"数字差距"

早期的研究认为，西欧的公共广播服务以及美国的全国电视网确保电视提供统一来源的国际国内信息，由于电视将基本相同的新闻与信息传递给较大比例的人群，并且电视内容被普遍认为是真实可信的，因此电视会使低社会经济地位的人获益，缩小而不是扩大知识沟。但是随着闭路电视、卫星电视等新传播技术的发展，电视频道的多样化和激烈的竞争，使统一的电视受众消失了。1997年加西阿诺（C. Gaziano）对39项关于知识沟假说的实证研究回顾认为，媒体对于缩小鸿沟的效果仍不确定，但鸿沟本身却在继续生成。

在数字技术日益成为主要传播手段的今天，"知识沟"从更广泛的意义上来说转变成"数字差距"（digital divide），成为学界和社会关注的焦点。有学者用"ABCD"来概括以互联网为代表的数字媒体接触和使用状况的四种差异，即接触（Access）、基本技能（Basic skill）、内容（Content）和意愿（Desire）。①社会经济地位优越者在新媒体技术的接触和使用技能培养方面显然有突出的优势，但是在内容特别是意愿动机方面却难以确定。很多研究表明，个人兴趣也是导致知识沟的重要因素。

在信息社会里，信息就是资源。在社会信息化过程中，信息差距不仅存在于贫困和富裕阶层之间，而且广泛表现在不同群体、民族、国家以及文化之间。如何在全社会乃至全球范围内缩小"信息沟"，是传播学研究中的重要课题。

◇ 小 结

效果研究是传播学研究中最为重要的一大领域。从研究的历史来看，效果研究经历了从万能效果观转向有限效果或"弱效果"，然后又再次转向强效果，直至协商性媒介影响观的曲折发展过程。在这个过程中，研究者的视角发生了很大的变化。两级传播论和创新扩散研究都重视对传播过程的考察，它们最为关心的是其中的中介因素，特别是人际因素对传播效果的影响。这里的效果概念是狭义的，是一种从传播者出发，关注传播讯息所导致的受传者态度和行为改变的直接效果。使用与满足的最大贡献，是将研究的视角从传播者转向受传者，将传播效果的发生归结于使用者的需求和期待的满足。1960年代以来的效果研究更侧重于对媒介信息系统社会影响的宏观分析。议程设置研究不仅对媒介报道议程影响公众议程进行了大量考察，而且将研究的触角深向媒介报道框架和铺垫，以证明媒介如何影响人们"头脑中的世界"。"沉默的螺旋"理论从社会心理学的角度重新定义舆论和舆论过程，并强调媒介通过建构意见环境来影响舆论的重要作用。培养分析则通过长期的媒介受众调查来证明，带有特定倾向性的媒介讯息会以潜移默化的方式影响人们的世界观。"知识沟"理论打

---

① 参见郭庆光：《传播学教程》第二版，北京：中国人民大学出版社，2011年，第218页。

破了有关媒介发展必然缩小社会差别的一般观念，而提醒人们注意，媒介技术的发展有可能导致信息富裕者和信息贫困者的两极分化，从而带来严重的社会问题。

◇ **推荐阅读**

1. （美）赛佛林等：《传播理论：起源、方法与应用》，北京：华夏出版社，2000。
2. （英）《麦奎尔大众传播理论》（崔保国、李琨译），北京：清华大学出版社，2006。
3. （美）洛厄里等：《大众传播效果研究的里程碑》（刘海龙等译），北京：中国人民大学出版社，2004。

观察与思考

1. 如何理解"使用与满足论"的有益之处和不足之处？
2. 如何理解媒介的议程设置效果？
3. 在"沉默的螺旋"过程中，媒介如何发挥作用？
4. "培养分析"如何揭示出媒介的巨大效果？
5. 如何认识"知识沟"与"信息沟"？

第15章

传播研究方法

李琳所在的公关公司要帮助一家外国公司在中国推广一种新型肺炎疫苗。是用媒体投放广告的方式还是寻求其他的活动营销方式呢？如果选择媒体广告投放，那么应该选择什么样的媒体呢？如果选择活动营销，那么应该在什么地点、以什么方式进行才最行之有效呢？作为该项目的负责人，她被一系列问题所困扰，特别希望得到相关的研究报告以指导她的公关方案。

实际上，在传播领域中，存在着大量的各种类型的研究。有些研究属于私人研究（private research），完全按所有者的意图进行，可以不顾及其他研究者的意见。但有些则属于公共研究（public research），要累积成知识，因此要公开发表、公开接受检验甚至反驳。从研究目的看，研究又分为应用研究（applied research）和理论研究（theoretical research）。应用研究一般被认为是解决问题式的研究，与媒体的经营管理高度相关，因此有时被称为管理研究或行政研究（administrative research）。理论研究不能说与管理不相关，而只是更注意普遍性，方法也更为多样，因此也称为基础研究（basic research）。基础研究更多依赖社会科学和研究文献而不是媒体实践，其对媒体从业人员的帮助虽然重要但却常常被忽略。

在传播研究中还存在着行政研究与批判研究（critical research）之分。二者的区别在于：行政研究集中于微观的、问题导向性的课题，而不是比较宏观的政治与经济影响等问题。对行政研究者而言，有关政治与经济机构（有时也包括社会和文化机构）的结构、权力集中化、支配—依赖关系特征以及既得利益的诱因等问题，都在研究范围之外。然而对行政研究的大部分批评来自批判研究者。他们批评行政研究致力于某一狭窄主题，从而忽视了深层次的真理，特别是当研究带有商业目的时。批判研究常常着眼于体制层面，从政治与经济影响的角度解释传媒现象。他们认为政治与经济不平衡关系的变化是重大变化的先决条件。有些批判研究侧重于对媒介内容及其背后的社会政治经济力量进行分析、揭露和批判。

对于新闻传播专业的学生来说，虽然很少人日后会成为专业的研究者，但是了解一些基本的传播研究方法，对于工作却十分有利。作为研究学的基础教材，本章仅仅对与媒体有关的社会科学研究的一般思路和主要方法做简要介绍，同时也欢迎大家尝试性地进行一些个人研究。

15.1 社会科学的逻辑和方法要求

1. 实证逻辑

社会科学研究方法以科学的逻辑实证（logico-empirical）为基础，强调逻辑和观察。这也就是说，科学对世界的理解必须言之成理，并符合我们的观察。科学研究包括理论（theory）、资料收集（data collection）和资料分析（data analysis）。概略地说，科学理论处理的是科学的逻辑层面，资料收集处理的是观察的层面，而资料分析则是比较逻辑预期和实际观察，寻找可能的模式。①科学研究的核心在于实证，也就是说，要力图通过研究，收集到充足的证据，来证明自己的观点。研究的重点在于事物的内在本质规律，即"是什么"和"为什么"。研究者应尽量避免对事物进行简单的对和错、好和坏之类的"价值判断"。因为在涉及价值判断时，人们很难有一致的判断标准。因此，科学只能以实证的方式，帮助我们了解事情本身及其成因。只有当价值标准一致的时候，社会科学才可能帮助我们判断好和坏。比如只有大家都同意以速度为标准，才能用跑表来判断哪位短跑运动员更"优秀"。在传播学中，大量的研究是实证性的，因此有人建议将传播学定义为"传播科学"（communication science）。但是传播学中也存在一些规范性、道德性的研究，其研究取向不是客观规律，而是"理想"，也就是说是重"价值判断"的。实际上，人类传播现象是不同学科所共同关心的，所以对不同研究视角、不同方法的吸纳和整合，正是传播学研究（communication studies）所必需的。

2. 辩证关系

社会科学的研究多种多样，但一般强调以下4种辩证关系。

① 个案式解释（idiographic）与通则式解释（nomothetic）。个案式解释试图详尽地解释某种情况，辨析案例之所以发生的所有因素，但与此同时我们的视野也局限在个案上，其结论很难全部用来解释其他案例。通则式解释更具有普遍性，包含了更广类型的经验或者观察，它试图解释某一类的情形或事物，而不是某个个案。它只用少数几个解释的因素，因此只能"很经济"地解释部分，而不是全部。

② 归纳式推理与演绎式推理：归纳式推理（induction）是从个别出发以达到一般，是从一系列特定的观察中发现一种模式；演绎式推理（deduction）是从一般到个别，从逻辑或理论上预期模式到观察检验预期的模式是否确实存在。比如说，你想找出自己历次考试中理想成绩产生的原因，那么可以有两种研究选择。一是回顾各次考试，列出每一次的成绩，然后努力回想导致成绩好的共同条件和导致成绩差的共同因素，这用的就是归纳法。二是经过一番思考后，你假定和同学一起复习比自己单独复习更容易取得好成绩。然后尝试一半功课和同学一起复习，另一半功课自己单独复习，以验证这个假定。这就是演绎式方法。归纳法和演绎法都是科学的研究方法，而二者结合就更能寻求到对事物完整、有力的解释。

③ 定性研究和定量研究。从所收集的数据资料来看，定量研究与定性研究的差别表现在数字化还是非数字化。比如判断一个人是否聪明，心理学家可能通过测量一个人的IQ

---

① （美）艾尔·巴比：《社会研究方法》（第十一版）（邱泽奇译），华夏出版社，2012年，第12页。

（智商）得分来说明，但也可以用非数字的其他表达方式。定性研究是通过长期的、近距离观察社会及文化层面的现象，来理解人类活动的"意义"，主要以人类学的田野调查为代表。1930年代以来，随着现代统计学以及计算机技术的发展，社会科学中量化研究开始兴起。这一类的研究，仿照近代实验科学，借助于数理统计手段和计算机信息处理技术，以严格的量化标准确定数据的收集、整理和分析，并提出一些公式化、模型化的研究结论。在传播研究中，定性研究和定量研究都有合理性和实用性，都应该学习和掌握。相对而言，定性研究倾向于个案解释模式，而定量研究倾向于通则式解释。在定量研究之前，需要定性研究的准备，定量分析之后，又常常会回到定性式结论。完全理解一个议题，通常需要结合这两种技术。

④ 理论研究与应用研究。在本章的开篇就谈到了理论研究和应用研究的区分，这是因为社会科学研究从一开始就展现了两种完全不同的动机。一方面，人们着迷于人类社会生活的本质，并试图通过表象去发现其中的意义，因此有以寻求"纯粹的知识"为目的的理论研究；但另一方面，出于建设更人道的社会的目的，科学家愿以多种方式将知识运用于社会实践。总之，无论是纯粹的理论研究，还是应用研究倾向，对社会研究来说都是重要的、有效的。

3. 研究设计

研究是一个对研究对象进行客观的经验观察和分析总结的累积性的过程。在研究中，我们首先需要精确地定义与描述研究的问题。一旦确定了研究的题目，就必须先搜寻相关的文献，以确认前人是否研究过类似的问题。如果一个问题能够在文献中找到答案，那就不需要重复研究了。但如果能发现前人研究的明显不足，比如质疑其研究方法和研究结论的可靠性，或者新的信息能够扩大或改变先前的发现，那么也有重新研究的必要。文献搜寻有助于我们明确该主题的研究现状，并帮助我们进一步准确确定所要研究的问题。

有时候，如果没有相关理论或者过去的研究可以参考，我们也需要通过问题的确定来寻找相应的研究方法，而最基本的方法就是系统观察，以理解现象。比如某集团在发行各类时尚杂志的同时还新创办了一个时尚网站，而关于此类网站的经营并没有任何可以参考的前人研究，那么研究者不妨从系统观察开始，寻找一些值得研究的问题。在经营网站的过程中，研究者发现在论坛上有许多时尚话题的讨论，那么她选择有关美容产品优劣比较的话题进行观察，看看杂志中的此类话题和论坛中的此类话题有什么相关性和差异性，再进一步探讨两者的差异与媒介特点有什么相关性。

一旦问题确定，我们就需要思考用什么样恰当的方法去观察和分析解决问题。研究的方法多种多样，可以用观察法或批判分析法，也可以用调查法或试验法，有时候，问题本身会暗示出适当的方法，而过去的研究文献也可以帮助我们设计研究方法。最重要的是在了解多种方法的基础上，从问题本身出发，确定适当的研究方法。为了更好地研究问题，也可以尝试使用多种方法。

在研究之前，你需要一个计划，弄清楚你需要观察什么、分析什么、为什么以及如何进行。这就是研究设计的全部内容。其中最重要的，一是必须明确要发现的东西；二是要选择最合适的研究方法。研究可以是为满足好奇心，或探讨某议题研究可行性的探索性研究，也可以是将观察到的事物或现象仔细描述出来的描述性研究，或者是侧重于因果分析的解释性研究。

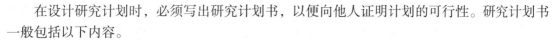

在设计研究计划时，必须写出研究计划书，以便向他人证明计划的可行性。研究计划书一般包括以下内容。

① 议题或目的。要说明你要研究的议题是什么？为什么值得研究？提出的研究计划是否有实际意义。实际意义可以指理论研究价值，如是否对认识一般事物或建构理论有帮助，也可以指实际应用的价值，但必须是确有必要的。

② 文献回顾。要说明之前哪些研究与这个议题相关？相关研究是如何看待和研究这个议题的？是否存在缺点或可以改进的地方。

③ 研究对象。除了大致的研究议题，要说明你收集资料的对象和事物是什么？可用的资源是什么？如何使用资源？是否适宜采用抽样方法？如果是，如何抽样？如果研究活动会影响到研究对象，如何确定活动不伤害他们。比如在一份有关食品安全媒体报道分析的研究计划中，要明确研究对象是某家电视台某品牌栏目中有关食品的记者调查节目。

④ 资料收集方法。要说明如何收集资料。是用实验法还是问卷调查法？是进行实地考察还是对原有统计资料或其他文本的分析，或者是采用一种以上的方法。比如在一份有关公众食品安全认知调查的计划中，可以说明使用的调查手段是在北京地区进行随机抽样的电话调查。

⑤ 分析。要说明分析的方法，包括分析的目的和分析逻辑。是否对详细的描述有兴趣，是否准备解释某些事物在特征上的差异以及事物之所以如此的原因。

⑥ 时间表。一般说来，研究应该提供一个时间表，说明不同阶段如何进行。即使没有时间表，研究者自己也应该有所安排，以免陷入困境。

⑦ 经费。如果要申请研究经费，必须提供经费计划，注明经费用途，如办公用具、复印、计算机费用、交通费、小礼品等。

在研究计划书设计完成之后，你就可以开始实施研究了。

15.2 文献研究法

传播研究的方法多种多样，大体上可以分为两类，一类是以人为的讯息为主要研究对象，主要侧重对各类文本资料的分析。这一大类中又主要分为以文献资料分析为主的文献研究法和以调查访问为主的调查访谈法。另一大类的研究则主要侧重于对人的传播行为的研究，其中又主要分为现场观察和控制试验两种类型。以下对这几种方法做一些简单介绍，有了这些预备性信息，读者就可以进一步参考其他有关研究方法的专门书籍，以确定对特定研究最为适宜的方法。

文献研究法单指将各种各样的文献资料作为观察分析的对象。这其中既有对各种档案图书资料中的历史的、批判的或修辞的以及法律的的研究，又包括二手资料分析、谈话分析、文本分析以及内容分析等。

所有的研究都要从图书或文献研究开始，也就是说，在我们开始研究之前，我们先要寻找其他研究者对这个主题曾经做过的研究。我们要运用各种检索工具，检查所有与主题相关的公开发表的资料，包括印刷材料以及其他媒体资料，如影片、录音及录像资料等。历史性研究要充分利用图书馆及档案馆中留存的书信、笔记和各种人为记录（如敦煌拓片等），也可以包括各种口述史料，对历史上重要的传播事件或现象给出新的解释。历史研究者要尽可能地搜罗各种可靠的历史记录，厘清历史事实，梳理历史发展脉络，阐明发展规律。批判或修辞研究则需要选择和应用合适的判断标准或准则，来评价传播事件。如有关媒体"霸权"的研究，就是要考察媒介如何通过意识形态化的讯息来培养霸权以及维持社会权力结构。法律研究在本质上兼具历史性和批判性。法律研究通常将重点放在法律规章的演变及应用上，以寻求了解与明确传播法制环境的发生发展规律。法律研究也非常重视来自法典、法庭案例、司法意见与行政规章等文献资料。二手资料分析主要是对原有资料以一种新的思考方式加以重新考虑和解释，是针对新的问题寻找新的答案。谈话分析是对谈话记录的分析，通过对谈话的结构功能以及规则和内容的考察，发现人际互动规律。本书在第6章有关人际传播的 CMM 理论中引用了一些谈话分析的方法。文本分析又称为"接受分析"，研究者将受众对媒介内容的体验和理解同媒介内容进行比较，来解释这些内容信息如何被社会化或从文化上重新构建。这类分析经常被用于对影视剧、新闻、流行小说等的研究中。

内容分析是文献研究中比较重要的系统量化的研究方法，主要考察传播讯息的特征，以了解讯息的效果以及与讯息生产相关的问题。内容分析一般包括9个步骤。

① 选题。比如讨论电视中有关传统女性角色的定型见解，或者新女性的理想标准。选题不同，研究重点就不同。

② 提出一个假设。在收集数据之前，我们必须提出一些可以通过内容分析加以检验的独特的假设。例如，关于女性形象问题，可以假定女性角色的传统特征，如居家、贤惠、孝顺、美丽等。

③ 明确操作词汇。关键词需要在内容分析开始之前被定义。比如，如何定义"传统"或"新女性"。通过制作一个相关词汇表，研究者在开始文本的实际内容分析时就能很确切地知道要寻找什么。比如女性的职业特征，女性与他人的关系特征等。

④ 确定样本。如果我们对广告中的女性形象感兴趣，我们并不需要看每一条电视广告，因为这样太浪费时间，并且对于检验我们的假设并非必要。可以从能代表这一问题的文本中选择一个样本，比如黄金时段广告等，少量的文本可以分析并作为更广泛的结论的基础。

⑤ 编制一个编码单。如果分析员要恰当地组织数据，一个简单的编码表非常必要。在编码单上填上每一个文本就非常简单。比如关于女性形象，可以从年龄、相貌、服装、姿态、言语语态、话题、职业、称呼等若干方面进行编码，以便分析操作。在研究开始之前，分析者需要选择少量的文本进行初步编码，来考察它是否有助于评估更大的样本。

⑥ 训练编码者。理想状态下，提出前提假设的研究者并不对文章或播音新闻进行编码。编码者需要训练，他们必须知道他们要寻找什么。如果编码者要使用相同的工具达成一致，就应当对基本问题有一个共识。

⑦ 进行编码。一旦提出假设和编制编码单的困难工作完成后，编码工作就很简单。有时候因为不同的编码者在评估相同文本时发生太多冲突，这时研究者就必须回头，重新制定编码单，并对样本重新编码。

⑧ 分析数据。编码完成后通常需要借助于一些数据分析软件，如 SPSS 数据分析软件。许多书中都有关于计量统计方法的讨论。

⑨ 报告结果。这是内容分析最有意思的部分。研究者可以确定假设是否被证明。

15.3 控制实验

实验研究（experimental research）重点研究人及其行为，但是和实地观察性研究相比，实验研究更强调对人的行为的操纵和控制，以便更好地观察。这种方法伴随着对实验对象、实验环境和条件的严格限定和控制，因此又称控制实验。本书第13章所提到的霍夫兰小组的态度转变研究，大都以控制实验的方式进行。在第14章有关议程设置的研究中，也有用控制实验方法进行的研究。控制实验的过程大体上有以下几个步骤。

① 确定实验课题。实验课题有两类：一类是假说发现型；另一类是假说验证型。在很多情况下，一项实验可能既具有"发现"的目的，也具有"验证"的目的。

② 选定实验对象。实验对象的选择可以用抽样方式选出，也可以根据课题需要选择某个具有一定代表性的小群体。如霍夫兰进行关于电影对新兵影响的实验时，是从新兵中抽样。而在恐惧诉求实验中的抽样则比较随意。

③ 制作信息测试材料。可以选择现有的文章、图画、广播录音稿、影像短片等，也可以制作新的测试材料。

④ 实施测试。将实验对象置于特定的实验控制环境里，按既定程序实施实验，收集反应数据。实施测试的时间有的很短，有的则可能持续几天甚至更长时间。

⑤ 提出实验报告。对测试的数据进行整理和分析，并将实验结果与实验课题目标对照检查，得出相应结论，达到发现新假说或验证既有假说的目的。

一般来说有三种常用的控制实验类型。

① 单一事后控制实验（post-test controlled experiment），就是将实验对象分成一个实验组和一个控制组，对实验组实施相关信息刺激，而对控制组不实施相关信息刺激，并且对这两组都不进行事前测试而只进行事后测试，目的是观察两组间是否因信息刺激的差异而产生反应差异。比如对两组儿童分别进行暴力影片刺激和非暴力影片的刺激，然后比较观看暴力影片后儿童是否有暴力倾向。

② 前后控制实验（pretest-posttest controlled experiment），就是对实验组和控制组都进行前后两次测试，以比较接受相关信息刺激前后的变化，并且对两组反映进行对比。比如霍夫兰在进行军队实验时常采用这种办法。两组实验对象在观看电影之前填写一份问卷，然后分组观看电影，实验组观看《不列颠之战》之类的影片而控制组观看不相关的影片，看完之后再填一次问卷。研究者可以分别做不同对比，但其中最重要的是比较实验组观看影片前后的态度差别。

③ "所罗门4组控制实验"（solomon 4-group controlled experiment）。其做法是把实验对象随机分成4组，给予不同的实验条件，以对不同的测试结果进行多方面的比较。恐惧诉求实验中就采用了这种方法。

以上三种类型只是控制实验的基本做法，在从事具体研究时，可以根据需要进行相应的变更，以设计出更为科学有效的实验方案。

15.4 问卷调查

调查研究（survey research）是一种很古老的研究技术。耶稣之所以不能在家里出生，就是因为约瑟夫和玛丽要前往约瑟夫的老家进行一项罗马帝国的普查。进行大规模群体态度和行为测量的最初动机源于20世纪二三十年代收音机的普及。电台需要让广告商知道有多少听众正在收听。统计理论的发展带来的样本式调查以及统计技术的计算机化，使调查更省时省力和高效。在这一时期出现了一些专业的调查中心，如盖洛普民意测验中心。目前调查研究已经成为社会科学中经常使用的方法，民意调查也已经发展成为上亿美元的产业。专业调查公司、学者、市场研究者、政府部门、大众媒介等都在进行各种形式的调查。

一个典型的调查，就是明确研究对象，然后利用标准化问卷来进行调查。调查常用于描述大样本特征，问卷调查也有助于测量。民意调查（Opinion Poll）就是一种了解公众对某些政治、经济、社会问题的意见和态度的出色工具。调查性研究通常的研究分析单位是个体。虽然也可以有其他分析单位，如群体或人际互动，但调查问卷通常由个人来填答。比如如果以小群体传播为研究对象，调查法则依赖于个人对问卷的回答。所以研究者事先要考虑问卷调查是否是最合适的方法。相对于实地考察，调查法信度高，效度却可能较弱。

最常用的调查方法有：自填式问卷、电话调查和面访调查等，近年来网上调查也流行起来，它们的条件要求、操作程序都不一样，效果也各异。最常见的民意调查的基本步骤是：① 确定调查课题；② 确定调查对象和抽样方案；③ 设计调查问卷；④ 发放和回收问卷；⑤ 对调查资料进行统计分析。其中最关键的是抽样方案的确立和问卷设计。

1. 抽样方案的确立

设计方案首先要根据调查课题的目的、要求确立研究总体和调查范围，其次是根据调查对象的特点选择抽样方法。比如某医院要进行患者满意度调查，其调查的总体是该医院的患者，而选择的范围是在该医院就医后留下电话号码的人，要从这些号码中随机抽出一定的人组成调查样本。调查可能回复率非常低，如果样本太小就不足以对群体意见得出可靠的估计，因此必须根据调查的目标产生最低程度的数据汇总。

2. 总体与抽样

抽样理论的基本假设在于个人能够代表典型群体。因为在相似的社会环境下人们可能有相似的意见，因此没有必要和所有人逐个交谈。比如一个来自南方某省的北大二年级理科生可以代表其他来自南方某省的二年级理科生，来自南方的某农民工人可以代表其他来自南方的农民工人。民意调查的目标是通过询问其中部分成员一些问题，从而得出关于这个群体总体的可靠的结论，因此样本必须具有代表性。如何能使样本最具代表性呢？首先要根据调查题目选择正确的总体（population）。比如，如果调查的题目与投票行为有关，所有未成年人以及没有政治权利的人就可以排除在外。但如果调查题目与卡通片有关，那么儿童反而是抽样的主要来源。因此，要保证样本的正确性，关键在于选择正确的总体。

一旦总体选择确定后，接下来就是有关抽样了。关于抽样的问题主要集中在两点：抽样的方法与样本的大小。抽样方法可以简单地分为概率抽样和非概率抽样两种。概率抽样又称随机抽样。随机抽样需要有一个总体编号表，即样本框，但是在多数情况下很难获得。在概率抽样中，在保持"随机"这一前提下，还另外发展出几种抽样法，如简单随机法、分层抽样、系统抽样（间隔抽样）、多级抽样和整群抽样等。非概率抽样：又称立意抽样（Purposive Sampling），是依人的意志来选取具有典型代表性的样本。之所以如此，一是方便抽样。由于条件所限，研究者根据实际情况以自己方便的形式抽取偶然遇到的人群作为调查对象，这种方法不能通过样本推断总体，因此娱乐性强于科学性。二是在特殊情况下，比如总体中各单位元素具有很大差异性，为确保左右两极及中间的元素都有接受调查的机会，故采用计划性的抽样方式。非概率抽样中较为普遍的有方便抽样、判断抽样、配额抽样、滚雪球抽样等几种。关于样本大小则要考虑总体的正确性、精确度以及边际效应等多种因素。

3. 问卷设计

为准确测定样本和调查目标对相关问题的意见，每一份问卷都要措辞谨慎，题目安排得当。问卷的构成要素一般包括以下几点。

① 开场白。先向对方礼貌问候，以免给人突兀的感觉。
② 自我介绍。表明访员身份，主持调查的机构。
③ 任务介绍。说明调查工作的目的以及如何处理调查的资料。
④ 所需资料。扼要说明该调查需要哪一方面的资料。
⑤ 为什么选择对方。说明选择调查对象是基于随机抽样或者受访者条件，符合研究需要。
⑥ 受访者基本资料。根据调查目的，请求对方提供必要的个人资料。
⑦ 说明回答方式。
⑧ 热身问题。顾名思义是在调查正式开始时最初问的一些问题，主要目的是协助受访者逐步熟悉并切入主要问题。虽然这部分题目从表面看与主题无直接关系，但分析结果时常能提供一些背景资料。
⑨ 主要问题。是整个问卷调查的重点所在。
⑩ 结尾。问卷结束前，应对受访者表示感谢。如果是邮寄问卷，记得附上回邮地址，如已预付回邮邮资，也可一并说明。

在问卷的题目设计上有不同的种类，其中开放性问题和封闭性问题比较常用。封闭性问题就是针对问题提供可供选择的答案，被调查者只能在规定的答案范围内进行选择。开放性问题不提供选择答案，而给予受访者较多的自我表达机会。渗透式问题也很常用。因为回答者不可能对每一个问题都有观点，渗透式问题可以滤掉对那些问题不知晓或不在意的人。比如，"你是否听说或使用过博客？"回答"没有"的人则不必回答对这一问题的看法。探查式问题寻求对回答的更详尽清楚的理解。比如在提出某问题后还可能进一步问"还有吗？"，或者如果某人表达了某种观点，进一步澄清的问题就是"为什么如此？"探查式问题可以确保回答者完整解释他们的理由。

在问卷设计中，关于题目的先后顺序是否影响答案，目前没有实证研究的结论。通行的规则是，将一般性问题放在前面，特定的问题放在后面，或者将简单易答的问题放在前面，而将困难的需要思考的问题放在后面。如果问题之间有逻辑关系，则将层次最低的或有引导性的问题放在前面，再依逻辑顺序排列其他问题。一些个人信息如年龄、受教育程度、收入等应当放在后面。

问题设计最容易出现的缺点是：一是问题的立场不公正，甚至有预设答案，强迫受访者从有缺点的答案中勉强选出一项来代表他的意见；二是问题内容会造成受访者心理困扰或者涉及隐私及禁忌部分，使人们不愿意说出真话；三是问题表述使人难以准确理解和回答。或者术语太多，超出一般人的认知能力；或者用词模糊造成歧义或理解困难。还有必要改变句子的措辞或顺序以避免回答定式，比如要避免受访人不断重复"是"或"不是"。

15.5 焦点小组访谈及深度访谈

1. 焦点小组访谈

焦点小组访谈（focus group）属于调查法中的一种，是"在一种自由放松、无威胁的环境下，通过精心设计、谨慎计划的讨论，来获取人们对某个特定的有兴趣的内容的认识"。民意调查方法一般要求被调查者主动回答一系列封闭式问题，而焦点小组访谈则是在一个小组中进行开放性讨论。一般焦点小组会组织6～10人参加，也可以少至4人或多至12人。研究者要根据研究计划，确定组织多少次焦点小组访谈。参与访谈的人可以通过各种方式选择，但一般不会采取民意调查从目标人群中随机抽样的方法。绝大多数焦点小组研究都包括某种形式的标准待填写问卷，也会收集最基本的人口及态度信息资料。讨论遵循一种结构松散的计划，主持人以该计划为参考，以保证在讨论结束时计划上主要问题都被提及。通常焦点小组谈话常常以意想不到但很可能有价值的顺序进行，一般持续一到两小时。

每一个单独的焦点组通常由具有特定人口或态度特征的人组成，这样可以使参加者在表达其观点的时候减少羞涩或防御心理。比如在分析对性别角色的态度时，研究者把女性和男性分别设置在不同的焦点访谈组，同时还依据年龄、阶层和职业地位进行分层，组成不同的访谈组。在讨论的结构设计上，研究者一般会把参与讨论的人安排在一个自然和非正式的场合以使他们放松。如果是在一个公开的场合比如大学，则一般会找一个会议室，提供一些茶点，允许人们一定程度的自由活动。有时候，讨论会在研究者或某位讨论者的家中进行。

从焦点小组中获得的信息一般用于定性分析，也可以进行量化的系统性内容分析。焦点小组讨论也常常和其他一些研究方法相联系，比如参与观察、深度访谈、实验以及调查。这使得焦点小组讨论能弥补更定性的解释性研究与传统社会科学量化研究之间的差距。焦点小组讨论的特点就是充分利用群体互动来产生数据和思想。没有群体讨论，这些东西很难获得。焦点小组讨论研究越普及，它们适于解决的问题就会越清楚。但是和其他研究方法相比，焦点小组讨论也存在特定的局限性。它的研究场合不如参与观察自然，研究者的控制能力也弱于深度个人访谈或实验研究。研究结果不如调查容易分析和得出结论。

2. 深度访谈

深度访谈（depth interview）常用于定性研究，也就是回答"为什么"、"怎么做"的问题。通过深度访谈可以为几种研究方法收集信息，如口述历史和案例分析。深度访谈是研究者与受访者做一对一的长时间接触（一小时以上），通常也会有一个问题的访谈进度表，同时问题的顺序也是事先拟订的。访谈时间可以有弹性，但是要达到特定的访谈要求。比如《销售与市场》杂志编辑在进行有关批发商与零售商关系建立和发展的研究中，就可以尝试深度访谈法。CCTV-9的编辑希望了解在华外国人对这一外语频道节目的看法，也可以通过滚雪球方法寻找采访对象，然后进行深度访谈。深度访谈的优点是对问题的探讨比较容易深入，特别是有关意见的调查，但缺点同样是不太容易得出普遍性的结论。

以上这两种方法既可以单独使用，也可以在大范围问卷调查之前使用，以帮助合理地设计问卷。也可以在问卷调查之后使用，以进一步弄清问题。比如在一项有关在华日资企业中中方雇员与日方雇员人际交流情况的调查中，研究者发现很多人谈到跨文化冲突的体验。因此在问卷调查之后，研究者进一步开展深度访谈，以具体了解跨文化冲突的性质、缘由和后果等。

15.6 观察性研究

观察是人们日常生活中广泛采用的一种活动方式，比如察言观色、欣赏自然风光等。但日常生活中的观察通常是不系统的或无意识的，与科学观察有很大区别。科学的观察性研究（observational research）有以下几个特征：

① 有一定的研究目的或研究方向；
② 预先有一定的理论准备和较系统的观察计划；
③ 有较系统的观察或测量纪录；
④ 观测结果可以被重复验证；
⑤ 观察者受过一定的专业训练。

实地观察所获得的资料不容易被化约为数字，因此是非定量的。实地观察的目的也不仅仅是资料收集，而是要尽可能完全直接地观察与思考一种社会现象。研究者很少带着需要加以检验的、已明确定义的假设，而是从无法预测的初始观察中发现有意义的东西，然后尝试性地得出一般结论。这些结论又能够启发进一步的观察，然后进一步修改结论。实地观察特别适合在自然情境下研究态度和行为，能发现其他研究方法可能忽略的一些在态度和行为上的微小差异，比如家庭中不同性别和年龄的人的收视习惯等。实地研究还特别适合跨越时间的社会过程研究。洛夫兰夫妇（John and Lyn Lofland）讨论了以下十种适合实地研究的社会生活[①]。

① 实践（Practices）：主要指各种各样的行为，比如交谈和阅读。
② 情节（Episode）：包括各种事件，如离婚、犯罪和疾病。
③ 邂逅（Encounters）：包括两人以上的会面以及在直接状态下与他人的互动。
④ 角色（Roles）：个人所处的地位以及在此地位上所表现的行为，即职业、家庭角色、种族群体等。
⑤ 关系（Relationships）：有许多社会生活可以通过适合的角色丛的行为来考察，如母子关系和朋友关系等。
⑥ 群体（Groups）：在关系之外也可以用于研究小群体、如朋党、运动团队、工作群体等。
⑦ 组织（Organizations）：在小群体之外，也可用于研究正式组织，如医院或学校。
⑧ 聚落（Settlements）：研究如国家这样的大型社会组织是很困难的，实地研究常常对

[①] Lofland, John and Lyn H. Lofland (1995): *Analyzing Social Settings: A Guide to Qualitative Observation and Analysis*. 3rd. ed. Belmont, CA: Wadsworth.

小型的社会如村落、贫民窟、邻近地区等进行研究。

⑨ 社会世界（Social World）：一些范围和人口都模糊不明的社会实体也可以成为社会科学研究的适当对象，如"运动世界"、"华尔街"等。

⑩ 生活形态或亚文化（Life Styles or Subcultures）：社会科学家们有时会将焦点放在生活方式相同的人身上，如"管理阶级"或"都市下层阶级"的群体。

观察研究并不依赖被访者的自我行为报告（尽管研究者会以访谈方式去检验观察结果），而是直接观察在典型的或自然的社会环境中的人，描述人们的活动和行为。观察性研究主要包括以下几种主要范式。

① 自然主义人种志（naturalism ethnography）关注的是对社会规范和所发生事件的详细、准确的客观性描述而不是解释。阐明这种自然主义研究传统的最早、最著名的研究之一是怀特（William Foote Whyte, 1914—2000）的《街角社会》①。怀特研究的另一重要特征是从观察群体自身的角度来进行报告。目前也有采用虚拟民族志的方法研究网络虚拟空间的社会互动。

② 常人方法学（ethnomethodology）与自然主义的人种志定性观察有比较大的差异。自然主义假设存在客观的社会现实，而且这些现实能够被正确地观察到。常人方法论却认为，真实是被社会地建构起来的，而不是外在的。人们不是以自然的方式描述世界，而是以一种他们认为有意义的方式来描述世界。比如怀特的街角帮常常以他们的方式来描述他们的生活，但却不会告诉我们他们是如何以及为什么就是那样的。常人方法学认为，需要一些技巧来解释人们是如何理解日常世界的，因此社会学家加芬克尔（Harold Garfinkel）和他的学生做了一系列"破坏实验"，通过打破共识的方式，来解释共识的存在。比如他们将"对话"作为研究对象，关注对话"互动"的潜在模式，以发现这些模式如何控制着我们的日常生活。

③ 草根理论方法（grounded theory method, GT），又叫扎根理论。它通过比较观察而不是假设检验的方式来得出结论，就是通过对来自观察资料的模式、主题和一般分类进行分析，进而得出结论。在定性研究中综合自然主义和实证主义方法，以达成"程序的系统化模式"。草根理论的提出者格拉索和斯特劳斯（Barney Glaser and Anselm Strauss）认为，草根理论可以让研究者在保证科学性的同时具有创造性，只要他们遵循以下准则，如比较性思考、获取多种观点、时时反思、保持怀疑态度和遵循研究程序。草根理论强调研究程序，其中系统的编码对资料分析的效度和信度尤为重要。因为其对资料的实证主义观点，草根理论方法注重定性研究和定量研究的结合。

④ 参与行动研究（participatory action research, PAR）。一般的观察研究有谨慎观察（unobtrusive observation）与参与观察（participatory ovservation）之分。二者都是以系统的方式去考察研究的对象，区别仅在于谨慎观察的研究者没有成为参与者。谨慎观察的研究者希望保持观察的客观性，认为本身的参与会破坏研究环境，被观察者的行为会因为研究者的参与而发生改变，或者对于本身的参与有其他道德方面的顾虑。与上述两种方法不同的是，参与行动研究（PAR）中研究者的功能是要为研究对象——弱势群体出谋划策，以帮助他们更好地争取自己的利益。在这种研究中，处于弱势的研究对象找出自己的问题和所渴求的结

---

① （美）威廉·富特·怀特：《街角社会：一个意大利人贫民区的社会结构》（黄育馥译），商务印书馆，1994年。

果，然后研究者设计方案以帮忙他们实现目的。

除以上几种社会学观察方法外，传播研究中还有许多更具体的研究方法。比如网络分析（network analysis）主要研究大量人群的行为互动。例如，如果我们对某组织中成员间的沟通模式感兴趣，我们可要求员工们记录下每天与之交谈的人，谈话时间长度，所使用的交流渠道（电话、电子邮件、面谈等），然后研究者可以对此类资料进行分析，找出关键人物是否向他们必须与之沟通的人敞开了沟通渠道，或者发现不同的人在组织中扮演什么样的传播角色。语言和非语言编码（verbal and nonverbal coding）是研究者设计各种方案，对语言行为（比如自我展露）和非语言行为（手势、面部表情、服装等）进行编码，以确定互动过程中的行为模式。

15.7 个案研究

个案研究（case studies）与前述的几种方法都不同，它不是力图对总体的某一个普遍性特征进行描述，而是了解某一特定现象在特定范围、特定时间内的综合情况的研究。在本书第10章所提到的怀特的"把关"研究，是比较著名的个案研究实例。

个案研究主要有以下四个特点。

① 特殊性：个案研究要运用多种来源的材料，着重于特定的情况、事件或现象，因此个案研究是非标准化的。

② 描述性：个案研究的最终结果是一份关于研究课题的描述性报告。因为个案本身没有典型性和代表性，因此无法导出普遍性法则。

③ 启发性：个案研究有助于人们了解被研究的主题是什么，提出新的观点、新的解释、新的意义，虽然这种结论不能作为规律性结论。

④ 渐进性：个案研究是依据归纳和推理的过程，并在检测大量资料中形成原理和普遍原则，个案研究能提供丰富的资料，特别是当研究者还没有或者还不能确定研究主题时，个案研究有助于研究者发现和寻找到更多的研究线索和概念，因此个案研究在研究初期非常重要，并常常和其他研究相结合。但是个案研究的结果常常是独特的，很难做进一步的推论。有些个案研究过于轻松，似乎没有大量时间和精力的投入，因此也容易被批评为缺乏严谨的科学性。

个案研究不像控制实验那样要求严格，但也遵循一般研究的几个重要步骤。

① 研究设计：同其他研究一样，个案研究也首先需要明确主题或问题。因为个案研究是特定的、特殊的、独立的问题，因此尤其需要提出研究的初步设想。

② 研究计划书：在进行正式研究之前，研究者必须写出研究方案。方案应该包括研究的顺序，如时间、地点、资料、仪器设备等。因为是个案研究，所以要考虑特定的资料收集方法，甚至拟订访问计划。

③ 实验性研究：由实验性研究可以发现在研究设计阶段没有预计到的变量，设计方案和推理方法中存在的问题也会暴露出来。

④ 收集资料：个案研究在资料收集上比较灵活，问卷、访谈记录、信函、备忘录、会议记录、标语、日记、小册子等都可以成为收集分析的对象。

⑤ 资料分析：是个案研究中最难的一步。因为个案研究侧重描述性，很难发现事物之间的因果关系，对此美国学者曾提出几种资料分析技巧。一是模式对比（pattern-matching），就是将一个有实证基础的模式与一种或多种假设模式相比较。比如观察一个组织在处理顾客投诉的通常模式，可以通过和其他一些假想模式的比较，以揭示其特点。二是逐步逼近法。就是研究者提出对现象原因的逐步深入的解释，比如在对某产品市场营销的失败进行分析时，开始可能认为广告投入不够，随后可能发现是产品缺乏准确定位，再然后又发现是对真正的产品市场认识有误区。这样不断描述、解释并反复检验，直到找到一个令人满意的答案。第三种技巧是时间顺序法。就是按时间顺序梳理出事物发展以及相应观点的趋势。

⑥ 撰写研究报告：个案研究报告可以形式多样，但大体上应当包括几个方面：研究的主要问题、意义、目的和范围；研究的方法和步骤；研究的人力、经费和物资材料；研究过程及碰到的主要问题；研究的发现和结果；进一步深入研究的设想。

◇ 小 结

本章主要是一般性介绍了传播学研究的基本方法。作为社会科学的一支，传播学遵循社会科学的逻辑和方法要求。在方法上，大体可以分为以人为讯息为主和以人的行为为主两大类。第一类方法中包含各种类型的文献研究法和调查法，特别有代表性的是内容分析法，民意测验、焦点小组访谈和深度访谈；第二类方法则主要包括各种类型的观察法以及控制实验法。个案研究方法是比较独特的一种研究方法，研究者难以从中得出普遍性的结论，但研究结果常常具有启发性。

◇ 推荐阅读

1. （美）艾尔·巴比：《社会研究方法》（第十一版）（邱泽奇译），北京：华夏出版社，2012。
2. 袁方主编：《社会研究方法教程》，北京：北京大学出版社，2012。
3. （美）利贝卡·鲁宾，艾伦·鲁宾、琳达·皮尔等：《传播研究方法：策略与资料来源》（黄晓兰等译），北京：华夏出版社，2000。
4. 迈克尔·辛格尔特里：《大众传播研究：现代方法与应用》，北京：华夏出版社，2002。

观察与思考

1. 选择并浏览几篇中英文学术期刊论文，说明其研究风格与研究发现。
2. 设计一个个案研究方案，看看能否尝试使用相应的研究方法。

参考文献

[1] 郭庆光．传播学教程．2版．北京：人民大学出版社，2011．
[2] 侯玉波．社会心理学．北京：北京大学出版社，2007．
[3] 潘平，明立志．胡适说禅．北京：东方出版社，1993．
[4] 魏永征等．西方传媒的法制、管理和自律．北京：中国人民大学出版社，2003．
[5] 袁方．社会研究方法教程．北京：北京大学出版社，2012．
[6] 许祥麟，陆广训．大综合舞台艺术的奥秘：中国戏曲探胜．北京：高等教育出版社，1990．
[7] 张向东．创业者对话创业者．北京：中信出版社，2010．
[8] 阿根狄等．企业沟通的威力．李玲，译．北京：中国财政经济出版社，2004．
[9] 巴比．社会研究方法．11版．邱泽奇，译．北京：华夏出版社，2012．
[10] 巴兰，戴维斯．大众传播理论：基础、争鸣与未来．曹书乐，译．北京：清华大学出版社，2004．
[11] 巴伦．大众传播概论：媒介认知与文化．刘鸿英，译．北京：中国人民大学出版社，2008．
[12] 博伊德－巴雷特，纽博尔德．媒介研究的进路：经典文献读本．汪凯，刘晓红，译．北京：新华出版社，2004．
[13] 巴特．神话：大众文化诠释．许蔷蔷，等译．上海：上海人民出版社，1999．
[14] 切特罗姆．传播媒介与美国人的思想．北京：中国广播电视出版社，1991．
[15] 杜威．我们如何思考．伍中友，译．北京：新华出版社，2010．
[16] 费斯克．传播研究导论：过程与符号．许静，译．北京：北京大学出版社，2008．
[17] 福特纳．国际传播：全球都市的历史、冲突及控制．北京：华夏出版社，2001．
[18] 甘布尔，甘布尔．有效传播．熊婷婷，译．北京：清华大学出版社，2005．
[19] 戈夫曼．日常生活中的自我呈现．冯钢，译．北京：北京大学出版社，2008．
[20] 霍尔．无声的语言．侯勇，译．北京：中国对外翻译出版社，1995．
[21] 赫尔曼，麦克切斯尼．全球媒体：全球资本主义的新传教士．天津：天津人民出版社，2001．
[22] 凯勒．假如给我三天光明．李汉昭，译．北京：华文出版社，2006．
[23] 拉斯韦尔．世界大战中的宣传技巧．张洁，田青，译．北京：中国人民大学出版社，2003．
[24] 勒庞．乌合之众．冯克利，译．北京：北京中央编译出版社，2004．
[25] 雷迅马．作为意识形态的现代化：社会科学与美国对第三世界政策．牛可，译．北京：中央编译出版社，2003．
[26] 李特约翰．人类传播理论．史安斌，译．北京：清华大学出版社，2004．
[27] 李普曼．公众舆论．闫克文，江红，译．上海：上海人民出版社，1997．

[28] 莱文森．数字麦克卢汉．何道宽，译．北京：社会科学文献出版社，2001．

[29] 洛厄里等．大众传播效果研究的里程碑．刘海龙，等译．北京：中国人民大学出版社，2004．

[30] 鲁宾，鲁宾，皮尔，等．传播研究方法：策略与资料来源．黄晓兰，等译．北京：华夏出版社，2000．

[31] 马兰德罗等．非言语交流．孟小平，等译．北京：北京语言学院出版社，1991．

[32] 麦克卢汉．理解媒介：论人的延伸．何道宽，译．北京：商务印书馆，2000．

[33] 马斯洛．动机与人格．许金声，等译．北京：华夏出版社，1987．

[34] 马特拉．世界传播与文化霸权．陈卫星，译．北京：中央编译出版社，2001．

[35] 麦奎尔．麦奎尔大众传播理论．崔保国，李琨，译．北京：清华大学出版社，2010．

[36] 麦奎尔等．大众传播模式论．祝建华，等译．上海：上海译文出版社，1987．

[37] 梅罗维茨．消失的地域：电子媒介对社会行为的影响．肖志军，译．北京：清华大学出版社，2002．

[38] 密尔．论自由．程崇华，译．北京：商务印书馆，1982．

[39] 迈尔斯．社会心理学．张智勇，等译．北京：人民邮电出版社，2006。

[40] 米勒．组织传播．袁军，等译．北京：华夏出版社，2000．

[41] 彼得斯．交流的无奈：传播思想史．何道宽，译．北京：华夏出版社．2003．

[42] 罗杰斯．传播学史：一种传记式的方法．殷晓蓉，译．上海：上海译文出版社，2002．

[43] 赛佛林，坦卡德．传播理论：起源、方法与应用．郭镇之，等译．北京：华夏出版社，2002．

[44] 施拉姆，波特．传播学概论．陈亮，等译．北京：新华出版社，1984．

[45] 舒德森．为什么民主需要不可爱的新闻界．贺文发，译．北京：华夏出版社，2010：23．

[46] 辛格尔特里．大众传播研究：现代方法与应用．北京：华夏出版社，2002．

[47] 屠苏．国际传播：延续与变革．董关鹏，等译．北京：新华出版社，2004．

[48] 怀特．街角社会：一个意大利人贫民区的社会结构．黄育馥，译．北京：商务印书馆，1994．

[49] 沃勒斯坦．现代世界体系．罗荣渠，等译．北京：高等教育出版社，2003．

[50] 英尼斯．传播的偏向．何道宽，译．北京：中国人民大学出版社，2003．

[51] 英尼斯．帝国与传播．何道宽，译．北京：中国人民大学出版社，2003．

[52] 俞可平．中国的公民社会．清华大学公共管理学院 NGO 研究所简报，2001（3）．

[53] Arens, W. F. Contemporary Advertising. Boston：Irwin McCraw-Hill, 1999：310.

[54] Barker, Larry L. Communication. Prentice-Hall, Inc. 1990.

[55] Committee on Risk Perception and Communication, National Research Council. Improving Risk Communication. Washington, D. C.：National Academy Press, 1989.

[56] Cooley, C. H. Social Organization：A Study of the Larger Mind. New York：Charles Scribner's Sons, 1929.

[57] Curran, J., Gurevitch, M., Woollacott, J. Mass communication and society. eds. London：Edward Arnold.

[58] Dewey, J. How We Think. Boston: Heath, 1933.

[59] Fearn-Banks, K. Crisis Communications: A Casebook Approach. NY: Lawrence Erlbaum Associate, 1996.

[60] Hale, J. Radio Power: Propaganda and International Broadcasting. Philadelphia: Temple University Press, 1975.

[61] Lerner, Daniel. The Passing of Traditional Society: Modernizing the Middle East. NY: Free Press, 1958.

[62] Lofland, John, Lyn H. Lofland. Analyzing Social Settings: A Guide to Qualitative Observation and Analysis. 3rd ed. Belmont, CA: Wadsworth, 1995.

[63] Mansell, G. Let Truth Be Told: 50 Years of BBC External Broadcasting. London: Weidenfeld & Nicolson, 1982.

[64] McChesney, R. W. Corporate Media and the Threat to Democracy. New York: Seven Stories, 1997.

[65] McQuail, Denis. Mass Communication Theory: an Introduction. Sage Publications Ltd, 1998.

[66] Schramm, Wilbur. Mass Media and National Development: The Role of Information in the Developing Countries. Stanford University Press, 1964.

[67] Schiller, H. Mass communication and American empire. New York: Augustus M. Kelley. Second revised and updated edition. Westview Press, 1992.

[68] Siebert, F., Peterson, T., Schramm, W. Four Theories of the Press. Urbana, IL: University of Illinois Press, 1956.

[69] Weaver, David H., Gray, Richard G. Journalism and Mass Communication Research in the United States: Past and Future. Bloomington: School of Journalism, Indiana University, 1979.

[70] Bowman, S., Willis, C. We Media: How Audiences are Shaping the Future of News and information. The Media Center at the American Press Institute, 2003.

[71] Herman, E. S. The Propaganda Model Revisited Monthly Review, 1996 (7-8): 115-128.

[72] Masmoudi, M. The new world information order. Journalis of Communication, 1979, 29 (2): 172-185.

[73] Nordenstreng, K. New International Information and Communication Orders: Sourcebook, Prague. International Organization of Journalists, 1986.

[74] Rosen, J. Questions and Answers About Public Journalism. Journalism Studies, 2000 (1) 82-679.

[75] Rosen J. A Most Useful Definition of Citizen Journalism. PressThink. Retrieved 21, 2012.

[76] UNESCO The new world information and communication order. Resolutions 4/19 in Records of the General Conference Twenty-First Session, Belgrade, Paris: United Nations Economic, Social and Cultural Organization, 1980-09-23-1980-10-28.

[77] Whorf, Benjamin L. Language, Mind, and Reality. in Language, Thought and Reality. Edited by John B. Carroll. New York: Wiley, 1956: 246-270.

后 记

传播学是20世纪40年代率先在美国发展起来的一门新兴的社会科学。我国大陆早在20世纪50年代就有关于西方传播学研究的介绍，但正式的较大规模的引入是从20世纪70年代末开始的。1997年传播学被列入教育部专业目录，《传播学概论》也成为许多新闻与传播学院各专业学生的必修课。

本书是在本人多年讲授基础课《传播学概论》讲义的基础上整理而成的。它的主要读者对象是新闻、广告等专业的本科同学，包括相关专业在职攻读本科学位的同学。作为一门专业基础课，《传播学概论》需要介绍的概念比较多、理论性比较强，而且广泛涉及其他学科，因此同学们在学习上会感觉有一定的难度，或像有些同学说的那样，要付出较大的"思考成本"。考虑到同学们的一般接受情况和知识需求，在讲义中我尽可能地删繁就简，深入浅出。语言上力求简明生动，以增强可读性。在介绍一些重点理论和概念时，则侧重于对基本思路和研究方法的介绍，以引导思想、开阔眼界，并使同学意识到传播学研究的重要性。同时我也希望，同学们在学习过程中，首先应将阅读、听讲、思考和讨论有机结合起来，准确把握基本概念和基本理论，并从中体会传播学研究的基本特点；其次要做有心人，注意观察生活中、工作中的各种传播现象，并尝试结合所学，做进一步的理论分析和探讨。

本书是一本概论性课程的教材，而不是研究性著作。笔者试图对国际学术界中传播学的常识性知识做一个相对全面、完整、准确的介绍，而不是建立自己的理论框架或对某一问题进行深入探讨。在编写过程中，笔者参阅了国内能够接触到的中英文著作及文章。对于需要进一步学习的同学，每章后面的"推荐阅读"和书后所列的参考书目，也许会有一定的帮助。但囿于本人学力及国内条件，疏漏之处在所难免，还望读者见谅。

许静于北大
2013年7月